胡適的頓挫

自由與威權衝撞下的政治抉擇

黃克武 著

序 胡適與政治

　　在20世紀中國胡適是一顆耀眼的星星，是與魯迅齊名的一位文化英雄。他在學術上、教育上成就非凡，更是五四新文化運動的領軍人物，因而在五四之後中國知識界、輿論界取得了領袖的地位。一直到今天在臺北南港中央研究院的胡適紀念館與胡適墓園還是許多人訪問、瞻仰的熱門景點。從很多方面來看，胡適無疑地屬於人生的「勝利組」，是很多人仰慕的對象。然而在光鮮亮麗、歡喜熱鬧的背後，他卻有頗為失意的一面，甚至常常讓人感覺他是孤獨的。1961年底，李敖在〈播種者胡適〉一文中就說「別看他笑得那麼好，我總覺得胡適之是一個寂寞的人，其實這個年頭，凡是有點真『人』味兒的，沒有不寂寞的，何況是個有個性的人呢？」[1]的確，胡適的孤獨與寂寞一方面源自他是一個「有個性的人」，以及他所引起的社會爭論，所謂「名滿天下，謗亦隨之」的流言或受到的「圍剿」，然而也有很大一部分原因出於他在評論時事、參與政治時所感受到的頓挫。

　　1917年7月12日胡適返國之後，在上海新旅社曾發願「二十年不

1　李敖，〈播種者胡適〉，原刊《文星》，期52（臺北，1962），頁 3-7；收入《胡適研究》，《李敖大全集》（臺北：榮泉文化，1995-1999），冊 4，引文見頁 15。

入政界，二十年不談政治」，[2]不過後來卻無法遵守信條，有所徬徨。1920年代之後，一方面他與陳獨秀、李大釗等《新青年》的好友因理念不合分道揚鑣，另一方面他又因為要求學生不要參與學生運動，反對學生罷課，而受到左翼青年的抨擊。[3]在這一段期間，胡適等北大學人也嘗試與梁啟超所領導的研究系合作，最終卻未能成功（參見本書第三章）。在1947年刊於《大公報》上的一個演講紀錄〈我們能做什麼？〉之中，談到他從「不談政治」到「不得不問政治」的心路歷程：

> 一個沒有軍隊支持，沒有黨派協助的個人能做些什麼？……以我個人為例，我民國六年回國，當時立定志願不幹政治，至少二十年不幹政治。雖然真的過了廿一年才幹政治，但是不到二十年我卻常常談政治，先後我參加或主持過《每週

2　胡適在〈我的歧路〉（1922）中說，1917 年 7 月，他在回國路上經過橫濱、到上海，「看了出版界的孤陋，教育界的沉寂，我方才知道張勳的復辟乃是極自然的現象，我方才打定二十年不談政治的決心，要想在思想文藝上替中國建築一個革新的基礎」，收入胡適著、潘光哲主編，《胡適全集：胡適時論集 2》（臺北：中央研究院近代史研究所，2018），頁 172-173。後來被「逼上梁山」、出任駐美大使前，他又談到此一志向，見〈胡適致江冬秀函〉（1938 年 7 月 30 日），收於潘光哲編，《胡適全集・胡適中文書信集3》（臺北：中央研究院近代史研究所，2018），頁 36。

3　呂實強，〈胡適對學生運動的態度〉，周策縱等，《胡適與近代中國》（臺北：時報文化出版公司，1991），頁 253-274。汪文麗，〈胡適與 1925 年的青年「批胡反胡」事件〉（南京：南京師範大學社會發展學院碩士論文，2005）。趙埜均，〈胡適的 1925 年──話語權勢的爭奪與知識分子的時代命運〉，《國史館館刊》，期 67（臺北，2021），頁 1-35。

評論》、《努力週報》、《獨立評論》和《新月》等政治性的雜誌。因為忍不住不談政治，也可以說不能不問政治，個人想不問政治，政治卻時時要影響個人，於是不得不問政治。[4]

上面的談話反映出胡適對政治的看法，他一生都不曾改變這種既想堅持獨立自主精神，而與政治保持距離，又不得不涉入政壇的態度，亦即徘徊在學術與政治之間。[5]他從返國初期決定二十年不談政治，希望能沉潛於學術與教育工作，超然治學，然而最後卻忍不住「言論的衝動」，[6]「不得不問政治」，以輿論來參與政治，甚至在1938-1942年間出任駐美大使。他說這不只是因為「個人想不問政治，政治卻時時要影響個人，於是不得不問政治」，而且「國家際此危難，有所驅策，義何敢辭」。[7]他答應江冬秀「我聲明做到戰事完結為止。戰

4　胡適，〈我們能做什麼？〉，收入胡適著、潘光哲主編，《胡適全集：胡適時論集6》，頁105。

5　許紀霖指出這是中國近代知識分子所面臨的一個困惑與抉擇，如依照「從學術到政治認同的強弱」，可分為四類：「超然治學」、「學術救國」、「輿論干預」、「直接參政」。許紀霖，〈在學術與政治之間徘徊的近代中國知識分子〉，收入甘陽編選，《中國當代文化意識（反叛篇）》（臺北：風雲時代出版公司，1989），頁302-308。以胡適來說，他一生都在這四個方面活動，而在不同階段各有偏重。

6　胡適在1922年2月7日的日記中說「我可以打定主意不做官，但我不能放棄我的言論的衝動」。胡適著、曹伯言整理，《胡適日記全集》（臺北：聯經出版公司，2004），第3冊，頁428。

7　〈胡適致蔣介石電〉（1938年7月27日），收於胡適著、潘光哲主編，《胡適全集：胡適中文書信集3》，頁34。

事一了，我就回來仍舊教我的書。請你放心，我決不留戀做下去」。[8]

　　1942年9月，胡適卸任駐美大使之後，在美國又居留了四年，至各地講學。1946年7月回國就任北大校長。余英時先生指出返國之後的胡適的「社會角色」有一個重大的改變。他不但是「教育、文化、學術界的領導人物，而且也是政治界的象徵性領袖」、「他並無實質的勢力，但有巨大的影響」。此時他曾憧憬在國共鬥爭中能以「超黨派」的立場自居，然而遺憾地「內戰將中國知識人迅速地推向兩極化……中間再也沒有迴旋和中立的餘地」，最後「一個沒有軍隊支持，沒有黨派協助的」胡適只有選擇站在國民黨政府的一邊。[9]1949年之後他一方面基於道義的責任支持蔣介石，為他出謀獻策（參見本書第四章），另一方面又從民主憲政的角度大力批判蔣，然而當雷震、殷海光等人勸他出來領導反對黨之時，他又猶豫、推託，不肯「跳火坑」。這也涉及胡適在面對政治權威的態度，他一方面勇於抗爭，另一方面又不走極端、不肯冒險、不作烈士、不撕破臉，在必要時願意與政治權威妥協（參見本書第五、六、七章）。另外一個常被人舉出來的例子是胡適對吳國楨案的態度。1953年3月吳國楨辭職赴美，1954年在美國雜誌上發表文章批評臺灣是「警察國家」。胡適公開撰文，並發出一封信嚴厲批判吳國楨。說他毫無責任與道德感，文章充滿欺騙美國人

8　〈胡適致江冬秀函〉（1938年9月24日），收於潘光哲編，《胡適全集・胡適中文書信集3》，頁44。

9　余英時，〈從日記看胡適的一生〉，《重尋胡適的歷程：胡適生平與思想的再認識》（臺北：聯經出版公司，2004），頁94。

的謊言，存心汙衊自己的國家和政府。[10]

　　對於胡適在政治上的表現，目前學界一個很流行的看法是將胡適的妥協、支持蔣介石與國民黨政府的態度與雷震、殷海光等人的抗議精神做一對比，再進而指出前者懦弱、後者勇敢。

　　最早批評胡適「膽小」、「懦弱」的人可能是唐德剛。他在《胡適雜憶》（1979）裡說：「適之先生是一位發乎情、止乎禮的膽小君子。搞政治，他不敢『造反』；談戀愛，他也搞不出什麼『大膽作風』」。[11]有一次唐德剛問李宗仁對胡適的看法，李的評價是「適之先生，愛惜羽毛」。唐很同意，他說：

> 這四個字倒是對胡先生很恰當的評語。胡先生在盛名之下是十分「愛惜羽毛」的。愛惜羽毛就必然畏首畏尾；畏首畏尾的白面書生，則生不能食五鼎食，死也不夠資格五鼎烹，那還能做什麼大政治家呢？[12]

10　胡適反駁吳國楨的文章在 *The New Leader*（《新領袖》，1954）發表，篇名為 "How Free Is Formosa?"（〈福爾摩沙有多自由？〉）。臺灣有中譯本，刊登在《中華日報》。胡適原著、《中華日報》編譯組特譯，〈福爾摩沙有多自由？〉，《中華日報》，1954 年 8 月 21-22，2 版。另楊金榮書也翻譯胡適此文，見氏著，《角色與命運：胡適晚年的自由主義困境》（北京：生活‧讀書‧新知三聯書店，2003），頁 262-266。轉引自金恆煒，《面對獨裁：胡適與殷海光的兩種態度》（臺北：允晨文化，2017），頁 108-114。

11　唐德剛，《胡適雜憶》（臺北：傳記文學出版社，1979），頁 200-201。

12　唐德剛，《胡適雜憶》，頁 14。

他指出胡適的懦弱在雷震案中充分表現：

> 胡適之是造不了反的……平時喜歡湊熱鬧。事未臨頭，可
> 以說是口角春風，天花亂墜；大事不好，則張惶失措，執巒三
> 失。胡先生這個懦弱的本性在當年所謂「雷案」中真畢露無
> 遺。他老人家那一副愁眉苦臉，似乎老了二十年的樣子，我前
> 所未見，看起來著實可憐見的。後來我拜讀了他那自我解嘲的
> 雷案《日記》，尤覺這位老秀才百無一用之可憐。「我雖不殺伯
> 仁，伯仁因我而死！」胡先生對這件事始終是內疚彌深。[13]

　　楊奎松在《忍不住的關懷：1949年前後的書生與政治》（2013）
也持此一觀點。此書主要研究1949年之後留在大陸，面對以群眾路線
來「思想改造」而被整肅的知識分子張東蓀、王芸生、潘光旦等人。
作者對他們的遭遇表示同情與理解，並批評那些「唱高調」、「責備求
全」地主張知識分子要有「風骨」，面對威權不應「軟弱」，要有「獨
立性、自主性和批判性」之人，提出「中國知識分子軟弱是偽問題」，
他說用「軟弱」二字並無法清楚解釋知識分子與政治的關係，「軟弱」
有不同的性質，故應更深入了解每一個人的歷史情境。每一個人最後
變得軟弱都很複雜，其實「他們三人的軟弱背後是志願與強迫的結

---

13 唐德剛，《胡適雜憶》，頁175。

合，既有發自內心的順服，也有中共體制的外在因素」。[14]但是頗令人訝異的是楊奎松卻不那麼同情胡適，而更為肯定雷震與殷海光。他說：

> 胡適從來沒有放棄過他的自由主義立場和對民主政治的希冀。……但是他和其他人一樣，一遇到他認為會影響到政府穩固和國家利益的問題，他的自由主義一定會打折扣。最典型的就是隨國民黨政權退出大陸後，因誓稱「我願意用我道義力量支持蔣介石先生的政府」，他不能不在蔣介石政府的政治高壓下，改取「容忍比自由重要」的態度，這和雷震、殷海光等人堅持自由、爭民主的不妥協態度，恰好形成了鮮明的對比。[15]

楊奎松認為胡適為蔣介石做「諍臣」、「諍友」的想法與王芸生的觀念「如出一轍」。1952年解釋王芸生向共產政權「投降」的理由，是「決心改換陣營，來做新政權的諍臣策士」。[16]這一種愛國愛民，寧願犧牲小我成全國家與集體，「把自己對國家的希望乃至個人命運同

14　這是陳永發在評論此書時所說的話，見陳永發，〈強迫與志願的結合──評楊奎松《忍不住的「關懷」：1949年前後的書生與政治》〉，《二十一世紀》，期148（香港，2015），頁138。

15　楊奎松，《忍不住的「關懷」：1949年前後的書生與政治〔增訂版〕》（桂林：廣西師範大學出版社，2013），頁389。

16　楊奎松，《忍不住的「關懷」：1949年前後的書生與政治〔增訂版〕》，頁392。

政府綁在一起，再正直的知識分子，也難免會被迫矮化自己的人格」。[17]

對楊奎松來說，在中國現代史的視野中，如果要討論誰才「稱得上是真正的知識分子」的話，雷震、殷海光是不能不提到的代表性人物，「他們是因為相信和追隨國民黨去了臺灣的，但他們並沒有因此就默認了國民黨在臺灣的所作所為，而是敢於為普通百姓出頭來爭公平和正義」。[18]

金恆煒的《面對獨裁：胡適與殷海光的兩種態度》（2017），也採取類似的觀點。此書用比較的方式，將胡適、殷海光兩代自由主義者，面對國民黨與蔣介石的態度做了比較，認為前者重視「容忍」，受蔣資助而支持蔣介石政權；後者強調「自由」，1949年後「斬斷與蔣政權所有的臍帶關係」，不支持蔣介石政權。相對於胡提出「容忍比自由重要」的話，殷海光則認為「自由更重要而不應容忍」。對作者來說，殷海光由一個崇尚法西斯、尊崇蔣介石的知識分子蛻變為反蔣大將，受蔣憎恨的一位自由主義者，反映出知識分子的風骨，且類似西方公共知識分子。他的結論是1949年之後，在臺灣面對獨裁者之時，胡、殷兩人採取不同的態度，蓋棺論定，胡適或許「只剩『容忍比自由更重要』這句格言」，而「殷海光在政治上的啟蒙與作用，遠

---

17 楊奎松，《忍不住的「關懷」：1949年前後的書生與政治〔增訂版〕》，頁392。這一觀點類似李澤厚所說「救亡的壓倒啟蒙」。李澤厚，〈啟蒙與救亡的雙重變奏〉，收入《中國現代思想史論》（臺北：風雲時代出版公司，1991），頁1-54。

18 楊奎松，《忍不住的「關懷」：1949年前後的書生與政治〔增訂版〕》，頁406。

非胡適可比」。[19]

　　江勇振的《捨我其誰：胡適》第四部的第4章「自由誠可貴，反共價更高」中，更進一步地批判1949年前後胡適在政治上的表現。他認為胡適主張「反共至上，而且全力支持蔣介石」，[20]故胡、蔣兩人「有志一同」、「志同道合」。[21]作者用胡適1950年在美國的演講、學術討論會的文章、發言等，不斷強化他是「右傾偏執」的「冷戰鬥士」：1949年冷戰格局之下，胡適是一名反共的鬥士，「他不但是美國式的『冷戰鬥士』，而且是美國『冷戰鬥士』中的『冷戰鬥士』。他是美國『冷戰鬥士』裡，最極端、最好戰、最鷹派的『冷戰鬥士』」。[22]1954年吳國楨案之中，「為了反共，為了在美國人面前維護蔣介石這個唯一有武力可以反攻大陸的政權，胡適不只甘願淪為蔣介石的打手，而且不惜說謊、抹黑」。[23]在思想方面，為了支持胡適的反共主張，作者認為胡適「晚年思想不是自由主義……所能形容的」，而是美國在1960年代以後興起的「新保守主義」，其特點「不在對內的經濟政策」，而是「在於其外交政策，亦即，反共，以及用軍事、政治、經濟的力量來確保美國在世界上的霸權」；胡適晚年「與其說胡適是一

19　金恆煒，《面對獨裁：胡適與殷海光的兩種態度》，頁568-569。

20　江勇振，《捨我其誰：胡適【第四部】國師策士（1932-1962）》（臺北：聯經出版公司，2018），頁649。

21　江勇振，《捨我其誰：胡適【第四部】國師策士（1932-1962）》，頁656。

22　江勇振，《捨我其誰：胡適【第四部】國師策士（1932-1962）》，頁454。

23　江勇振，《捨我其誰：胡適【第四部】國師策士（1932-1962）》，頁649。

個中國人，不如說他是一個美國人」。[24]

上述的幾個研究雖有部分參考價值，也呈現出胡適政治參與的一些特點，然筆者對他們對看法卻有所保留。首先，我贊成楊奎松的觀點，在探討1949年前後書生與政治的課題時，「中國知識分子軟弱是偽問題」，知識分子與政治的關係只用「軟弱」二字，並不能解釋得清楚。胡適、王芸生、潘光旦等人無疑有他們軟弱、妥協、容忍的一面，然而面對「威權」之時，不管此一威權屬於「無限制的政治核心」（an uninhibited political center），亦即國家與社會的關係如極權國家那樣偏到國家領袖身上；或是「有限制的政治核心」（inhibited political center），如蔣介石的威權統治，亦即國家領袖與民間社會平分秋色而僅有部分的制衡效果，在這兩類體制之下，要批判政治都不是一件容易的事。[25]如果楊奎松可以同情理解張東蓀、王芸生、潘光旦的「軟弱」，以及1949年後許多在極權統治下「停止思想，集體轉向」的一代人，他應該給予胡適更多的掌聲。我們可以反問，在類似的情境之下，我們是否能夠更勇敢？或做得更好？而且歷史上還有許多比上述這一些所謂軟弱者更軟弱的人。他們或者選擇自殺，或者選擇澈底地

---

24 江勇振，《捨我其誰：胡適【第四部】國師策士（1932-1962）》，頁647-648。

25 墨子刻以「政治核心」與「民間社會」的關係將國家性質區分為三種形態。如果政治核心與民間社會的關係多半偏向到民間社會的政治架構，就是「被民間社會控制的政治核心」，即自由民主體制；假如這個關係多半偏到國家最重要的領袖身上，這就是一個「無限制的政治核心」，如極權國家；如果民間社會與國家領袖平分秋色而有部分的制衡，就是一個「有限制的政治核心」。請參考墨子刻，〈從約翰彌爾民主理論看臺灣政治言論：民主是什麼——一個待研究的問題〉，《當代》，期24（臺北，1988），頁78-95。

向當權者投降、交心。[26]以筆者曾經研究的賀麟來說，他本來支持新儒家，而且與蔣介石關係密切。他在1945年所寫的《當代中國哲學》對蔣推崇備至，他說蔣的力行哲學「特別值得我們了解，因為了解他的哲學，即是了解他的人格何以偉大」。[27]1949年時他選擇留在中國大陸。此一抉擇對於像他這樣知識分子來說是一個無比嚴峻的考驗。賀麟做出他自己的抉擇，也為他的抉擇付出代價，最後他澈底地接受中共的改造，直至80歲還申請加入共產黨。[28]這些故事又給我們何種啟示？再者，從長遠的歷史發展來看，像雷震、殷海光那樣抗議威權乃至殺生成仁，是否一定比胡適對威權的妥協更具有洞察力（perspicacity）、更對未來的發展有利，這也是一個可以辯論的議題。

筆者採取的方式是類似楊奎松的作法。我們未必須要總結或闡釋某種歷史必然的規律，再做出歷史判斷，一個更恰當的處理方式是，盡可能詳盡地用史料來說明知識分子的命運是如何發生的，剖析其中有一些性格的影響和偶然的機遇，這些因素的結合，如何一步步地將歷史人物推向最後的結局，藉此來反映了20世紀中國知識人在國共對峙的大時代之中個人生命的浮沈。至於他們是勇敢還是懦弱，或許就

---

26 有關1949年之後知識分子自殺（或非正常死亡）可以參見岳南，《傷別離》（臺北：時報文化，2011）。在書中作者描寫了胡思杜（胡適的兒子）、陳夢家、汪籛、俞大絪、向達、翦伯贊、饒毓泰等人的自殺或暴斃。

27 賀麟，《當代中國哲學》（南京：勝利出版社，1945），頁97。

28 黃克武，〈蔣介石與賀麟〉，《中央研究院近代史所集刊》，期67（臺北，2010），頁17-58。

留給讀者自行判斷。

第二、我同意楊奎松與金恆煒將胡適定位為「自由主義者」，而
且他「從來沒有放棄過他的自由主義立場和對民主政治的希冀」。我
認為胡適一生的思想雖有變化，然無疑地可以定位為一位畢生支持自
由、民主、憲政的「自由主義者」。[29]雖在危急的情況之下，為了國家
的安定與生存，他的自由主義會「打折扣」，而這樣的作法並無損於
一個自由主義者之立場。嚴復有類似的觀點，根據嚴復的判斷，清末
民初之時，中國的安全仍受到威脅，為求生存，以及社會安穩，因此
不能像美國、英國那樣，給予個人充分的自由，而應「減奪自由」。[30]
嚴復的觀點來自彌爾。彌爾在《論自由》一書中說：在「一些被強敵
包圍著的小的共和國，隨時有被外來攻擊或內部騷亂推翻的危險，以
及在精神及自制上一有些許懈怠，也易成為致命損害」的情況之下，
不適合實施自由體制。[31]這樣看來，嚴復、胡適在國家危亡之時「打

---

29 江勇振所說的「新保守主義」其實更像是指麥卡錫主義（McCarthyism）。筆者認為在思想
　　內涵上它應該傾向英國的保守黨與美國的共和黨的一種政治立場，很多人會認為這是一種
　　「保守自由主義」（Conservative liberalism）。它結合古典自由主義價值、政策與保守主義
　　立場，代表自由主義中的右派。在政策上它傾向於小政府、自由市場的經濟架構，以及在
　　政治意識形態上強烈反對社會主義以及共產主義。當然江不認為胡適是「自由主義中的右
　　派」。江勇振，《捨我其誰：胡適【第四部】國師策士（1932-1962）》，頁648。

30 黃克武，《自由的所以然：嚴復對約翰彌爾自由思想的認識與批判》（臺北：允晨文化實
　　業股份有限公司，1998），頁249-250。

31 J. S. Mill, *On Liberty and Other Writings*(Cambridge: Cambridge University Press, 1989), p. 16. 嚴
　　復在《群己權界論》中的翻譯是正確的「其國為蕞爾彈丸之民主，強敵環其四封，而常有
　　內訌外侵之可懼，恍惕惟屬之意稍弛，則覆亡隨之，故其所為，尚猶有說。何則？其為機

折扣」的自由主義是符合英國自由主義之標準。

在此我想引用張忠棟先生《胡適五論》中的〈在動亂中堅持民主〉與〈為自由中國爭言論自由〉的兩篇文章，來說明胡適的立場。[32]根據張忠棟的研究，胡適看到世界文化有「共通的趨勢」，亦即是在「民主」體制之下以科學的方法解決人類痛苦、促進經濟發展：「世界文化的共同趨向有三個，一是用科學的成績解除人類的痛苦；二是用社會化的經濟制度來提高人類的生活；三是用民主的政治制度來解放人類思想，發展人類的才能，造成自由的獨立的人格」。胡適談到民主的內容包括「人味的文明社會」、「容忍異己的文明社會」，以及「法院以外機關無捕人權……政府之反對黨有組織、言論、出版之自由」等等特點。[33]他特別注意言論自由。1949年之後胡適在《自由中國》中積極爭取言論自由，而且從對《出版法》的修正案、雷震案，以及1962年2月死前在院士會議的談話，[34]均重申「自由中國」的意義在於要有言論和思想的自由，足以顯示他在晚年對於言論自由的立場並未改變。他所說的「好人政府」則結合了儒家的「德治」以及民主與科

誠偽，不能由自繇之大道，以俟其俗之徐成也」，嚴復譯，《群己權界論》（上海：商務印書館，1930），頁13-14。

32　張忠棟，〈在動亂中堅持民主〉、〈為自由中國爭言論自由〉，《胡適五論》（臺北縣：稻香出版社，2005），頁153-254、255-288。

33　此處對張忠棟觀點的歸納，我參考了墨子刻，〈從約翰彌爾民主理論看臺灣政治言論：民主是什麼——一個待研究的問題〉，頁91-92。

34　胡適死前對言論自由之呼籲，參見呂實強，〈憶胡適最後的一次講話〉，歐陽哲生選編，《追憶胡適》（北京：社會科學文獻出版社，2000），頁237-248。

學。胡適的觀點與新儒家如牟宗三在《政道與治道》一書的看法沒有本質上的不同。[35]兩人都認為民主是一個普遍性的價值而中國文化的發展即是傾向這個價值的歷史過程。

尤有進者，筆者認為胡適是一位「保守的自由主義者」。此處所謂的「保守」是相對於方法與態度的「激進」而言，是對「自由主義」一詞的界定。胡適所採取批評或參與政治的方法是一種溫和漸進、和平改革的方法達到一點一滴的改進。這種方法主要有兩個含義，一是和平的政權轉移；一是允許批判與反對意見，而運用立法的手段，做到具體的改革。[36]而且在面對權威時，要把批評限制在當局所允許的範圍之內，避免「危害國家」。這種既保守、又自由的態度也是李敖所說的「我們可以看到胡適為人熱情的一面，但他的熱情絕不過度」、「說他叛道離經則可，說他洪水猛獸則未必」。[37]這與胡適肯定杜威實驗主義的精神有內在的關連。胡適的保守面向也與中國近代思想史上嚴復、梁啟超所開創的「調適性」的思想傳統有關，此一思路與譚嗣同所開創的「轉化性」的思想傳統不同。轉化思想追求高遠的理想，

---

35 牟宗三，《政道與治道》（臺北：學生書局，1980）。牟宗三認為中國文化最重要的理想是「內聖外王」，而實現民主科學等目標即是完全實現「外王」的理想。這樣看來牟宗三、唐君毅等新儒家與胡適為代表的五四傳統之間沒有根本的分歧，他們同樣認為民主與科學是中國文化未來發展的首要目標。只是牟指出不能直接移植西方文化，而要將「民主與科學的背後」的精神接引過來。

36 參見耿雲志，〈序〉，李建軍，《容忍即自由：胡適的政治思想歷程》（桂林：廣西師大出版社，2016），頁 2。

37 李敖，〈播種者胡適〉，《李敖大全集》，冊 4，頁 17-18。

甚至不惜以烈士精神為理想捐軀。[38]就此來說，胡適的「保守」也出於他相信「政治是一種可能的藝術」。

　　胡適的自由主義雖有一些「保守」的傾向，他的觀點與墨子刻教授所說西方從亞里斯多德到柏克（Edmond Burke）等「保守主義」思想傳統仍有根本的差異。筆者利用中央研究院胡適檔案館的數位資料庫，發現胡適不太注意英國的保守主義者柏克，他的言論之中不曾提及柏克的保守主義，他的藏書中有兩本柏克的著作，然卻並無仔細閱讀的紀錄。[39]根據墨子刻教授，保守主義是以現代化為前提的一個哲學，但有好幾個在現代化之前就有的看法：一、政治不能完全道德化（這一點與中國傳統「德治」或「君子之德風」而「君仁則莫不仁」的想法不同）；二、視政治為一是非揉雜近乎悲劇的過程，而政治的進步有賴韋伯（Max Weber）所說的「責任之倫理」（an ethic of responsibility）──即認識到政治既不可能全然免於暴力之不道德和悲劇面；三、將民主政治視為道德上良莠不齊的各種集團的比賽，而且認定此乃正常的政治活動，因為一個政黨本就是這樣良莠不齊的集團；四、政治規範的哲學依據不是一個絕對的，放諸四海而皆準的宇宙真理，而是習俗、成規與合情入理的一般見識（conventional

---

38　黃克武，《一個被放棄的選擇：梁啟超調適思想之研究》（臺北：中央研究院近代史研究所，2006[1994]）。

39　Charles W. Eliot, ed., *Edmund Burke: On Taste, On the Sublime and Beautiful, Reflections on the French Revolution, A Letter to a Noble Lord* (New York: P. F. Collier & Son Corporation, 1909). 此書胡適有另一副本，以及 Robert Andersen, ed., *Conciliation with the Colonies: The Speech by Edmund Burke* (Boston: Houghton, Mifflin and Company, 1896).

wisdom）。[40]胡適的自由主義有一小部分保守主義的成分，包括他認為政治是可能的藝術、政治活動中有不可避免的悲劇的發生，故需要妥協等，然而整體來說上述的四個預設與他的觀點仍有明顯的不同，他的自由主義受儒家影響（如德治的觀念），傾向「樂觀主義的認識論」與「樂觀主義的人性論」，仍奠基於韋伯所說的「終極目的之倫理」（an ethic of ultimate ends）。[41]簡單地說，他可以說是一個「保守的自由主義者」，但不是「保守主義者」。

第三、有關1949年之後胡適與蔣介石的關係，筆者同意雙方在反共方面有共識，然而不宜將雙方的關係說成「志同道合」。拙見以為將雙方關係描繪為「道不同而相為謀」可能更為適合。上述胡適所秉持的民主憲政之道與蔣介石的威權政治之道截然不同，只是雙方為了「反攻復國」的共同目標，在「道不同」的情況之下相互容忍、彼此合作。這也是雙方磨擦不斷的重要原因，其中的細節在本書之中有詳細描述。

胡適對蔣介石的態度也受到儒家傳統影響。儒家思想的一個重要特點是堅持道德的理想主義，亦即主張「內聖外王」、堅持「士志於道」、「從道不從君」、「道統高於治統」。因而具有墨子刻先生所說的

---

40 墨子刻，〈「保守」與「保守主義」是不同的──兼答張忠棟教授〉，《中國時報》，1983 年 4 月 16 日，第 39 版。
41 有關近代中國自由主義傳統傾向「樂觀主義的認識論」、「樂觀主義的人性論」，以及缺乏西方自由主義傳統之中的「悲觀主義認識論」與「幽暗意識」，而具有烏托邦的理想主義，參見黃克武，《自由的所以然：嚴復對約翰彌爾自由思想的認識與批判》，以及張灝，《幽暗意識與民主傳統》（臺北：聯經出版公司，1990）。

「政治思想中的烏托邦傾向」，墨先生認為：

中國人多半認為道德是客觀的，並將這種道德觀念蘊涵於政治活動中，形成共識，這與傳統的內聖外王的最高政治理念有關係。《大學》中要求將反躬自省的個人道德放大到國家的層面，因而要求仁政、德治。但是又由於道德有客觀的基礎，於是就容易出現二分法的危險，也容易以過高的標準來批判、期待現實政治的運作。[42]

胡適在這方面並不是一個例外，他無疑地相信自己的自由主義信念代表「道統」，而蔣只是「治統」。胡適的「國師」作用即是從民主憲政的角度來規勸、抑制蔣介石的施政。1962年2月胡適過世之時，蔣介石的日記記載「晚，聞胡適心臟病暴卒」，後來又說「胡適之死，在革命事業與民族復興的建國思想言，乃除了障礙也」。[43]這顯示胡蔣關係的矛盾與衝突。胡適一生都忠於他的自由民主理念，也熱愛他的國家，並熟讀古書而深受中國思想傳統之影響。將胡蔣關係說成是「志同道合」、或者認為「與其說胡適是一個中國人，不如說他是一個美國人」，是對胡適的不敬，更是對歷史的不忠。

我相信胡適是人，他的言行思想自然不會沒有可批評之處，「但

42　墨子刻，〈道德與民主的辯證〉，《中國時報》，1988 年 8 月 2 日至 3 日，第 18 版。
43　蔣中正，《蔣中正日記》，1962 年 2 月 24 日、3 月 3 日，「上星期反省錄」。

批評必須從大處著眼，而且要抓到癢處，深中肯綮，才能夠叫人折服」。[44]本書的各章即企圖利用各種案例說明胡適在思索政治問題、面對政治權威時所遭到的「頓挫」以「知人論世」。胡適的個案對我們認識20世紀中國知識分子具有重要的意義，面對內憂外患，近代中國知識分子幾乎都出於「忍不住的關懷」而直接、間接地涉足政治，而最後能夠「以義相交」、「得君行道」或全身而退的人卻少之又少。胡適的經驗不僅可以讓我們來對比1949年之後留在中國大陸知識分子之命運，或對照在海外從事「第三勢力」知識分子的命運，[45]以反省書生與政治的關係，也可以思索在20世紀國共對抗、美蘇對峙的冷戰格局下，中國所經歷的曲折顛躓。

　　本書是筆者多年來有關胡適研究的論文集，我的主要動機是想為胡適先生畢生與威權鬥爭來捍衛自由理想的生命經驗，留下一些後世可以採借的「思想資源」。本書得以此一面貌的呈現要特別感謝林桶法教授與臺灣商務印書館的支持。我希望讀者能和我一樣，從胡先生的經歷中體認到面對威權的艱苦與堅持自由理想之可貴。

黃克武

2021年5月12日於南港

44　馬五（雷嘯岑），〈由文章談到胡適〉，《自由報》，第 201 期（香港，1962），第 1 版。
45　有關1949年之後在海外第三勢力，參見黃克武，《顧孟餘的清高：中國近代史的另一種可能》（香港：中文大學出版社，2020）。

1

導　論

胡適檔案與
　胡適研究*

一、前言

　　胡適（1891-1962）在中國近代史上的重要性是無庸置疑的。他逝世雖已超過50多年，然其影響力仍持續存在，並逐漸擴展。[1]1956年2月，毛澤東在北京懷仁堂宴請出席全國政協會議的知識分子代表時曾說：「胡適這個人也頑固，我們託人帶信給他，勸他回來，也不知他到底貪戀什麼？批判嘛，總沒有什麼好話，說實話，新文化運動他是有功勞的，不能一筆抹殺，應當實事求是。21世紀，那時候，替他恢復名譽吧！」[2]2002年時中國大陸自由知識分子的代表人物李慎之（1923-2003）也說：「20世紀是魯迅的世紀，21世紀是胡適的世紀」。[3]毛澤東與李慎之的論斷頗具參考的價值，魯迅與胡適是推動五四新文化運動的代表人物，魯迅的主要貢獻在批判舊傳統，胡適則更能高瞻遠矚地描繪出新時代的藍圖，那麼21世紀之時，或許正是胡適恢復名譽、展現影響力的時刻。

　　胡適為安徽績溪人，生於上海，少年時（1904），進入上海的「梅溪學堂」讀書，受到父親好友張煥綸（字經甫，1846-1904）的影響，

---

* 　本文原刊：周惠民主編，《民國人物與檔案》（臺北：政大出版社，2015），頁 1-32。

1　歐陽哲生在 2012 年出版的著作中認為「胡適研究正成為一門顯學」，見〈胡適在現代中國〉，收入氏著，《探尋胡適的精神世界》（北京：北京大學出版社，2012），頁 6-12。

2　此事出自唐弢的回憶，見唐弢，〈春天的懷念──為人民政協四十年徵文作〉，《唐弢文集》（北京：社會科學文獻出版社，1995），第 4 卷，頁 590。亦見李偉，《胡適：孤立的人最強大》（北京：中國華僑出版社，2013），頁 179-180。

3　李慎之，〈李慎之：20 世紀是魯迅的，21 世紀是胡適的〉，http://culture.ifeng.com/guoxue/200905/0504_4087_1138213.shtml（2014 年 4 月 10 日檢索）。

一直警惕自己「千萬不要僅僅做個自了漢」,因而立下志向,希望能成就一番事業。[4]後來他也的確實現了他的理想,成為近代中國一位重要的學者、教育家、政論家與外交官。[5]

　　胡適在中國近代史上至少有三方面的意義。第一是思想文化上的意義。胡適宣揚文學革命與文化革命,主張透過文字、文學來改造文化。胡適在宣傳白話文上可謂煞費苦心。他所寫的白話文、新詩在當時掀起了白話文寫作的熱潮。胡適行文用字的一個明顯特色就是一絲不苟、明白曉暢,今天他所留下的無論鋼筆字還是書法,一定是清清楚楚。這背後其實有一個很嚴肅的理念,亦即任何文字表達都要清晰、準確、讓人清楚易懂。在新文化運動的推動上,胡適與陳獨秀(1879-1942)、魯迅(1881-1936)等人同為第一代的領軍人物,他們在《新青年》之上提倡科學與民主,並攻擊傳統文化的黑暗面。不過胡適一生常處於矛盾、掙扎之中,他的個性溫和,主張漸進改革,不作烈士;然而另一方面又非常激烈地認為應全盤推翻中國傳統、追求自由民主與科學,用李敖、程滄波的話來說,他是一位「保守的自由主義者」。[6]

4　胡適,《四十自述》(臺北:遠東圖書公司,1966),頁44。

5　有關胡適一生,可參考余英時,《重尋胡適歷程:胡適生平思想與再認識(增訂版)》(臺北:中央研究院、聯經出版公司,2014);江勇振,《捨我其誰:胡適》(臺北:聯經出版公司,2011、2013、2018),共四部。

6　李敖認為胡適「是一個自由主義的右派,一個保守的自由主義者,在急進者的眼中,太不夠火辣辣了」。李敖,〈播種者胡適〉,《文星雜誌》,期51(1962),頁6。程滄波說:「朋友中近年對胡適的批評,說他是一個『保守的自由主義者』(conservative liberal)。如

第二是學術上的意義。梁啟超（1873-1929）、章炳麟（1869-1936）和胡適都是開創中國現代學術的第一代人物。他們一方面接受西方新學問，另一方面又把西方治學方法用到中國傳統研究的領域之上，換句話說，就是用科學方法來研究傳統學問。這一視角開創了大量的可能性，具有革命性的貢獻。例如清代有很多學者從事考證，胡適也做考據工作，但清代學者是通過考據來「明道」，即通過字詞的辨正來了解經典中所蘊含「道」的永恆價值；而胡適所開創的現代學術，則用現代科學的實證方法真切地認識中國固有傳統——「整理國故」。1923年胡適所撰寫的〈國學季刊發刊宣言〉，以及他所撰寫的《中國哲學史大綱》是「建立典範的開風氣之作，而同時又具有『示範』的作用」。[7]胡適在學術史的另一重要性，是他用英文介紹中國歷史、文化，他用英文寫了許多文章，並在美國各地講學。[8]早期的啟蒙思想家中章炳麟、康有為和梁啟超的英文都不好，嚴復較好，可是嚴復所寫的英文作品屈指可數，所以真正能用英文把中國文化的精深內涵帶到世界，並與海外學者對話，胡適可謂第一人，在他之後的另一位是林語堂（1895-1976）。

果胡適之是一個『保守的自由主義者』，那麼傅孟真是一『急進的自由主義者』（radical liberal）。原刊程滄波，〈記傅孟真〉，《新聞天地》，期156（香港，1951），頁9-11，後收入傅樂成，《傅孟真先生年譜》（臺北：文星書店，1964），頁17。

7　余英時，〈中國哲學史大綱與史學革命〉，收入《中國近代思想史上的胡適》（臺北：聯經出版公司，1984），頁83、90。

8　周質平編，《胡適英文文存》（臺北：遠流出版公司，1995），計三冊；周質平編，《胡適未刊英文遺稿》（臺北：聯經出版公司，2001）。

第三是政治實踐與教育行政上的意義。如上所述胡適不甘於平凡，他不但「坐而言」，也希望「起而行」。他一生中擔任過幾個重要職務，最重要的是曾擔任4年的中華民國駐美大使（1938-1942）。胡適在駐美大使期間，在美國各地講了兩百餘場演講，[9]其中1942年3月23日在華盛頓的演講，《中國抗戰也是要保衛一種文化方式》，[10]尤其能夠打動國際視聽，將抗戰類比於西方文明之中「極權與民主的對壘」，[11]讓世人了解「中國人民的自由、民主、和平方式，正面臨日本獨裁、壓迫、黷武主義方式的嚴重威脅」。[12]此一宣傳使中國在國際社會取得了「道義的優位性」，[13]抗戰期間中國能夠取得許多國際援助（如各種貸款）與胡適在外交方面的努力有直接的關係。1946年回國後他出任北大校長，1948年在蔣介石邀請下，他幾乎要參選中華民國總統，可惜由於國民黨黨內的反對，他自己意願亦不高，而沒有實

9　有關胡適在美國演講之詳細狀況，根據胡慧君在北海道大學的博士論文〈中日戰爭時期的胡適——其戰爭觀的變化及在美國的演講活動〉之統計「從 1937 年 9 月 23 日到 1942 年 9 月 18 日，胡適共做講演 238 次，其中的 35 次以演講記錄的形式發表，另有 34 次以論文形式發表」。胡慧君，《抗日戰爭時期的胡適》（杭州：浙江大學出版社，2013）。亦參考宋廣波，〈胡適對日本侵華的因應之道〉，《胡適研究通訊》，2013 年第 1 期（北京），頁 17。

10　胡適，《中國抗戰也是要保衛一種文化方式》，臺北：胡適紀念館，1972。

11　胡適，《中國抗戰也是要保衛一種文化方式》，頁 1。

12　胡適，《中國抗戰也是要保衛一種文化方式》，頁 12-13。

13　這是日本作者千野境子的看法，她有感於中日釣魚臺事件之爭端，而日本缺乏外交人才，寫了一篇有關胡適的文章，〈いま日本に胡適がほしい〉（現在在日本需要一個胡適），《產經新聞》，2012 年 10 月 9 日，「遠響近聲」專欄。

現。[14]不過胡適一直得到蔣介石的欣賞和重用，1949年之後他給予蔣介石「道義的支持」，並協助雷震等人推展《自由中國》雜誌社務、為《文星》雜誌撰稿等。[15]1958年4月他返回臺灣擔任中央研究院的院長，1962年2月死於任上。胡適過世時，蔣介石說胡適是「新文化中舊道德的楷模，舊倫理中新思想的師表」，並且親筆題輓聯——「智德兼隆」，由此可見兩人彼此欣賞，能夠「道不同而相為謀」。[16]

胡適很清楚地知道作為一位創造歷史的人物，保存史料是相當重要的，他自認有「歷史癖」，[17]所以從小就開始紀錄並保存史料，也因此胡適一生留下了大量的書信、日記、文稿及其他公私文件。在近代中國學者之中，無論就類型、數量或品質來說，胡適檔案之史料價值均為上乘。可惜的是，因時代的動盪，這些檔案散居各地。1948年底，他在倉皇之中離開了北平，在東廠胡同的故居中留下一百多箱的

---

14 楊天石，〈蔣介石提議胡適競選總統始末〉，收入氏著，《找尋真實的蔣介石：蔣介石日記解讀（三）》（香港：三聯書店，2014），頁 253-279。

15 任育德，〈胡適與《自由中國》的互動〉，《國史館館刊》，期 36（2013），頁 1-49。黃克武，〈一位「保守的自由主義者」：胡適與《文星雜誌》〉，潘光哲編，《胡適與現代中國的理想追尋：紀念胡適先生一二〇歲誕辰國際學術研討會論文集》（臺北：秀威資訊，2013），頁 332-359；黃克武，〈胡適、蔣介石與 1950 年代反共抗俄論的形成〉，《蔣介石與現代中國的形塑，第一冊：領袖的淬鍊》（臺北：中央研究院近代史研究所，2013），頁 647-666。後二文收入本書。

16 這是中央研究院近代史研究所胡適紀念館於 2012 年舉辦的特展「胡適與蔣介石：道不同而相為謀」，對兩人關係的描述。

17 胡適曾在日記中說自己的「歷史癖」太重，參見 1926 年 9 月 23 日的日記。胡適著、曹伯言整理，《胡適日記全集》（臺北：聯經出版公司，2004），第 4 冊，頁 474。

藏書與來往書信。這些資料留存於北京中國社會科學院近代史研究所與北京大學圖書館。[18]其後胡適長期住在美國，1958年4月才返回臺灣定居。中央研究院近代史研究所胡適紀念館所藏的檔案，都是1949年後胡適在美國，以及1958年回臺灣以後所攜回或產生的文稿、信函、藏書及其他文物。同時，胡適紀念館成立之後，一方面積極徵集、整理相關史料，另一方面許多胡適的故舊與學界的研究者，將手頭的資料贈與紀念館，館藏日益增加。[19]再者，1990年代之後，兩岸交流頻繁，庋藏胡適檔案的單位開始展開合作，胡適紀念館陸續取得北京社科院近史所贈與的胡適1949年以前的照片及文件影像檔，並與北京大學圖書館合作整理胡適藏書與批注，出版胡適藏書目錄。目前中央研究院內的胡適紀念館保存了全世界最完整的胡適相關的檔案，可供學術研究。

　　本文將介紹胡適紀念館檔案之內容，並討論胡適研究所面臨的一些挑戰，再以一些具體的例子說明如何利用檔案來深化胡適研究。

二、胡適紀念館藏檔案、資料簡介

　　胡適紀念館成立於1962年12月10日，開始之時由「胡適紀念館管

---

18 有關大陸地區胡適檔案的整理出版狀況，請參見歐陽哲生，〈重新發現胡適——胡適檔案文獻的發掘、整理與利用〉，收入氏著，《探尋胡適的精神世界》，頁31-40。

19 如胡適好友韋蓮司在胡適過世之後，將胡適與他的往來書信打字、編排、整理之後贈予胡適紀念館，下文會仔細介紹。又周質平先生曾將胡適留在康乃爾大學相關檔案的數位檔案贈送給紀念館。

理委員會」負責管理。1998年元月改隸中央研究院近代史研究所。胡適紀念館主要職責與任務為保存、陳列與刊行徵集所得之胡適遺著、遺墨、藏書、生活照片及其他遺物等；早期業務除例行性展覽工作外，並展開胡適全集之編輯工作。[20]

館藏之胡適檔案於2008年完成所有檔案的數位典藏工作，並逐步開始建置為資料庫。目前檔案收藏有三大部分：第一部分為文件檔案；第二部分為胡適藏書目錄及批注；第三部分為與胡適相關的文字、影音資料與照片，以下分別介紹。

文件檔案主要包含以下幾個分檔，各檔內容與數量如下：

1.「美國檔」（US，2359則）：大抵為胡適存於美國紐約住所，後於1958年12月移至臺灣之文稿、信函及雜件等。

2.「南港檔」（NK，13,040則）：指胡適擔任中央研究院院長之後的個人檔案。

3.「胡適與楊聯陞專檔」（LS，239則）：為胡適與楊聯陞的來往函件等，除包括胡適紀念館編，《論學談詩二十年：胡適與楊聯陞往來書札》一書中所收信函手稿外，並收錄先前未輯入的函件，及楊聯

20　《胡適全集》於2003年由安徽教育出版社出版，為胡適研究提供了便利，可惜此一套書將胡適的政論文字（特別是較敏感的政治言論）刪除，此外也有不少的遺漏。有鑑於此，中研院近史所胡適紀念館將逐年推出完整的一套《胡適全集》。已出版了《胡適全集：胡適時論集》（臺北：中研院近史所胡適紀念館，2018）8冊及《胡適全集：胡適中文書信集》（臺北：中研院近史所胡適紀念館，2018）5冊。另外還有《胡適文存》四集、《四十自述》、《丁文江的傳記》等。

陞（1914-1990）夫人託余英時於1998年與1999年惠贈紀念館的函稿、信件等。有關胡、楊之交遊以及此部分檔案之來龍去脈，可參見余英時為該書所寫之序文。[21]

4.「胡適與韋蓮司專檔」（CW，343則）：除收錄胡適與韋蓮司（Edith Clifford Williams, 1885-1971）來往函電和部分關係人的信函外，並及胡適身後韋蓮司與江冬秀、胡祖望、葉良才、劉大中等人的來往函件。此外，另有一些韋蓮司寄贈，及韋女士身後其家屬寄贈紀念館的剪報、雜件等。這一部分檔案十分完整，因為「兩人為保留對方的來信，都做了超乎常人的努力，尤其是韋蓮司，在垂暮之年，將胡適50年的來信、電報、信封，以致於片紙隻字都一一攝影，打字細校，寄給江冬秀，並請胡適紀念館妥善保管」。[22]因此在資料庫中檢索「胡適致韋蓮司函」時會出現兩個版本，一個是胡適原跡的手寫稿、一為韋蓮司整理後的打字稿。這一批檔案中胡適致韋蓮司的信件已被翻譯為中文並出版，請參見周質平編譯，《不思量自難忘：胡適給韋蓮司的信》。周質平並撰寫了兩本這方面的專書。[23]

21　余英時，〈論學談詩二十年——序《胡適與楊聯陞往來書札》〉，胡適紀念館編，《論學談詩二十年：胡適與楊聯陞往來書札》（臺北：聯經出版公司，1998），頁 i-xii。

22　周質平編譯，《不思量自難忘—胡適給韋蓮司的信》（臺北：聯經出版公司，1999），頁 i。

23　周質平，《胡適與韋蓮司：深情五十年》（臺北：聯經出版公司，1998）。Susan Chan Egan and Chih-p'ing Chou, *A Pragmatist and His Free Spirit: The Half-Century Romance of Hu Shi and Edith Clifford Williams* (Hong Kong, Chinese University Press, 2009). 余英時利用 1927 年 1 月 14 日胡適給韋蓮司的一封信，考證出胡適轉學到哥倫比亞與投在杜威門下的原因。余英時，〈胡適「博士學位」案的最後判決〉，收入《重尋胡適的歷程：胡適生平思想與再認識（增

5.「胡適與雷震專檔」（LC，174則）：為胡適與雷震（1897-1979）的來往函電等，涵蓋萬麗鵑編著、潘光哲校閱，《萬山不許一溪奔：胡適雷震來往書信選集》（臺北：中央研究院近代史研究所，2001）的信函手稿，並增補館藏其他數封信函，以及收錄於《雷震秘藏書信選》（臺北：桂冠圖書公司，1990）的數封排印本影印信函。此外，還有一份與此相關的材料是，藏於中研院近史所檔案館《雷震檔案》中的「雷震與王紀五往來書信」，其中有許多1950年代雷震、胡適及《自由中國》、接受美方援助、籌組反對黨的相關史料。

6.「胡適手稿」暨「中國中古思想史長編」（MS，814則）：「胡適手稿」以紀念館早期發行出版的《胡適手稿》（臺北：胡適紀念館，1966-1970）十集為底本，內容是關於《水經注》疑案的考證、禪宗史考證、中國早期佛教史跡考證、中國佛教制度和經籍雜考證、朱子彙鈔和考證、舊小說及其他題目雜考證、古絕句選及其他雜稿。「中國中古思想史長編」（MS02）是以紀念館出版的手稿本（1971年2月）為底本，為胡適於1930年寫成的手稿七章：齊學、《呂氏春秋》、秦漢之間思想狀態、道家、淮南王書、統一帝國的宗教、儒家的有為主義等。

7.「胡傳專檔」（HC，146則）：為胡適父親胡傳的檔案，胡傳曾於1892-1895年任職於臺灣東部的臺東。目前胡適紀念館藏的胡傳檔案，大部分為由白棣、王毓銓、胡先晉及羅爾綱等人抄本，僅有少數

訂版）》，頁306-307。

原件。這些文件是1958年胡適回國就任中央研究院院長後寄回臺灣的。胡傳檔案可分為七類，分別為（1）年譜；（2）日記；（3）稟啟；（4）文集；（5）書札偶存；（6）家傳；（7）其他雜件。這一部分的檔案對於認識胡適之家世以及清代臺東之開發有所幫助。

8.「胡適日記」（DY，4,061則）：胡適的日記計四百餘萬字，已由曹伯言整理、聯經出版公司出版。有關胡適日記的史料價值及其所反映胡適之一生，請參考余英時的〈從《日記》看胡適的一生〉一文。[24]胡適紀念館所藏日記檔案是原跡的影像檔，其時間分布為1906年、1921-1943年、1946-1962年，凡41年。館藏日記之來源有：紀念館藏負片（Kodak攝影底片）一百卷、微縮（Microfilm——美國國會圖書館複製）六卷與少數日記原件；[25]胡祖望寄贈1938-1942年日記影本；以及已出版的：胡適，《胡適的日記：手稿本》（臺北：遠流出版公司，1989-1990）；北京大學圖書館編，《北京大學圖書館藏胡適未刊書信日記》（北京：清華大學出版社，2003）與該書之英文版*The Diary and Letters of Dr. Hu Shih*: *Peking University Library Collection* (Singapore: Cengage Learning Asia Pte Ltd, 2010)。胡適紀念館所藏日記之影像內容並不完整，尚缺1910-1917、1919-1920、1944年。其中留學部分的日記最早由許怡蓀（？-1919）整理，[26]在《新青年》（1917-1918）

24　余英時，〈從《日記》看胡適的一生〉，收入曹伯言整理，《胡適日記全集》，第1冊，頁1-156。

25　胡適紀念館館藏胡適日記的原件不多，日期如下：1953年5天、1960年3天、1961年17天、1962年7天。

26　有關胡適與許怡蓀的情誼，參見：梁勤峰、楊永平、梁正坤整理，《胡適許怡蓀通信集》（上

上以「藏暉室劄記」之名連續登載，[27]其後胡適交給好友章希呂（1892-1962）整理，[28]由亞東圖書館出版，名為《藏暉室劄記》，商務印書館出版時又改為《胡適留學日記》。[29]胡適留學日記原稿一直留在亞東圖書館。1953年上海市軍管會因陳獨秀屬於托派，又與該出版社關係密切，結束該公司、沒收了書籍與檔案。這一部分的原稿從亞東圖書館流出，輾轉進入拍賣市場，為買家收購，已由上海人民出版社出版。[30]其最大的價值在於補充了《胡適留學日記》出版時刪除的照

海：上海人民出版社，2017年）。胡適與許怡蓀是中國公學同學，返國初期（1917-1920），胡適在許怡蓀的協助下建立人際交往的網絡，如留日的高一涵即是透過許而認識，1919年許怡蓀死後，胡適交流對象漸漸轉移至以北京大學的同事，如蔣夢麟、蔡元培等人為主。參見蔡旻遠，〈知識分子的人際關係與政治選擇──以胡適為中心（1917-1924）〉（臺北：臺灣大學歷史系碩士論文，2020），頁27-34。

27　胡適，〈藏暉室劄記〉，《新青年》，第2卷4號（1916年12月1日），頁1-4；第2卷5號（1917年1月1日），頁1-5；第2卷6號（1917年2月1日），頁1-7；第3卷1號（1917年3月1日），頁1-5；第3卷2號（1917年4月1日），頁1-5；第3卷4號（1917年6月1日），頁1-4；第3卷5號（1917年7月1日），頁1-6；第3卷6號（1917年8月1日），頁1-4；第4卷2號（1918年2月15日），頁143-149；第5卷1號（1918年7月15日），頁66-74；第5卷3號（1918年9月15日），頁267-275。

28　有關胡適與章希呂的交往，參見蔡登山，〈另一次近身的觀察：從章希呂日記書信看胡適〉，收入《何處尋你：胡適的戀人及友人》（臺北：INK印刻文學，2008），頁85-108。

29　胡適，〈胡適留學日記自序〉，曹伯言整理，《胡適日記全集》，第1冊，頁107-111。有關章希呂整理胡適日記之情況，可參見蔡登山，〈另一次近身的觀察──從章希呂的日記書信看胡適〉，收入《何處尋你》，頁107-108。有關胡適與亞東圖書館的關係，參見謝慧，〈胡適與上海亞東圖書館〉，《中國社會科學院近代史研究所青年學術論壇（2007年卷）》（北京：社科文獻出版社，2009），頁474-494。

30　胡適，《胡適留學日記手稿本》（上海：上海人民出版社，2015）。錢好，〈胡適留學日記手稿將首度公開〉，《文匯報》，2014年5月29日。文中指出：「此次手稿整理中最大的驚喜，是發現了《北京雜記一》和《歸娶記》這兩冊從未發表過的日記。《北京雜記一》

片、剪報、插圖等，再者，增加部分未刊原稿。總之，胡適留學日記手稿之出版可以幫助我們了解此一時期日記之原貌，而胡適日記的影像檔比以前更為完整了（只缺1919、1920、1944年）。

此外胡適紀念館尚存有幾本胡適返臺之後的行事曆（時間為1947-1949、1956、1959-1962），記載每日重要事情、會面的人物、地點等，從筆跡來判斷，部分為秘書胡頌平所記、部分為胡適親筆書寫。這幾本小冊子可以補充日記的不足，例如1959年1月胡適沒有留下日記，從當年的行事曆（Taiwan Appointment Diary 1959）中卻留下每天的行程、約見人物、吃飯地點等詳細記載。程巢父先生曾應筆者之邀整理此批史料，並利用這批材料寫過幾篇文章，澄清了胡適生平與人際網絡的一些問題。[31]胡頌平也留下胡適晚年生活的詳細記錄，在這方面除了《胡適之先生年譜長編初稿》、該書《補編》、《胡適之先生晚年談話錄》之外，還有藏於北京大學圖書館的一百餘冊「胡頌平日記」，這一日記史料價值甚高，值得開發。[32]

9.「北京檔」：2009年4月，北京社科院近史所捐贈本所胡適紀念

記錄的是 1917 年 9 月至 11 月，胡適回國後初到北京的交往雜記和讀書筆記。《歸娶記》則寫下了 1917 年 12 月到 1918 年 2 月 2 日，胡適到安徽老家娶親的經過」。

31 當時筆者擔任胡適紀念館主任。程巢父，〈致　克武先生信〉，劉瑞琳主編，《溫故（第 9 期）》（桂林：廣西師大出版社，2007）。程巢父，〈《胡適未刊日記》整理記事〉，《文匯讀書週報》，2008 年 9 月 26 日。

32 胡頌平編著，《胡適之先生年譜長編初稿》（臺北：聯經出版公司，1984）；胡頌平編著，《胡適之先生年譜長編初稿補編》（臺北：聯經出版公司，2015）；胡頌平編著，《胡適之先生晚年談話錄》（臺北：聯經出版公司，1985）。

館，一批1949年之前的胡適文件檔案影像資料，共30,803筆目錄，以「北京檔」為名，於2011年4月匯入「胡適檔案檢索系統」。其中有不少珍貴的資料，如胡適的護照與履歷等。此一部分之檔案可至北京社科院近史所或臺北中研院近史所胡適紀念館查閱。「北京檔」中一部分的內容已出版，見耿雲志主編，《胡適遺稿及秘藏書信》（合肥：黃山書社，1994）。耿雲志表示該書未收的書信有兩類，一是英文書信，計有一千多封沒有收入；二是凡涉及胡適私密情感的部分，怕有揭人隱私的顧慮，也沒收入。關於這些部分的內容，耿雲志曾介紹了其中徐芳給胡適的信；江勇振在撰寫《星星、月亮、太陽：胡適的情感世界》時，也引用了一些通信的內容。[33]此外，胡適紀念館與北大合作，出版了《胡適王重民先生往來書信集》，本書收錄北大圖書館、胡適紀念館等所藏相關書信、手跡，共計253封，其中胡適致王重民信104封，王重民致胡適149封。同時，編者對信中出現的大量人名、書名，花費很大精力，作了詳盡的注釋，完整呈現了兩人學術上交往過程。[34]

　　其次是胡適藏書。胡適一生中留下了數萬冊的藏書，因時代的動亂，其藏書分散數地。現存的胡適藏書，主要藏於北京大學圖書館（線裝書歸古籍部、普通書歸特藏部）和胡適紀念館，少部分在北京

---

33 耿雲志，〈戀情與理性：讀徐芳給胡適的信〉，《近代中國》，期 102（臺北，2002），頁128-157；江勇振，《星星月亮太陽：胡適的情感世界》（臺北：聯經出版公司，2007）。

34 北京大學信息管理系、臺北胡適紀念館編，《胡適王重民先生往來書信集》（北京：北京圖書館出版社，2009）。

社科院近史所圖書館及北京國家圖書館。胡適紀念館庋藏的胡適藏書，包含中、日、英文圖書、期刊及少數其他語文書籍，共3,885種，計6,918冊。除了極少數是胡適先生1948年底從北平帶出來之外，絕大部分是1949年以後在美國及1958年回臺就任中研院院長後搜集的。其最大特色是，書中有胡適留下的大量眉批、註記與隨想，對於研究胡適的學術思想，提供了重要的參考材料。藏書的整編，除了參考一般圖書編目之外，特別注重在備考欄詳細記載書籍的內部狀況，作為整理的依據，並供研究者參考。北京大學圖書館所藏1948年之前的藏書，根據目前的統計，共計8699種，該館比照胡適紀念館的方式編目、整理，並掃瞄其中有批注的部分。[35]胡適紀念館自2005年起與北京大學圖書館交流，2009年4月簽署「胡適藏書目錄整理合作協議」，至2011年4月，兩館的胡適藏書目錄全部整編完畢，於2013年出版為《胡適藏書目錄》，計4大冊，12000餘種，每一本圖書都記載了出版資料、印章、題記與批注狀況。[36]

胡適紀念館並將該館之藏書製成數位資料庫，其中輯有該館所收藏的4,825筆目錄，目前置於胡適紀念館網頁上開放申請使用。讀者可以直接瀏覽該書之中有批注之頁面。這一部分可以幫助讀者了解胡適在閱讀該書時之反應。例如馮友蘭（1895-1990）所著的 *A History of*

---

35 北京大學圖書館，〈前言〉，北京大學圖書館暨臺灣中央研究院近代史研究所胡適紀念館編纂，《胡適藏書目錄》（桂林：廣西師範大學出版社，2013），冊1，頁7。

36 北京大學圖書館暨臺灣中央研究院近代史研究所胡適紀念館編纂，《胡適藏書目錄》。

*Chinese Philosophy*一書，胡適曾寫過書評，刊於*The American Historical Review*, Vol. 60, No. 4(July, 1955), pp. 898-900，同時他在日記中也表示「看馮書兩遍，想說幾句好話，實在看不出有什麼好處」。[37]此一心態可以從批注中得到佐證，胡適在該書上有大量的打叉、問號並提出疑問，我們可以清楚得知胡適對其論點的看法。此外，筆者曾利用館藏胡適手批赫胥黎的著作與《中美關係白皮書》等，分析胡適對這些著作之反應。[38]藏書批注之中有許多資訊仍有待挖掘。負責整理北大圖書館特藏室胡適藏書的鄒新明，根據這一批資料寫過數篇〈胡適藏書整理箚記〉，刊登於《胡適研究通訊》之上，可以參看。[39]

第三部分是胡適影音資料與照片。影音資料數量較少，包括「胡適在臺灣」的影片，以及部分演講的錄音，還有學者談胡適的影片（有唐德剛、余英時、周質平、李又寧等人）。照片方面數量較多，胡適紀念館典藏了兩千多張紙質照片，內容為胡適個人及其家庭、朋友及中研院相關的影像。照片部分主要為胡適1958年回臺就任中研院院長後所攝。另有胡適羈旅美國期間的相本數冊，以及胡適逝世後韋蓮司、游建文等生前友人的陸續捐贈。經過多年努力，該館已將這些珍

37　曹伯言整理，《胡適日記全集》，第 9 冊，頁 107。

38　黃克武，〈胡適與赫胥黎〉、黃克武，〈一位「保守的自由主義者」：胡適與《文星雜誌》〉，收入本書。

39　如鄒新明，〈新詩與深情──胡適藏書所見胡適與徐志摩交往點滴〉，《胡適研究通訊》，2010 年第 2 期（北京），頁 34-36。鄒新明，〈從胡適藏書看杜威對胡適的影響〉，《胡適研究通訊》，2019 年第 1 期（北京），頁 11-17。

貴的影像資料逐一分類、辨識、註記、掃描、建檔，建置成一個照片資料庫。

　　胡適紀念館藏的照片共計2,840筆目錄，分為七個系列，分別是「早年掠影」、「羈旅海外」、「歸根臺灣」、「逝世紀念」、「家族」、「朋友及其他」和「中央研究院」，以下分別介紹：(1)「早年掠影」（64筆）：時間分布為1910-1949年，紀錄了胡適赴美留學、返國任教、駐美大使與重返學術的四個階段。(2)「羈旅海外」（147筆）：時間分布為1949-1958年，紀錄了胡適寓居紐約的生活點滴。館藏照片多為胡適個人與家庭、朋友的生活照，包括他在這段時期參與的學術文化活動、幾次訪臺行蹤，以及在哥倫比亞大學接受口述自傳訪問等。(3)「歸根臺灣」（830筆）：時間為1958年返臺至1962年逝世為止，紀錄了胡適的晚年生活。除出掌中研院、推動學術之外，也關心政治，並到處演講、參與公益活動。(4)「逝世紀念」（900筆）：時間為1962年2月24日以後，紀錄了胡適的身後哀榮。(5)「家族」（285筆）：包括胡適的父母親、妻子江冬秀、子胡祖望、兒媳曾淑昭、長孫胡復的照片。(6)「朋友及其他」（282筆）：包括胡適的師長杜威及朋友贈照，以及韋蓮司贈普林斯頓大學建築照等。(7)「中央研究院」（332筆）：內容包括院區興建、院長、院士及其他雜件等。胡適紀念館所收藏的這一批照片曾由楊翠華、龐桂芬選錄約200幅，編為《遠路不須愁日暮：胡適晚年身影》一書。[40]此外，北京社科院近史所的北京檔中亦有數千

40　參見楊翠華、龐桂芬編，《遠路不須愁日暮：胡適晚年身影》（臺北：中央研究院近代史研

張胡適所遺留下來的照片，並由耿雲志編輯出版了《胡適及其友人，1904-1948》一書。[41]

　　以上為胡適紀念館館藏胡適檔案的大致情況，這些檔案除了照片部分因尚缺解說未能開放之外，其他部分均已開放供學界使用。

三、穿透迷霧：如何利用胡適史料從事胡適研究

　　如何利用胡適史料從事胡適研究？胡適在提倡「整理國故」之時，曾提出「還他本來面目」的主張。上述胡適紀念館的檔案能幫助我們「還原一個真實的胡適」嗎？此一工作並不容易，因為檔案的公布只是還原工作的開端。解讀檔案尚須許多工夫。其中一個最明顯的原因是政治因素的干擾。在中國近代史上胡適和魯迅有類似的命運。在冷戰的架構之下，魯迅在大陸是第一號人物，胡適卻是「戰犯」；[42]反過來說，胡適在臺灣是一等一的英雄，而魯迅在臺灣卻沒有太多人注意他，而且他的作品在戒嚴時期是禁書。簡言之，在冷戰的架構之下，雙方各擁自己的英雄人物，並向對方的英雄人物進行抹黑的工作。

　　胡適和魯迅一樣，是一個活生生的人，有血，有肉，有情欲，有衝突，同時他有他的長處，也有他的缺點，所以如果我們今天要重新

　　究所，2005）。此書之簡體字版為《胡適晚年身影》（南京：南京大學出版社，2014）。

41　耿雲志編，《胡適及其友人，1904-1948》（香港：商務印書館，1999），此書的另一版本為耿雲志編，《胡適和他的朋友們，1904-1948》（北京：中華書局，2011）。

42　耿雲志，〈胡適「戰犯」頭銜的由來〉，《胡適研究通訊》，2008年第3期（北京），頁2-3。

審視胡適的歷史形象，必須要盡可能地還原真實，既看到他陽光燦爛的一面，也要看到他黑暗的地方。為了達成此一目標，除了要避免政治因素的干擾之外，還有其他的一些個人的、社會的、文化的因素也影響我們對胡適的認識。在此情況之下，要重新回到歷史場景去挖掘一個真實的胡適，就很需要費一點工夫。然而如何才能「還原一個真實的胡適」呢？筆者認為胡適研究者在面對相關史料時至少必須穿透四種迷霧。

第一，胡適本身所布置下的迷霧。胡適是一個非常精心塑造自己形象的人，他在後世的形象有很大程度是由他自己一手導演、刻畫出來的。他所提供的一些史料「替未來要幫他立傳的人先打好一個模本（a master narrative）」。[43]在這方面胡適的《四十自述》，以及他在晚年口述、唐德剛筆錄的《胡適口述自傳》二書扮演十分重要的角色。[44]這兩本書是胡適形象最重要的「模本」，奠定了他啟蒙者的地位，亦即大家所看到的一個光鮮亮麗的胡適。另外，胡適的日記在應用上也得十分小心，首先在版本上應採用臺北聯經版的《胡適日記全集》，此書經編者曹伯言校正、增補，並製作索引，應用較方便，並參照日記原本之影像。其次讀者應注意胡適寫日記時心中有一群想像的讀者，正是未來對他的歷史感興趣者，所以他精心刻畫自己在日記中的

---

43 江勇振，《捨我其誰：胡適》，第一部，頁1。
44 胡適，《四十自述》；胡適口述、唐德剛譯註，《胡適口述自傳》（臺北：傳記文學出版社，1983）。

形象。有趣的是，他往往懷有一種想跟後代讀者鬥智的心態，例如有些關鍵的、精彩的部分，他並不完全將其掩蓋，而是利用縮寫、簡稱或隱語來表達，所以在讀《胡適日記》時就需要具有高度的警覺性，才能看出其中蹊蹺。在這方面一個很好的例子是余英時所寫的〈從《日記》看胡適的一生〉一文，他利用胡適日記原稿中塗抹掉的一段話，撥雲霧、見青天，考證出胡適與兩位美國女士羅慰慈與哈德門之間的複雜情愫。[45]由此可見日記原本在史料上的重要價值。

胡適不但在寫日記之時欲言又止，在詩詞寫作過程中也有意無意地留下蛛絲馬跡。中國文人詩詞往往是很隱晦地「言志」，但胡適又怕讀者不清楚詩句的內容，有時在詩之前會有案語，解釋該詩創作緣由。不過這時讀者要很小心，因為這些案語常常可能會誤導讀者到一個錯誤的方向。所以他的好朋友徐志摩就說，凡是胡適文章中有案語之處都得要好好考究。也就是說，在這些文字裡，胡適精心刻畫了自己，而這個「自己」就是他所希望在後世呈現的形象。此外，值得注意的是胡適是極端重視隱私的人，他對自己私密情感部分寫得非常含蓄。這樣一來，要尋找到真實的胡適，就得突破這一種胡適所佈下的障眼法，才能看到他的內心世界。

第二，政治迷霧。20世紀中葉以來，海峽兩岸對峙，在美蘇冷戰架構，亦即自由主義與共產政權相對抗的框架中，往往限定了雙方對

---

45 余英時，〈從《日記》看胡適的一生〉，收入曹伯言整理，《胡適日記全集》，第 1 冊，頁 86-87。

歷史人物的認識。胡適在1949年之後大陸不受歡迎是可以想像的。胡適深受英美資產階級自由主義價值觀念的影響，作品中有大量的反共言論，這些地方都讓中共對他深惡痛絕。50年代中國大陸發動了一個大規模「批胡」的運動，後來批胡的文字集結成書，好幾大本，計數百萬字，胡適還細心地收集了這一套書，並仔細閱讀。在胡適故居的書房裡有胡適手批的「批胡」全集。[46]在50年代數百萬字的文獻，代表了一個時代對胡適所施加的圍剿，這種狀況到90年代以後才逐漸好轉。所以在應用大陸出版的胡適相關研究時，應注意此一背景對評價胡適的影響。

　　無論如何，胡適在過去的半個世紀之中，經歷了從「黑」到「紅」的過程，從「戰犯」慢慢地變成一個大家可以接受的，某種程度是和藹可親，且蠻有一點意思的人物。這是很大一個轉變，它涉及大陸近年來政治與文化氣氛的轉型。事實上不只是胡適，有不少近代中國歷史人物，如嚴復、張謇、梁啟超等改革派人士，都經歷了類似的過程。在鄧小平的改革開放後，隨著視角的改變和開拓，這批和國民黨關係較密切，主張自由民主、資本主義的改良派學者才得到了某種程度的平反。這也是大家所期望的：還原一個真實的、有血有肉的人，而不只是被政治宣傳抹黑的樣板。這個迷霧的破除，在某種程度也表

46　有關胡適對「知識分子思想改造」之回應，可參見潘光哲，〈胡適對「知識分子思想改造」的回應（1949-1952）〉，收入《胡適與現代中國的理想追尋：紀念胡適先生一二〇歲誕辰國際學術研討會論文集》，頁 243-261。

現了胡適所提出「還其本來面目」的史學理想。

　　第三，公私和性別的迷霧。過去我們都把人物的「公領域」和「私領域」作清楚的區分。公領域是大家所看到的，這個部分的胡適其實非常受大家關注，胡適當時是名滿天下、無人不知，最有名的一句話就是「我的朋友胡適之」。總之，在公領域層面，胡適備受關注。唐德剛有個有趣的比喻，「他底一生，簡直就是玻璃缸裏的一條金魚；它搖頭擺尾、浮沉上下、一言一笑……在在都被千萬隻眼睛注視著」。[47]這話也對，但也不對。不對之處在於，胡適私領域的部分其實在金魚缸裡往往是看不到的，另有一廣闊天地。過去人們習慣把公私領域劃分之後，往往只看到公領域一面，而看不到私領域一面。其實我們常說的「知人論事」，就應該要能夠把公領域和私領域結合在一起來考察，才能得其全貌，換言之，私情和公義，其實是一個銅板的兩面。2001年臺北國家圖書館漢學中心曾開過一個國際會議，叫「欲掩彌彰——中國歷史文化中的私與情」，其主旨即在闡明私領域中相當多的生活與思想經驗，其實和公領域表現之間有千絲萬縷的關係，所以必須要打破公私的分疆劃界，才能清楚地了解一個歷史人物。[48]公與私的分疆劃界也牽涉到另一個問題，即「男性中心主義」。以往大家看胡適的這些女友，基本上都是從男性視角來看，這些圍繞在胡

47　唐德剛，〈寫在書前的譯後感〉，胡適口述、唐德剛譯註，《胡適口述自傳》，頁3。
48　熊秉真主編，《欲掩彌彰：中國歷史文化中的「私」與「情」——私情篇》（臺北：漢學研究中心，2003），以及《欲掩彌彰：中國歷史文化中的「私」與「情」——公義篇》（臺北：漢學研究中心，2003）。

適身邊的女性，都成了胡適人生大戲中的配角，她們沒有聲音，也沒有自己特別的表現，總之，她們似乎都是平面的、被動性的人物。相當多對胡適情感生活的描寫的作品都落入了這種窠臼。江勇振的《星星、月亮、太陽：胡適的情感世界》一書即特別注意到此點，他不但以胡適為主角，也以他身邊女友為主角，再重新觀看胡適。[49]的確，當我們重新從女性角度來看，胡適的這些花邊新聞，就不再是繁忙公務生活中的點綴，而有另一層意義。胡適身邊的這些女性，其實個個都有強烈的情感，而且對於情感的表達和生命的追求，都有自己的熱忱。

相對於女性友人的狂野、奔放和熱情，胡適的情感表達卻是相當內斂的。從江勇振的《星星、月亮、太陽：胡適的情感世界》與蔡登山的《何處尋你：胡適的戀人及友人》等書，大家會發現他有很多「婚外戀」的女友，但似乎胡適的戀情都有個基本模式，就是胡適情感上放的不多，卻收得很快，他一旦發現這些女子對他有所糾纏而陷得太深的時候，他馬上打退堂鼓。最典型的例子就是蔡登山所撰〈師生之情難「扔了」？胡適未完成的戀曲〉一文。[50]文中談到他與「才堪詠絮、秀外慧中的女弟子」徐芳（1912-2008）之間的戀情，剛開始時胡適沉湎於新鮮的浪漫，但看到徐芳義無反顧的時候，他就退縮了，這就是典型的胡適的反應。他是一個在情感上相當內斂、保守，

49　江勇振，《星星、月亮、太陽：胡適的情感世界》。
50　蔡登山，《何處尋你：胡適的戀人及友人》，頁49-66。

並儘量在各種各樣文字中隱藏自己的人。所以唐德剛說他「談戀愛，他也搞不出什麼『大膽作風』」；[51]蔣介石說他是「新文化中舊道德的楷模」是有道理的，他受舊道德的束縛相當大，這樣的個性也影響到他對公共事務的處置，他在政治上的保守與此如出一轍。

其次，私領域的生活對胡適思想傾向、人格成長有很深刻的影響。例如胡適跟韋蓮司的交往是靈魂的衝撞，激盪出了相當多思想的火花。胡適1910年到康奈爾大學（Cornell University）讀書，幾年後才認識韋蓮司（生於1885年，比胡適大6歲），她的父親是康奈爾大學考古生物學教授。韋蓮司是一個非常有天分的畫家，這大概是吸引胡適的一個重要氣質，因為胡適沒太多藝術方面的天分，音樂、美術都不很在行，他是一個實事求是、理性思維的人，但韋蓮司是藝術家，而且她出生在大學教授家庭裡，有美國東岸知識分子家庭所具有的古典訓練，這種在韋蓮司身上的文化底蘊是最吸引胡適的地方。1914年韋蓮司和胡適變成好朋友後，雙方有50年的來往，彼此寫了很多信。胡適的心靈成長，其中一部分就是伴隨著韋蓮司而展開的。對胡適來說，他可以無所顧忌地跟韋蓮司討論各種各樣的問題，所以他說韋蓮司是有思想力、有視野、有魄力、有閱歷的女子。在胡適早期到美國的時期，韋蓮司是一位帶領他走進西方文化最關鍵的人物。他們兩一開始交換讀書心得，彼此介紹好書。而胡適閱讀的自由主義經典作品如摩利的《論妥協》（John Morley, *On Compromise*，胡適譯為《姑息

---

51 唐德剛，《胡適雜憶》（臺北：傳記文學出版社，1979），頁 200-201。

論》），就是韋蓮司借給他的。[52]後來胡適在寫給她的信中抄錄了大量此書裡的內容。胡適在1930年代應報社之邀列舉推薦給青年人必讀的十本書時，他還把這本書寫進去了，可見胡適與韋蓮司之交往對他思想形塑的重要性。總之，如果不打通公私，就難以深入胡適性格、思想的複雜面向。

第四，文化迷霧。胡適處在中西歷史的交會時期，他受過中國傳統教育之薰陶，又接受了西方新式教育的啟迪。他原來在康奈爾大學讀農學，後來讀不下去，其中一個原因是因為蘋果的關係，美國的蘋果分類很多種，同是蘋果有十幾個名字，胡適也搞不清楚，心想學那麼多蘋果名字有什麼意思，「對我來說實在是浪費，甚至愚蠢」；此外胡適因為外務太多，1915年沒有得到「哲學系塞基獎學金」，這使他「從睡夢中驚醒」，決心「專心於學業」，所以後來轉到哥倫比亞大學讀哲學。[53]總之，胡適是中西歷史交會關鍵點上的一個人物，在他身上，既有中學又有西學，既有傳統又有現代。在思想內涵上，他強調

---

52 1914 年 11 月 26 日胡適在寫給韋蓮司的信中說：「我用餘暇讀毛萊的《姑息論》（*On Compromise*），我非常喜歡。謝謝你把書借給我。我剛讀完講利用錯誤的那一章，這也是深合我心的一章」，周質平編譯，《不思量自難忘——胡適給韋蓮司的信》，頁7。有關摩利思想對近代中國的影響，及 compromise 一詞的翻譯問題，請參考：黃克武、韓承樺，〈晚清社會學的翻譯及其影響：以嚴復與章炳麟的譯作為例〉，收入沙培德、張哲嘉編，《近代中國新知識的建構》（臺北：中央研究院，2013），頁 169-171。

53 見唐德剛譯註，《胡適口述自傳》（臺北：傳記文學出版社，1983），頁 36-37。余英時，〈胡適「博士學位」案的最後判決〉，收入《重尋胡適的歷程：胡適生平思想與再認識（增定版）》，頁 306-307。

「全盤西化」、反傳統，主張把傳統東西全部丟掉，所以他特別欣賞「隻手打倒孔家店」的老英雄吳虞。而且他的生活形態也非常西化，胡適紀念館保存了相當多胡適的衣著，他有時穿長袍，但較常穿西服，皮鞋一定要訂做，此外各種各樣身邊日用物品多是非常精緻的西式用品，他也喜歡喝威士忌酒。總之，他是一個受西化影響很深的人。然而如果從完全西化的角度來看，卻又很容易誤解胡適。胡適是站在中西文化的交界點上，他有中國文化的傳承，也有西方文化的薰陶，而且他對中國文化和西方文化都做了一番抉擇和取捨。他表面上是全盤推翻傳統，實際上他對中國傳統還有很強的依戀。只有看到東西文化在他身上的衝擊和融合，才能看清真實的胡適。筆者有關胡適與赫胥黎一文（收入本書第二章），就指出胡適對赫胥黎、達爾文思想的認識與他對宋明理學、清代考據學與佛教與儒家的道德理想是交織在一起的。[54]這一種中西思想因素的交織乃至誤會，也表現在他對於杜威哲學的認識之上。[55]

　　胡適研究至少應穿透上述四種的迷霧，方有可能呈現出一個比較真實的胡適。

54　黃克武，〈胡適與赫胥黎〉，收入本書第二章。

55　江勇振，〈胡適詮釋杜威的自由主義〉，收入《胡適與現代中國的理想追尋：紀念胡適先生一二○歲誕辰國際學術研討會論文集》，頁 102-126。

四、以胡適檔案解決問題的一個案例：陳之邁致胡適函

為了更具體說明胡適檔案如何幫助我們解決胡適相關歷史議題，以下筆者擬以胡適的〈從《到奴役之路》說起〉一文中的一個疑點，來說明檔案的用處。這一篇文章是1954年3月5日下午4時，胡適在「自由中國社」於臺北青島東路的裝甲兵軍官俱樂部舉行歡迎茶會上的講話。此文曾刊登在3月16日出刊的《自由中國》之上。[56] 1965年殷海光將海耶克的《到奴役之路》一書中文版交給文星書店出版時，在附錄之中收錄了這一篇文章。[57] 同一年文星書店出版的殷海光等著，《海耶克和他的思想》一書中也收錄了這一篇文章（該書後由傳記文學出版社再版）。[58] 對許多讀者來說，這一篇文章是介紹海耶克（1899-1992）與《到奴役之路》一書，主張對抗國營企業，捍衛資本主義、私有財產與自由體制的一篇重要著作。

這一篇文章中有一個疑點，涉及胡適一位朋友對他認識海耶克思想的影響。最早注意到此一疑點，並撰文解釋的可能是大陸學者邵建。他在2009年發表〈隱名於胡適〈從《到奴役之路》說起〉之後的人〉一文，文中指出：

56　胡適，〈從《到奴役之路》說起〉，《自由中國》，卷 10 期 6（臺北，1954），頁 4-5。

57　F. A. Hayek 著，殷海光譯，《到奴役之路》（臺北：文星書店，1965），筆者用的是《殷海光全集》的版本，見 F. A. Hayek 著，殷海光譯，《到奴役之路》（臺北：臺大出版中心，2009），頁 183-189。

58　殷海光等著，《海耶克和他的思想》（臺北：傳記文學出版社，1979），頁 149-156。

1954年3月5日，胡適在《自由中國》雜誌社作過一個有關哈耶克《到奴役之路》的講演。讀過這篇文字的人，不免會好奇，隱藏在胡適這篇文字之後的人是誰。胡適在講演中說：「我今天帶來了一點材料，就是在兩年前，我在外國時，有一位朋友寫給我一封討論這些問題的長信（這位朋友是公務員；為了不願意替他闖禍，所以把他信上的名字挖掉了）」。如果注意全篇，胡適的講話，與其是圍繞哈耶克的《到奴役之路》展開，毋寧說是圍繞這位公務員的長信而展開。接下來，胡適大段徵引了那封信的內容，然後從這裡生發開去，以至篇終。因此，這位隱名隱姓的人乃是胡適這篇講話中的一個內在的主角，那麼，他是誰呢？……南港中央研究院胡適紀念館……現任館長潘光哲博士告訴我，那個人就是周德偉。

邵建接著推論：

　　1950年代，周德偉在給胡適的信中，依然對當年國民政府和相關知識人的作為耿耿於懷：「從前持這種主張最力的，莫過於翁文灝和錢昌照；他們所辦的資源委員會，在過去20年之中，把持了中國的工業、礦業，對於私有企業（大都是民國初年所創辦的私有企業）蠶食鯨吞，或被其窒息而死。他們兩位（翁文灝、錢昌照）終於靠攏，反美而羨慕蘇俄，也許與他們的思想是有關係的。」胡適在《自由中國》的這次講演中，照

章宣讀了包括上面這段引文在內的周信的主要內容,他其實是有針對性的。國民黨敗退臺灣之後,國民政府的經濟政策依然襲有大陸的習慣,所以,胡適在講演中指出:「現在的臺灣經濟,大部分都是國營的經濟,從理論與事實上來說,像哈耶克這種理論,可以說是很不中聽的」。哈耶克的經濟理論,並不適合國民黨初到臺灣的威權體制。……然而,這樣的控制直接遏制的就是自由。所以哈耶克用一句話指出了這種控制的必然結果:到奴役之路。周德偉1947年便獲得此書,非常喜歡,很想把它譯為中文,但最後的譯事卻是若干年後由殷海光完成的,這就讓胡適通過殷譯了解了哈耶克。當胡適完成了對哈耶克的認同之後,是否可以這樣說,這位原中國自由主義的標誌人物,才終於完成了他自1940年代開始的轉型,即從年輕時開始的「新自由主義」轉型為「古典自由主義」。這是胡適在自由主義內部自左而右的一次蛻變,周德偉在其中起到了一定的推手作用。[59]

邵建指出此文在胡適思想轉變的重要意義,並認為周德偉對他「從年輕時開始的『新自由主義』轉型為『古典自由主義』」產生了重要的影響。他的觀點受到其他學者的肯定。

---

59 「邵建的博客」,http://blog.qq.com/qzone/622007891/1245549612.htm,(2014 年 4 月 7 日檢索)。

2012年臺大的王遠義教授發表了一篇長文分析胡適的〈從《到奴役之路》說起〉一文在他思想變遷中的意義，認為該文是他早年與陳獨秀辯論「問題與主義」之後，最重要的一次思想轉變。他也同樣認定胡適文中所說的「友人」就是周德偉，他說：

　　　　胡適1953年11月24日記所記殷海光翻譯海耶克《到奴役之路》一事，其實就是出自周德偉的引薦。此外，胡適在〈從「到奴役之路」說起〉提到：「兩年前，我在外國時，有一位朋友寫給我一封討論這些問題的長信。他這封信對於這個問題有很基本的討論，和海耶克、方米塞斯、殷海光、高叔康諸先生的意思差不多完全一樣。」這裡，「有一位朋友」應該就是指周德偉。由此可見周德偉影響了胡適對海耶克的重視。[60]

王遠義進一步解釋：「此處認定周德偉即為胡適文中所提之『有一位朋友』，係就當時胡適的文章與周德偉所留資料推敲出來，因為周氏的論述多處符合胡適文章的指涉內容。……。張世保也認定『有一位朋友』是即周德偉，但不見資料直接佐證」。[61]

60　王遠義，〈惑在哪裡──新解胡適與李大釗「問題與主義」的論辯及其歷史意義〉，《臺大歷史學報》，第 50 期（臺北，2012），頁 229。

61　王遠義，〈惑在哪裡──新解胡適與李大釗「問題與主義」的論辯及其歷史意義〉，頁 229，註 148；張世保，〈「拉斯基」還是「海耶克」？〉，收入高瑞泉主編，《自由主義諸問題》（上海：上海古籍出版社，2012），頁 12。

由此可見目前學界幾乎都認為，胡適文中那位影響他認識海耶克思想的朋友就是周德偉。他們主要的證據都是依賴1962年胡適過世時，周德偉所撰寫的〈我與胡適之先生〉（刊於《文星雜誌》，第10卷第1期，1962年5月）。[62]然而該文雖提及周德偉在1940年代即注意海耶克的著作，並於1950年鼓勵殷海光翻譯海耶克的《到奴役之路》。周德偉也提到胡適在跟他討論完資本主義、社會主義之優劣後，請他回覆羅敦偉對他的質疑。[63]這樣一來，周德偉在胡適從肯定社會主義到轉向資本主義的過程中的確起了重要的作用。

　　上述的兩篇文章對我們認識胡適思想均淵源均有幫助，又如邵建指出「胡適通過殷譯了解了哈耶克」，這應該也是正確的。胡適紀念館的館藏資料可以幫助我們了解胡適如何閱讀海耶克的《到奴役之路》。胡適紀念館的藏書中有*The Road to Serfdom*(Chicago: The University of Chicago Press, 1950)一書，扉頁有胡適題記：Hu Shih New York Dec. 8, 1953.—A birthday present to myself. 顯示1953年12月8日胡適買了此書作為送給自己的生日禮物。該書近250頁之中，胡適加上註記部分共有17頁（1-9、14、16、135-6、138-141），均為劃底線，沒

<hr />

62　該文後收入周德偉的文集之中，見〈我與胡適之先生〉，周德偉，《自由哲學與中國聖學》（北京：中國社會科學出版社，2004），頁263-304。

63　胡適發表〈從《到奴役之路》說起〉後引起他的學生羅敦偉的質疑。羅敦偉說：胡適「願意自動洗腦，因為過去他主張社會主義不對，今日應該主張資本主義。我隨即寫封信給他，說認獨裁極權為計畫經濟是誤會，而且是普遍的世界公共的誤會」。羅敦偉，〈五四巨人最後歷程親記〉，《暢流》，卷25期3（臺北，1962），頁5。

有批注文字，這似乎顯示胡適並未細讀此書。[64]據此推測，胡適對海耶克的了解很可能來自殷海光在《自由中國》上的譯介。

　　雖然如此問題尚未水落石出。邵建與王遠義所引用周德偉的文章詳細地描寫了他與胡適論學的經過，包括1951年中，他寄給胡適的論文抽印本，[65]以及1951-1953年時他與胡適在臺北見面時的點點滴滴，[66]不過周德偉並沒有提到過曾寫「長信」給胡適。這樣一來，影響胡適思想轉向的友人究竟是誰，並未得到一個確切的解答。

　　這一個問題首先需從胡適文章內部來考察。胡適在文中提到此信是「兩年前，我在外國時，有一位朋友寫給我」，由此可以推斷來信時間約為1952年左右。同時胡適徵引了該封信的內容，下面這段文字中引文部分是出自這一封信。胡適說：

　　　　因為這封信很長，我只能摘要報告。他首先說：「現在最大的問題：大家以為左傾是當今世界的潮流，社會主義是現時代的趨向。這兩句話害了我們許久。大家聽到這個很時髦的話，都以為左傾是當今的一種潮流，社會主義是將來必然的趨

64　中央研究院近代史研究所藏，《南港檔》，檔號：HS-N04F1-028-01。

65　參見周德偉，〈我與胡適之先生〉，《自由哲學與中國聖學》，頁 282；胡適紀念館藏有此一封信，《南港檔》，檔號：HS-US01-038-002。該信的時間是 1951 年 7 月 10 日，並附有論文兩篇，一為〈從經濟的分析批判階級鬥爭〉，一為〈經濟與行為——經濟學方法與人的行為述評〉。

66　周德偉，〈我與胡適之先生〉，《自由哲學與中國聖學》，頁 282-283。

勢」。他就駁這兩句話，不承認社會主義是現時代的趨向。他說：「中國士大夫階級中，很多人認為社會主義是今日世界大勢所趨；其中許多受了費邊社會主義的影響，還有一部分人是拉斯基的學生。但是最重要的還是在政府任職的許多官吏，他們認為中國經濟的發展只有依賴政府，靠政府直接經營的工業礦業以及其他企業……」。他又說：「我們不相信共產主義的人，現在了解社會主義只是一種不澈底的共產主義。它的成功的機會，還遠不如共產主義為大」。[67]

根據上面的線索，在胡適的檔案中，我們找到了胡適在〈從《到奴役之路》說起〉中所提到的來信，共有兩封。這兩封信皆來自陳之邁（1908-1978），而非周德偉。[68]第一封是1951年11月4日陳之邁致胡適函，共有25頁，檔號：HS-US01-079-004。第二封是1951年11月8日，陳之邁又有所感，再寫了一封信補充說明，計有6頁，檔號HS-US01-079-005。這兩封信在署名的部分都被削去，顯然是胡適帶去演講時，為避免洩露陳之邁的身分而做的處置，然而從字跡來辨認毫無疑問地是陳之邁的來信。同時在這兩封信之前，胡適在一頁稿紙寫了

67　胡適，〈從《到奴役之路》說起〉，殷海光等著，《海耶克和他的思想》，頁151-152。

68　江勇振在他的2018年出版的書中說他考證出此人是陳之邁，他說「胡適在演講裡說他把名字挖掉的發信人不是周德偉，而是陳之邁」。江勇振，《捨我其誰：胡適【第四部】國師策士（1932-1962）》，頁680。他沒有注意到筆者在2015年12月出版的文章中已考證出此人為陳之邁。

一段話：「兩年前一個朋友給胡適的長信兩封」，這應該是帶去「自由中國雜誌社」茶會演講時兩封信的封面。

　　陳之邁在1928年從清華大學畢業後赴美國留學，獲哥倫比亞大學哲學博士學位。回國後曾任教於清華大學、北京大學、南開大學等校，並加入了胡適、蔣廷黻創立的「獨立評論社」。抗戰期間，他曾任教育部參事、行政院政務處參事等職。1944年出任中華民國駐美國大使館公使銜參事，後又歷任中國出席聯合國善後救濟總署副代表、聯合國糧農組織國際緊急糧食委員會中國代表等職。在1955年之前，陳之邁一直擔任中華民國駐美國大使館公使。[69]因為陳之邁具有公務員身分，胡適擔心暴露此一身分會對他有所影響，而且陳之邁在第二封信的最後表示：「這兩封信所說的只是與先生的私信，恐怕不宜發表，人微言輕，發表了也不會發生什麼作用」，胡適才將信上的署名削去。

　　陳之邁的兩封信可以幫助我們了解胡適思想轉變的細緻過程。簡單地說，1954年胡適〈從《到奴役之路》說起〉一文所反映思想的轉折是由好幾個因素所促成的，他不但在1953年時受到殷海光與周德偉等人的影響，而在此之前1951年底，陳之邁寫的兩封信也給他非常重要的啟發。

---

69 有關陳之邁在美國從事外交工作之狀況，可參考林品秀，〈從「知識菁英」到「實務官僚」：陳之邁及其早期外交（1944-1955）〉（臺北：政治大學外交研究所碩士論文，2011）。

五、結論

　　胡適在20世紀中國知識分子中與魯迅齊名，被譽為「20世紀中國思想界的第一人」或「當今世界上最聰明的六個人之一」。[70]他的一生涉及了中國政治、學術的各個領域，凡是討論近代中國的議題，大概都繞不過胡適。胡適研究的一個重要挑戰在於如何掌握史料，如上所述與胡適相關的檔案、往來書信、藏書批注、照片等，不但數量龐大，且複雜多元。本文簡單地介紹了胡適的歷史意義、胡適紀念館收藏檔案的概況，進一步分析解讀胡適檔案所面臨的挑戰，最後再以一個具體的例子說明胡適檔案如何能幫助我們解決歷史議題。筆者衷心地希望文中所述胡適檔案應用之心得，以及筆者對胡適研究之經驗，對有心透過胡適來了解中國近代史的讀者有些許的助益。最近有很多人提到「民國範兒」的說法，民國史上的確有不少風骨嶙峋的人格典範，值得我們追念懷想。我想深入地認識胡適之後，很多人可能會和我一樣，覺得將胡適譽為「民國範兒」，真是再恰當也不過了！

70　江勇振，《捨我其誰：胡適【第一部】璞玉成璧（1891-1917）》，頁4。「當今世界上最聰明的六個人之一」是胡適的朋友、英國漢學家 Arthur Waley（1889-1966）在 1927 年時的說法。

2

舊學與新知

胡適對赫胥黎思想的
認識及其限制*

一、前言

胡適在〈介紹我自己的思想〉一文中，有一段人們耳熟能詳的話：「我的思想受兩個人的影響最大：一個是赫胥黎，一個是杜威先生。赫胥黎教我怎樣懷疑，教我不信任一切沒有充分證據的東西。杜威先生教我怎樣思想，教我處處顧到當前的問題，教我把一切學說理想都看作待證的假設，教我處處顧到思想的結果。這兩個人使我明瞭科學方法的性質與功用」。[1]由此可見赫胥黎（Thomas Henry Huxley, 1825-1895）與杜威（John Dewey, 1859-1952）是胡適思想的主要的源頭，也是我們認識胡適思想的關鍵人物。但是有趣的是，後來學者在研究胡適思想時多半偏重他所說的「杜威先生」，而忽略了「赫胥黎」。在胡適研究之中，探討胡適與杜威的專書、博士論文就有好幾本，[2]其他有關胡、杜關係的文章更是不少；[3]而處理胡適與赫胥黎的

---

* 本文原為：〈胡適與赫胥黎〉，《中央研究院近代史研究所集刊》，期60（臺北，2008），頁43-83。

1　胡適，《胡適文選》（臺北：遠流出版公司，1989），頁2。

2　Moying Li, "Hu Shi and His Deweyan Reconstruction of Chinese History" (Ph. D. diss., Boston University, 1990); Xiao-ming Yu, "The Encounter between John Dewey and the Modern Chinese Intellectuals: The Case of the 1922 Education Reform" (Ph. D. diss., University of Virginia, 1991); Qizhang Kuang, "Pragmatism in China: The Deweyan Influence" (Ph.D. Diss., Michigan State University, 1994); Ching-Sze Wang, "John Dewey in China: To Teach and to Learn" (Ph. D. diss., Indiana University, 2005); 顧紅亮，《實用主義的誤讀——杜威哲學對中國現代哲學的影響》（上海：華東師範大學出版社，2000）。

3　例如楊貞德，〈胡適科學方法觀論析〉，《中國文哲研究所集刊》，期5（臺北，1994），頁129-154；Han-liang Chang, "Hu Shih and John Dewey: 'Scientific Method' in the May Fourth

060　胡適的頓挫

文章卻不多見，在幾本重要的胡適思想研究的專書（如Jerome B. Grieder, Chou Ming-chih等）中都沒有仔細探究胡適與赫胥黎的關係，少數的研究者只是在談胡適與達爾文生物進化論或胡適與整理國故之時，方觸及此一議題（如James Reeve Pusey的書）。[4]

　　為何有上述的現象？這很可能是因為杜威在學術界的影響力要遠遠超過赫胥黎，一直到今日杜威思想在美國哲學界、教育界仍扮演十分重要的角色，例如羅蒂（Richard Rorty, 1931-2007）的哲學即受杜威實用主義（pragmatism）的影響。[5]再者，胡適與杜威的關係十分深厚。杜威是胡適在美國哥倫比亞大學的老師，所以上文中他尊稱杜威為「先生」，對赫胥黎則直呼其名。眾所周知，杜威曾來中國訪問、講學，時間長達兩年多，其演講共百餘場，主要即由胡適擔任翻譯，[6]胡適還把自己的小兒子名為「思杜」（思念杜威），以表示其對恩師的感

　　Era-China 1919 and After," *Comparative Criticism* 22 (2000), pp. 91-103.

4　Jerome B. Grieder, *Hu Shih and the Chinese Renaissance: Liberalism in the Chinese Revolution, 1917-1937* (Cambridge, Mass.: Harvard University Press, 1970); Ming-chih Chou, *Hu Shih and Intellectual Choice in Modern China* (Ann Arbor: University of Michigan Press, 1984); James Reeve Pusey, *China and Charles Darwin* (Cambridge, Mass.: Council on East Asian Studies, Harvard University, 1983).

5　見 "Richard Rorty," *Wikipdeia*, http://en.wikipedia.org/wiki/Richard_Rorty(8/30/2020accessed). 羅蒂結合了美國本土的實用主義哲學與歐陸後現代主義理論，有人曾指出羅蒂是「今日美國最有影響力的當代哲學家」，見 L. S. Kleep, "Every Man a Philosophy-King," *New York Times Magazine*, Dec. 2, 1990, p. 656.

6　胡適，〈杜威先生與中國〉，《胡適文選》，頁9-11；沈益洪編，《杜威談中國》（杭州：浙江文藝出版社，2001）。

謝與懷念。胡適甚至透過杜威的介紹,認識了後來成為杜威夫人的Roberta Lowitz(羅慰慈),兩人之間有一段不為人知的情緣,「羅慰慈的放浪、幽默、調情、俏皮,弄得胡適神魂顛倒」。[7]

相對來說,赫胥黎雖然在19世紀末、20世紀初是一個有名的生物學家與休謨主義者,他主要是作為達爾文進化論的闡釋者而著名,如胡適所描述的,「赫胥黎是達爾文的作戰先鋒(因為達爾文身體多病,不喜歡紛爭)」。[8]然而至20世紀中葉之後,達爾文之名仍為人們所熟知,而赫胥黎則已逐漸為人們所遺忘,他的名字多半只存在於學術史的教科書之中,此一情況與他的朋友斯賓塞(Herbert Spencer, 1820-1903)頗為類似。兩人都是在世時享有盛名,過世後名聲日益衰微。

胡適與赫胥黎(死於1895年,胡適當時年僅4歲)沒有親身接觸的機會,根據胡適日記,他在1926年10月2日,於英國倫敦大英博物館看禪宗史資料時,曾在朋友家中見過赫胥黎的兒子Leonard Huxley(1860-1933),「四點半到Dr. C. Delirle(Delisle)Burns家裡喫茶。遇見Y. A. Hobson,又遇見Huxley的兒子Lonard(Leonard)Huxley」。[9]胡適在這一次旅行中,有一天也因為「晚上不能睡」,讀過Leonard Huxley為

7　江勇振,《星星、月亮、太陽:胡適的情感世界》(臺北:聯經出版公司,2007),頁376。

8　胡適,〈演化論與存疑主義〉,《胡適文選》,頁8。

9　胡適著、曹伯言整理,《胡適日記全集》(臺北:聯經出版公司,2004),第4冊,頁486。Cecil Delisle Burns(1879-1942)為一位歷史學家,著作很多,如 *Greek Ideals: A Study of Social Life*(1919)。

他父親所寫的傳記：Thomas Henry Huxley, *A Character Sketch*。[10]1926年10月17日，他又在Dr. Burns的家中見到赫胥黎的孫子，日記中寫到「遇見Julian Huxley，是T. H. Huxley的孫子；Huxley的子孫只有他繼續科學方面的遺風，他在（倫敦大學的）King's College教生物學」。[11]上文中的Julian Sorell Huxley（1887-1975）是Leonard Huxley的兒子，此外Julian Sorell Huxley的弟弟Aldous Huxley（1894-1963）也是一位有名小說家與評論家，著有《美麗新世界》（*Brave New World*）與《自由教育論》（"Education" in *Ends and Means*，潘光旦譯）等書，他的中文譯名也是赫胥黎，所以不少人把孫子與祖父混為一談。[12]

胡適一生曾兩度購買《赫胥黎論文集》。第一次是在1940年。根據1940年8月22日的日記記載，當時任駐美大使的胡適在華盛頓特區一家很有名的舊書店Lowdermilk（現已歇業）買了：

Burton: *Arabian Nights*十七本

10　胡適，《胡適日記全集》，第4冊，頁596。胡適的記載如下：「晚上不能睡。把電燈開了，讀Huxley略傳。是他兒子作的。三點鐘才睡。」這一本書是胡適在1926年12月8日的日記中所提到Life Stories of Famous Men Series中的第一冊，1920年由London的Watts & Co.出版，全書計120頁。見胡適，《胡適日記全集》，第4冊，頁584。

11　胡適，《胡適日記全集》，第4冊，頁514。

12　早在1940年代，潘光旦在翻譯Aldous Huxley《自由教育論》時即說：「這赫胥黎不是寫《天演論與倫理》的赫胥黎；那是湯姆斯・赫胥黎（Thomas Huxley），而這是阿爾杜斯・赫胥黎（Aldous Huxley）；不過兩人有很密切的關係，一是祖父，一是孫子」。見潘光旦，《潘光旦文集》（北京：北京大學出版社，2000），冊13，頁5。

Huxley（T. H.）《全集》十一本

Morley: *On Compromise*[13]

共花三十元！[14]

　　這一套書現存北京大學圖書館。根據整理此套藏書的鄒新明表示，目前在北大的《赫胥黎論文集》共12本（並非日記所寫的11本）。該套書顯然是在舊書店湊齊的，書扉頁上有原擁有人Benjamin Thaw, Jr的簽名，出版社為New York的D. Appleton and Company，出版日期是1986與1897年。全套書共9冊，其中第1至第3冊各有一複本。在第一冊書末有胡適填寫的日期：August 25, 1940，此外在好幾冊的扉頁，有胡適手書「赫胥黎論文」。[15]

13　Morley 的 *On Compromise* 是韋蓮司在 1914 年介紹給胡適，並曾借給他閱讀的一本書，對胡適來說意義非凡。該書讓胡適對彌爾（John Stuart Mill）的自由主義有更深入的認識。在胡適寫給韋蓮司的信中多次提到毛萊的《姑息論》（此一譯名頗堪玩味，近代中國 compromise 一概念的翻譯有好幾個譯名，嚴復譯為「得半」，五四時代章士釗、杜亞泉等人譯為「調和」，至 1920 年代國人才從日本引進「妥協」一詞）。如 1914 年 11 月 26 日，胡適寫到「我利用餘暇讀毛萊的《姑息論》（*On Compromise*），我非常喜歡……」。1914 年 12 月 7 日的信又說：「我最近讀的書，很少像毛萊這本書給我如此大的樂趣。我得衷心的感謝你，帶給我如許的樂趣」。周質平編譯，《不思量自難忘：胡適給韋蓮司的信》（臺北：聯經出版公司，1999），頁 7、11。胡適在日記之中也多次摘錄毛萊的文字，認為「其言甚透徹」、「讀之不忍釋手，……手抄數節」。見《胡適日記全集》，第 1 冊，頁 532-534、556-558。

14　胡適，《胡適日記全集》，第 8 冊，頁 63。

15　〈鄒新明致黃克武函〉，2007 年 4 月 20 日。亦可參見北京大學圖書館暨中央研究院近代史研究所胡適紀念館編纂，《胡適藏書目錄》，冊 3（桂林：廣西師範大學出版社，2013），頁 2239、2250-2251、2288；冊 4，頁 2364、2410、2418-2419、2437、2447-2448、2575-2576、2762-2765。

1948年底，胡適將這一套書留在北京東廠胡同的家中。1952年，他在普林斯頓大學任職期間又買了一套Thomas Henry Huxley的 *Collected Essays*。1952年1月15日，他在日記中提到：「T. H. Huxley晚年（1893年1月-1894年7月）編定他的《文集》（*Essays*），共九冊……Huxley（1825-1895）說理述學，都特別清楚明白。我生平最喜歡他的散文，上月決心託書店替我覓購全部。今天送來。我很高興。（此是美國D. Appleton & Co. 1904年的初排本）」。[16]這一套書後來被運回臺北，目前藏於南港中研院胡適故居的客廳，放在靠餐桌旁書櫃中層一個很醒目的地方。因為歲月的關係，館藏這一套書的書皮，部分有所剝落，該書卷首有胡適的硃筆題字，內文上面則有不少胡適閱讀後所留下的痕跡，或是畫線、夾紙，或是加上手批。這是一份胡適與赫胥黎思想交涉的重要史料。

總之，赫胥黎的思想無疑地是胡適學問中的一個重要支柱，難怪有人說胡適「舊學不過乾嘉，新學止于赫胥黎」。[17]在這一篇文章中，我嘗試環繞著胡適與赫胥黎思想上的交涉，來清理胡適認識赫胥黎的過程，探討胡適對赫胥黎思想的認識與解讀，並指出胡適與赫胥黎思想之間的差異。再其次則嘗試解釋差異產生的原因，以及對胡適思想的影響。

---

16 胡適，《胡適日記全集》，第 8 冊，頁 698。

17 金岳霖與唐德剛都有類似的說法。唐德剛，《胡適雜憶》（臺北：傳記文學出版社，1979），頁 124。

二、以人治對抗天行：胡適初遇赫胥黎

胡適與赫胥黎思想的接觸，要從他年輕的時候受到嚴復譯作的影響談起。在近代中國嚴復並不是第一位譯介赫胥黎的人，在他翻譯、出版《天演論》之前的10年（1886），赫胥黎所著的《科學導論》（*Science Primers*, MacMillian Co., 1880）即有兩個中文譯本。一本是由英國傳教士、漢學家艾約瑟（Joseph Edkins, 1823-1905）所譯，[18]名為《格致總學啟蒙》，由北京海關總稅務司署出版（出版時並未註明原書著者）；另一本則由英國人羅亨利（Henry Loch, 1827-1900）與國人瞿昂來（生卒年不詳，江蘇太倉人，光緒年江蘇寶山縣附生，後入上海格致書院）兩人合譯，名為《格致小引》，[19]其上註明「英國化學師赫施賚著」，由江南製造局出版。這兩部書影響都不大，很多人甚至不知道兩書的作者即是嚴復筆下的赫胥黎。[20]這固然是因為Huxley的中文名字之譯名不一致，但另一個可能的原因則是這兩本書譯筆不佳所致。《格致總學啟蒙》後收入《西學啟蒙十六種》之中，梁啟超對它的評價是「譯筆甚劣，繁蕪佶屈，幾不可讀」。[21]

---

18 艾約瑟曾參與創建墨海書館，從事大量的翻譯工作，並主張「中學西源論」。見雷中行，《明清的西學中源論爭議》（臺北：蘭臺出版社，2009），頁133-140；鄒振環，《西方傳教士與晚清西史東漸》（上海：上海古籍出版社，2007），頁218-268。

19 《格致小引》之材料為熊月之先生所提供，敬表謝意。

20 王揚宗，〈赫胥黎《科學導論》的兩個中譯本〉，《中國科技史料》，卷21期3（北京，2000），頁207-221。

21 梁啟超，〈讀西學書法〉，收入夏曉虹輯，《飲冰室合集集外文》，下冊（北京：北京大學出版社，2005），頁1167。

赫胥黎的思想在中國發生普遍的影響力，要到嚴復在《直報》上撰寫文章介紹，[22]並以典雅的桐城派古文翻譯《天演論》之後才開始。胡適在《四十自述》寫到：1905年，15歲就讀於上海澄衷學堂時，閱讀《吳京卿節本天演論》，這一本書是吳汝綸（1840-1903）將嚴復所譯赫胥黎《天演論》節錄出來，便於學生閱讀的一個本子，對於《天演論》的傳播貢獻很大。[23]胡適說：

> 澄衷的教員中，我受楊千里（天驥）的影響最大……，後來我在東二齋和西一齋，他都做過國文教員。有一次，他教我們班上買吳汝綸刪節的嚴復譯本《天演論》來做讀本。這是我第一次讀《天演論》，高興的很。他出的作文題目也很特別，有一次的題目是「物競天擇，適者生存，試伸其義」。……這個題目自然不是我們十幾歲小孩子能發揮，但讀《天演論》，做「物競天擇」的文章，都可以代表那個時代的風氣。
>
> 《天演論》出版之後，不上幾年，便風行到全國，竟做了中學生的讀物了。讀這書的人，很少能了解赫胥黎在科學史和思想史上的貢獻。他們能了解的只是那「優勝劣敗」的公式在

---

22 嚴復在1890年代中期撰有〈原強修訂稿〉介紹赫胥黎的實證精神，他說：「赫胥黎曰：讀書得智，是第二手事，唯能以宇宙為我簡編，民物為我文字者，斯真學耳」。嚴復，《嚴復集》（北京：中華書局，1986），頁29。

23 黃克武，〈走向翻譯之路：北洋水師學堂時期的嚴復〉，《中央研究院近代史研究所集刊》，期49（臺北，2005），頁1-40。

國際政治的意義。……幾年之中，這種思想像野火一樣，延燒著許多少年的心和血。[24]

胡適在1906年所寫的作文「物競天擇，適者生存，試伸其義」，幸運地被保存下來。從這一篇文章，可見胡適從閱讀嚴復譯作所得到的主要訊息是：世界歷史演變的規律是「物競」、「天擇」，但是背後根本的原因則是人為的努力，而非上天的愛憎。他說：「物與物並立必相競，不競無以生存也，是曰物競。競矣，優勝矣，劣敗矣，其因雖皆由於人治，而自其表面觀之，壹若天之有所愛憎也，是曰天擇」。他藉此鼓勵國人「投袂奮興」，以免於「滅亡」。[25]這是胡適與赫胥黎第一次思想的接觸，他所感受到的是嚴復所闡釋的赫胥黎，亦即突出「物競天擇」、「適者生存」的救亡意識，而完全沒有注意到後來他所強調「思想方法」的面向。

這種以「人治」來補救「天行」的觀點在胡適心中一直存在，成為他從1910至1940年代一貫主張經由社會立法來補救「天地不仁」、「天生不平等」的社會政治哲學之「基點」。[26]胡適在1914年7月28日的日記之中曾藉著美國以工程技術鑿徑築橋，讓人人得享大自然之美，此舉乃以「人治」、「人擇」對抗「天行之酷」，是「以人事之仁，補

24　胡適，《四十自述》（臺北：遠東圖書公司，1966），頁49。

25　周質平主編，《胡適早年文存》（臺北：遠流出版公司，1995），頁433。

26　有關胡適「從社會立法的角度來救傳統自由主義的不足的想法」參見江勇振，《捨我其誰：胡適【第一部】璞玉成璧（1891-1917）》（臺北：聯經出版公司，2011），頁604-611。

天行之不仁，不亦休乎！不亦仁乎！」[27]1914年12月12日的日記之中，胡適又討論到以「人道主義」對抗「強權主義」，以及以「人擇」來抵抗「天擇」：

> 今世界之大患為何？曰：非人道之主義是已，強權主義是已。弱肉強食，禽獸之道，非人道也。以禽獸之道為人道，故成今日之世界。「武裝和平」者，所謂「以暴制暴」之法也。以火治火，火乃益然；以暴制暴，暴何能已？救世之道無他，以人道易獸道而已矣，以公理易強權而已矣。推強權之說，於是有以「強」為國之的者矣。德國國歌之詞曰：德意志兮，德意志兮，凌駕萬邦。（Deutschland, Deutschland, Über alles.）今夫天下惟有一國可「陵駕萬邦」耳，而各國皆欲之，則不至於爭不止，此托爾斯泰所以謂為至愚也。今之持強權之說者，以為此天演公理也。不知「天擇」之上尚有「人擇」。天地不仁，故弱為強食。而人擇則不然。人也者，可以勝天者也。吾人養老而濟弱，扶創而治疾，不以其為老弱殘疾而淘汰之也，此人之仁也。[28]

他在1920年代的「科學與人生觀論戰」時，提出「根據生物的科學知

---

27 胡適，《胡適日記全集》，第1冊，頁427。
28 胡適，《胡適日記全集》，第1冊，頁567。

識，叫人知道生物界的生存競爭的浪費與殘酷——因此，叫人更可以明白那『有好生之德』的主宰是不能成立的」一說，也是從嚴譯赫胥黎的《天演論》一書中汲取到的部分靈感。[29]

那麼嚴復《天演論》中所呈現的赫胥黎與赫胥黎思想有何差異呢？很多人都認為嚴復透過《天演論》將達爾文的「物競天擇，適者生存」的進化論思想或斯賓塞的「社會達爾文主義」介紹到中國，對中國近代社會變革起了重要推動作用。這樣的解釋雖大致正確，然忽略了嚴復透過翻譯，在達爾文、赫胥黎、斯賓塞思想之間細緻的取捨，以及同一文本的原文與譯本，乃處於截然不同的文化脈絡之中。赫胥黎原書的主旨在批判達爾文與斯賓塞的觀點。赫胥黎認為，自然界存在著弱肉強食的殘酷現實，然在人類社會卻不可以完全遵從「叢林法則」，而應依賴倫理原則「以物不競為的」。[30]這一辯論源於19世紀末期英國思想史中，關於倫理力量與自然法則之關係，以及「拉馬克原則」（Lamarckian principle）是否成立、政府職能應積極推展還是消極限制、人類未來是光明還是黑暗的種種論爭。[31]

---

29 參見江勇振，《捨我其誰：胡適【第二部】日正當中（1917-1927）》（臺北：聯經出版公司，2011），頁328。

30 這是赫胥黎在《天演論》（臺北：臺灣商務印書館，1987），〈導言六：人擇〉中的一個重要觀念，嚴復很精確地翻譯出此一想法，「天行人治，常相毀而不相成固矣。然人治之所以有功，即在反此天行之故。何以明之？天行者，以物競為功，而人治則以使物不競為的」，頁16。

31 參見王道還有關《天演論》的研究：王道還，〈《天演論》原著文本的來歷及文化翻譯問題〉，收入彭小妍主編，《文化翻譯與文本脈絡：晚明以降的中國、日本與西方》（臺北：

嚴譯《天演論》在中國思想界的焦點則不在上述的論爭，而在思索國人要如何應變、圖強的現實考量，並將赫胥黎文本中悲觀的傾向轉變為樂觀的傾向。[32]嚴復同意斯賓塞所謂物競天擇適用於人類社會，而且進化是一個不可避免的緩慢、累積的過程，不能越級而行；但是他覺得斯賓塞太過於強調自然的力量（即所謂「任天為治」），而不夠重視個人自由，或者說個人意志在天演過程中所扮演的角色。他接受赫胥黎對斯賓塞的修正，以為人的能力雖源於天，個人的自由與努力實際上扮演著更重要的角色，可以突破自然的限制，與天爭勝，而創造新局，因此天人之間是相互衝突的。[33]換言之，嚴復同意天行與人治一方面「相反相毀」，另一方面則出於同源，所以「天行人治，同歸天演」。這樣的想法在吳汝綸為《天演論》所寫的〈序〉有清楚的表達：

中央研究院中國文哲研究所，2003），頁 337-366。

32　Pusey, *China and Charles Darwin*, pp. 163-164. 赫胥黎在 *Evolution and Ethics* 一書中對社會的進步感到悲觀，他認為演化不會助長人類對至福千年的預期，「只要世界存在一天，倫理的天性恐怕就得跟頑強有力的敵人（宇宙歷程）周旋一天。」這不是很例外的觀點。Franklin Baumer 即指出，並不是所有的演化論者都是進步論者，「有些社會達爾文主義者，特地把演化與進步分開，指出變化並不必然向更好的境地變。少數幾位甚至還對演化產生懷疑」。參見 Franklin Baumer 著，李日章譯，《西方近代思想史》（臺北：聯經出版公司，1988），頁 429。

33　張灝曾分析斯賓塞觀點對嚴復的影響，他指出：「（嚴復）政治上的漸進主義與思想上的激進主義均源於他的基本的社會達爾文主義的看法，這主要是他閱讀斯賓塞哲學來的。」Hao Chang, "Intellectual Change and the Reform Movement, 1890-8," *The Cambridge History of China*, Vol. 11 (Cambridge: Cambridge University Press, 1980), Part 2, p. 298.

赫胥黎氏起而盡變故說，以為天下不可獨任，要貴以人持天。以人持天，必究極乎天賦之能，使人治日即乎新，而後其國永存，而種族賴以不墜，是之謂與天爭勝；而人之爭天而勝天者，又皆天事之所苞，是故天行人治，同歸天演。……嚴子之譯是書……蓋謂赫胥黎氏以人持天，以人治之日新，衛其種族之說，其義富，其辭危，使讀者怵焉知變，於國論殆有助乎？[34]

總之，嚴復在翻譯此書的過程中，一方面同意自然有難以抗拒的力量，另一方面則發揮了赫胥黎反對弱肉強食的叢林法則，肯定倫理原則，並進一步推演到認為「人治可以對抗天行」，最終得出了「自強保種」的結論。再經過吳汝綸序言的闡發，「自強保種」成為《天演論》的最根本意義，並在20世紀初引發了可謂舉國瘋狂的閱讀潮流。

嚴復在《天演論》中對「人治」的強調，受到傳統知識分子使命感的影響，這一點也影響到胡適。這種使命感直接源於傳統儒家的經世思想，認為知識分子應該有顧炎武（1613-1682）所謂的「救世」情懷，投身政治，以改造污濁沉淪的世界。這是一種充滿政治積極性的使命感，表現於大家常常聽見的「國家興亡，匹夫有責」、「士大夫以天下為己任」等觀念之上。這種政治積極性與使命感隱含了一個對人的主觀意識與精神的信念，認為人的思想與意志是改造外在世界的動

34　吳汝綸，〈序〉，收入赫胥黎，《天演論》，頁1-2。

力。誠如張灝所指出的，這種人本意識與演進史觀結合，使得演進史觀在中國往往含有一種特殊的歷史意識，一方面他們接受歷史向前直線發展的觀念，因而常常有很強烈的歷史潮流感；另一方面，他們並不認為這歷史潮流會排斥人自動自發的意識與意志。相反地，他們常常認為歷史潮流只有透過由人的意識產生的精神動力才能向前推進。

張灝又指出，中國式的演進史觀又與傳統天人合一宇宙觀，相信「天的意志只有透過人心才能顯現」的觀念結合在一起。這樣一來，「使人覺得這世界觀所展現的價值與理想不只是人的主觀意識的投射，而且是植基於宇宙的演化與歷史潮流的推進」、「轉型時代的知識分子以歷史潮流代替天意，同時保留了傳統對心的信念，其結果是一種近乎主觀意識決定論的觀念。我們可稱之為意識本位的歷史發展論。」[35]這就是上述嚴復與胡適所闡釋「物競」、「天擇」，而其決定因素在於「人治」的思想背景。這是胡適對赫胥黎的第一印象。

三、作為方法的赫胥黎：薩迪法則與清代考據學的會通

嚴譯《天演論》開啟了胡適對於達爾文生物演化學說的認識，為他帶來了一個嶄新的宇宙觀與歷史觀，同時這一種新的觀念也具有「科學方法」上的意義。胡適藉著達爾文的進化論，確立了「科學」

35　張灝，〈中國近代思想史的轉型時代〉，《時代的探索》（臺北：聯經出版公司，2004），頁37-60。亦請參見黃克武，〈近代中國轉型時代的民主觀念〉，收入王汎森等著，《中國近代思想史的轉型時代》（臺北：聯經出版公司，2007），頁353-382。

與「玄學」的分野，使他進一步走向杜威與實驗主義的思想路向。然而在此過程中，傳統思想背景所發揮的作用很值得注意。胡適在《四十自述》提到，他在澄衷學堂時，不但閱讀《天演論》，也閱讀朱子的《近思錄》。他對於其中程頤（1033-1107）所說的「學原於思」四個字印象深刻，[36]認為「這區區四個字簡直是千古至言」，讓他感到不應「隨波逐流，隨聲附和」。他說：「我後來的思想走上了赫胥黎和杜威的路上去，也正是因為我從十幾歲時就那樣十分看重思想的方法了」。[37]由此可見，在胡適的眼中，一般人認為屬於傳統思想的理學，其中具有「科學思維」，可以接引到西方的科學方法。他後來強調赫胥黎方法論與清代考據方法的會通即延續此一思路。

　　無論如何，我們不確知胡適在赴美留學期間是否深入地研究過赫胥黎，但顯然地胡適在1915年轉學到哥倫比亞大學哲學系之後，他摒棄了在康乃爾大學哲學系以黑格爾派哲學中流變出來的「新唯心主

36　「伊川曰：學原於思」一語出自朱熹編，《近思錄》，卷3（臺北：臺灣商務印書館，1974），頁92。胡適在1922年2月24日的日記之中又提到這四個字，他說：「我講程頤，注重他的『致知』一方面。他的格物說，指出知為行之明證，指出思想如源泉，愈汲則愈清，指出『學原於思』，指出『懷疑』的重要，指出格物的範圍，——這都是的他特別貢獻」。見胡適，《胡適日記全集》，第3冊，頁445。

37　胡適，《四十自述》，頁66。余英時很強調傳統面向對胡適接納西學的影響，他指出：「胡適在正式歸宗於杜威的實驗主義之前，早已形成自己的學術觀點和思想傾向。這些觀點和傾向大體上來自王充《論衡》的批判態度，張載、朱熹注重『學則需疑』的精神，特別是清代考證學所強調的『證據』觀念，……但是這些觀念最初只是零碎的，直到他細讀杜威的著作之後才構成一種有系統的思想。」見余英時，《中國近代思想史上的胡適》（臺北：聯經出版公司，1984），頁44-45。

義」，正式投向杜威的實驗主義，再由杜威思想上溯至赫胥黎，建立起一套系統的思想方法。[38]

胡適後來與陳獨秀等馬克思主義者的分歧即從此處開始。胡適認為在方法論上，「實驗主義」與「唯物辯證法」是兩種「根本不相容」的方法，一為科學，一為玄學，而以達爾文主義做為分界線：

> 辯證法出於海格爾的哲學，是生物進化論成立以前的玄學方法。實驗主義是生物進化論出世以後的科學方法。這兩種方法所以根本不相容，只是因為中間隔了一層達爾文主義。達爾文的生物演化學說給了我們一個大教訓：就是教我們明瞭生物進化，無論是自然的演變，或是人為的選擇，都由於一點一滴的變異，所以是一種很複雜的現象，決沒有一個簡單的目的地可以一步跳到，更不會有一步跳到之後可以一成不變。[39]

上述強調「漸變」與點滴改革（亦即piecemeal reform）的觀念，也與胡適其他的政治、文化理念，例如他所主張的「多研究些問題，少談些主義」、「一切主義，一切學理，都該研究，但只可認作一些假設的（待證的）見解，不可認作天經地義的信條」是相互配合的。[40]

38　胡適，《胡適口述自傳》（臺北：傳記文學出版社，1983），頁91-92。

39　胡適，〈介紹我自己的思想〉，《胡適文選》，頁3。

40　胡適，〈介紹我自己的思想〉，《胡適文選》，頁5。

大力宣揚達爾文思想的赫胥黎，在科學方法上最讓胡適欣賞的一句話是：「拿證據來！」這也是胡適最強調的科學精神與科學方法，「大膽的假設，小心的求證」、「撇開成見，擱起感情，只認得事實，只跟著證據走」。[41]同時在尋找證據之時，「他打破了那求『最後之因』的方法，使我們從實證的方面去解決生物界的根本問題」。[42]對胡適來說，「主義」、「最後之因」都在追求「毫無『辯證討論』餘地的『終極真理』」，具有「一元論」的特質。至於實驗主義者則是「走一步，算一步，不談什麼『終極真理』的」。[43]

胡適徵引赫胥黎所撰達爾文《物種由來》書評的結語，即充分表現出此種精神。他要人們老老實實地搜求例證，要避免「最後之因……設下的陷人坑」。此段翻譯十分精彩：

> 達爾文先生最忌空想，就同自然最怕虛空一樣（「自然最怕虛空」，"Nature abhors a vacuum"，乃是諺語）。他搜求事例的殷勤，就同一個法學者搜求例案一樣。他提出的原則，都可以用觀察與實驗來證明的。他要我們跟著走的路，不是一條用理想的蜘蛛網絲織成的雲路，乃是一條用事實砌成的大橋。那麼，這條橋可以使我渡過許多知識界的陷坑；可以引我們到一

41　胡適，〈介紹我自己的思想〉，《胡適文選》，頁 17。
42　胡適，〈演化論與存疑主義〉，《胡適文選》，頁 3。
43　胡適，《胡適口述自傳》，頁 112-115。

個所在，那個所在沒有那些雖妖豔動人而不生育的魔女——叫做最後之因的——設下的陷人坑。古代寓言裏說一個老人最後吩咐他的兒子的話是：「我的兒子，你們在這葡萄園裏掘罷。」他們依著老人的話，把園子都掘遍了；他們雖不曾尋著窖藏的金，卻把園地鋤遍了，所以那年的葡萄大熟，他們也發財了。[44]

以下是原文：

Mr. Darwin abhors mere speculation as nature abhors a vacuum. He is as greedy of cases and precedents as any constitutional lawyer, and all the principles he lays down are capable of being brought to the test of observation and experiment. The path he bids us follow professes to be, not a mere airy track, fabricated of ideal cobwebs, but a solid and broad bridge of facts. If it be so, it will carry us safely over many a chasm in our knowledge, and lead us to a region free from the snares of those fascinating but barren Virgins, the Final Causes, against whom a high authority has so justly warned us. "My sons, dig in the

---

[44] 胡適，〈演化論與存疑主義〉，《胡適文選》，頁 2。亦見胡適，〈五十年來之世界哲學〉，《五十年來中國之文學》（臺北：遠流出版公司，1986），頁 162-163。胡適在徵引該文時把頁數寫錯了（也可能是排版的錯誤，將二〇誤為一一〇），原書在頁 20-21。

vineyard," were the last words of the old man in the fable; and, though the sons found no treasure, they made their fortunes by the grapes.[45]

兩者對照之後，可以發現胡適雖有所引伸，然基本上是忠於原文的。

胡適也很喜愛引用赫胥黎治古生物學所用的「薩迪法則」（Zadig Method），來說明科學研究的基本方法，這主要是因為古生物學的方法與胡適所關注的「歷史方法」有相通之處。[46]在臺北胡適故居所藏《赫胥黎論文集》第四冊 *Science and Hebrew Tradition* 中，有一篇談「薩迪法則」的文章 "On the Method of Zadig"（1880），在這一篇文章之上有許多胡適讀後所畫的線與批註，顯示他曾細讀此文。此外在這一篇之後 "The Rise and Progress of Palaeontology"（1881，〈古生物學的興起與進步〉），也很受胡適喜愛，上面亦有許多閱讀時的標記。在晚年《胡適口述自傳》中，他很仔細地說明此一原則：

> 我近年來每每歡喜在演講時向中國聽眾介紹赫胥黎（Thomas H. Huxley）治古生物學（Paleontology）的法則，他叫做「薩迪法則」（Zadig Method）。薩迪是（歐洲文藝復興大師）

---

45 Thomas Henry Huxley, "The Darwinian Hypothesis [1859]," in *Collected Essays of T. H. Huxley* (London: Macmillian And Co., 1893), Vol. 2, pp. 20-21.

46 余英時，《中國近代思想史上的胡適》，頁 44。

弗爾泰爾（Voltaire,1694-1778）小說裏《薩迪》的主角。薩迪被描寫成一個古巴比倫的一位哲學家。他能用他的常識去解釋沙灘上和岩石上所發現的痕跡，或者林木裏枝葉脫落的跡象。觀察了這些痕跡之後，他就可推斷有跑馬或走狗曾道經此地；並可說出狗馬的大小。這種循果以推因的辦法，便是治古生物學、地質學、考古學……以及一切歷史科學的法則。這就是「薩迪法則」；人類（所發明而專用之）的法則。[47]

薩迪的故事原名為*Zadig, ou La Destinée*（英譯*Zadig, or The Book of Fate*）是法國思想家伏爾泰在1747年所寫的一部具偵探性質的小說，其受歡迎的程度僅次於*Candide*（《憨第德》），有不少年輕讀者也喜愛閱讀這一本書。該書的主角是古代巴比倫一位很聰明的哲學家薩迪，他常幫國王解決問題。這一部小說具有濃厚的哲學意涵，書中將人類生活描寫為被命運所控制，同時伏爾泰也批判宗教與形上學的正統觀念。赫胥黎其實只是利用薩迪故事中的一個例子，來說明「回顧性的預言作為科學的功能」（retrospective prophecy as a function of science），胡適在該文眉批上稱之為「由果知因」的方法。

從赫胥黎到杜威所提出的科學方法，不但對胡適產生重大的影

47　胡適，《胡適口述自傳》，頁 96-97。胡適在 1955 年所撰寫的一篇手稿〈四十年來中國文藝復興運動留下的抗暴消毒力量——中國共產黨清算胡適思想的歷史意義〉，《胡適手稿》，第 9 集，卷 3（臺北：胡適紀念館，1970），頁 548-549，又提到此一方法，不過他將之翻譯為「沙迪的方法」。

響，也幫助他重新認識中國近300年的考據學，把實驗主義與中國考證學傳統結合在一起。胡適說：「一切所謂『歷史的科學』，如歷史學本身，如考古學，如天文學，如地質學，如古生物學，他們用的方法，都可以叫做『沙迪的方法』。這就是中國最近300年中的樸學家所謂『考據』或『考證』的方法」。[48]在《胡適口述自傳》中他也說：

> （杜威）也幫助了我對我國近千年來——尤其是近三百年來——古典學術和史學家治學的方法，諸如「考據學」、「考證學」等等。（這些傳統的治學方法）我把它們英譯為evidential investigation（有證據的探討），也就是根據證據的探討，（無微不信）。在那個時候，很少人（甚至根本沒有人）曾想到現代的科學法則和我國古代的考據學、考證學，在方法上有其相通之處。我是第一個說這句話的人。[49]

北京大學教授胡軍對此有所分析，他指出胡適在接觸到實驗主義的思想方法之前，對中國傳統的考據學已有相當的了解，而他對赫胥黎、杜威實證方法與精神的理解是「自覺和不自覺地以中國傳統的考據學作為背景的」。胡適結合兩者的方式是「引用赫胥黎、杜威的思想方

---

48 胡適，〈四十年來中國文藝復興運動留下的抗暴消毒力量——中國共產黨清算胡適思想的歷史意義〉，《胡適手稿》，第 9 集，卷 3，頁 549。
49 胡適，《胡適口述自傳》，頁 96。

法來充實和豐富傳統考據學，使考據學這一門學問在胡適手裡具有了系統的方法論」。[50]余英時認為「這是他的思想能夠發生重大影響的主要原因之一」。[51]

胡適上述「我是第一個說這句話的人」的宣稱有一定的基礎。他在〈清代學者的治學方法〉（1921）、《戴東原的哲學》（1925）、〈治學的方法與材料〉（1928）等文都反覆地說明，清代考證學者重視證據的態度與赫胥黎到杜威的科學方法是一致的，而「雙方之所以有其基本上相同之點，就是因為彼此都是從人類的常識出發的」。[52]丘為君在〈清代思想史「研究典範」的形成、特質與義涵〉一文對此有深入的討論，他說：「胡適……最引人注意之處……在於他將清代學者注重證據的態度（即一種經驗主義）與科學等同起來。」他進一步指出：「胡適藉著當時由他自己所推動的具有『科學萬能』意味的實證主義思潮，賦予了清代考據學一個具有近代西方『科學』內涵的積極意象」。[53]

然而我們不能忽略胡適上述的「第一」宣稱顯然抹煞了梁啟超的貢獻，其實第一位認為清代考證學具有類似西方近代的科學精神、科學方法的人應該是梁啟超。早在1904年《新民叢報》第54號之上，梁

---

50 胡軍，《分析哲學在中國》（北京：首都師範大學出版社，2002），頁 57。

51 余英時，《中國近代思想史上的胡適》，頁 52。

52 胡適，《胡適口述自傳》，頁 97。

53 丘為君，〈清代思想史「研究典範」的形成、特質與義涵〉，《清華學報》，卷 24 期 4(新竹，1994)，頁 461-463。

任公所撰《論中國學術思想變遷之大勢》（出版時改為《中國學術思想變遷之大勢》）中第8章〈近世之學術〉，他就說：「本朝學者以實事求是為學鵠，頗饒有科學的精神……所謂科學精神何也？善懷疑、善詢問、不肯妄徇古人之成說與一己之臆見，而必力求真是真非之所在……。凡此諸端，……本朝之漢學家皆備之。故曰，其精神近於科學。」[54]胡適在《四十自述》中承認他深受此書影響，「給我開闢了一個新世界」。[55]再者，梁啟超在1920年10月所撰寫、1921年初所出版的《清代學術概論》更深入地闡釋「清代學術研究，饒有科學精神……輕主觀而重客觀，賤演繹而尊歸納，……治學之正軌存焉」。[56]這些作品都早於胡適的〈清代學者的治學方法〉一文。但胡適顯然不願意承認梁任公的貢獻，他在1922年2月15日的日記之中私下批判梁任公。文中指出兩點：第一，「任公對於清代學術的見解，本沒有定見」，尤其是在《新民說》中「痛詆漢學」。後來又曾在《中國學術思想變遷之大勢》出版時，刪去該書第8章。第二，近年來因為胡適開始對漢學大加頌揚，梁啟超才把他早年的東西再搬出來「自誇」。[57]其中反映出胡適與先輩學者之間複雜的瑜亮情節，他似乎認為梁任公不夠尊重

54　《新民叢報》，期54（東京，1904），頁60。

55　胡適，《四十自述》，頁52。

56　梁啟超，《清代學術概論》（臺北：臺灣中華書局，1980），頁76-77。

57　《胡適日記全集》，第3冊，頁433-434。胡適所說刪去第8章的書不確定是哪一個版本，可能類似於梁任公於1926年出版的《中國古代學術思想變遷史》（上海：群眾圖書公司，1926），本書共分六章，自總論至佛學時代，沒有收錄「近世之學術」。

他的成就，因而有意地抹煞任公的觀點，要爭「第一」。[58]

　　胡適（與梁啟超）將考證學與西方科學方法會通為一的想法，受到不少人的肯定。例如，錢穆雖然不同意梁啟超所謂清代學術是理學的反動，提出「每轉益進說」。[59]他從「繼承──發展」的角度，主張「不知宋學，則不能知漢學，更無以平漢宋之是非」。[60]但是錢穆認為胡適所引介杜威之「實驗主義」有其價值，「新文化運動之經過中，有功於社會者，皆能明瞭此實驗主義而不背焉者也」；[61]而且錢穆在討論清代考據學時，也介紹了胡適、梁啟超的觀點。他說：「乾嘉諸儒以下，其治學方法之精密，則實有足多者。近人胡適盛稱以為合於科學的精神。《胡適文存》卷二〈清代學者的治學方法〉：『中國舊有學術，只清代的樸學，確有科學精神』……梁啟超著《清代學術概論》，亦推極其學風之美」。[62]

58　梁任公將胡適為《墨經校釋》所寫的序置於篇尾，也讓胡適很不高興。《胡適日記全集》，第3冊，1922年4月30日，頁550。有關胡適與梁啟超之間的「親和與排拒」，見張朋園，〈胡適與梁啟超──兩代知識分子的親和與排拒〉，《中央研究院近代史研究所集刊》，期15下（臺北，1986），頁81-108。

59　錢穆與胡適對於先秦哲學與中國文學上的許多問題均「大相違異」，且錢穆認為「以雙方各具主觀，殊難相辯也。」見錢穆，《八十憶雙親・師友雜憶》（臺北：東大圖書公司，1986），頁143-145。不過有趣的是錢穆似乎同意胡適是首先將乾嘉學風說成是科學方法的一位學者，而梁啟超則在其後提出此一觀點。

60　丘為君，〈清代思想史「研究典範」的形成、特質與義涵〉，《清華學報》，卷24期4（新竹，1994），頁464-467。

61　錢穆，《國學概論》（臺北：臺灣商務印書館，1983[1928]），頁157-158。

62　錢穆，《國學概論》，頁129-130。

金岳霖、徐復觀與唐德剛則持不同的看法。金岳霖很籠統地指出：「西洋哲學與名學又非胡先生之所長，所以在他兼論中西學說的時候，就不免牽強附會」。[63]徐復觀在〈清代漢學衡論〉（1957）中表示：從梁啟超到胡適，認為乾嘉學風與近世科學研究方法極相近的觀點，「對近數十年來有關人文方面的研究，發生了壞的影響」，因為完全誤會了清代漢學的特質：

> 清代漢學家，完全把研究對象限定在古典注釋的範圍之內，他們不是從思想史的角度去把握古典，乃是把古典當作壓伏他人的偶像。而這種偶像的形成，並非他們在古典上真正得到了什麼有價值的啟發，僅出於爭名好勝之心。在他們的研究中，完全與現實的自然、社會、人生絕緣。他們所研究的曆算，也限定在書本上的曆算。可以說，他們把中國學術進到近代之路隔斷了。[64]

唐德剛則認為胡適不了解西方的科學方法，他所說的「科學方法」，「事實上是我國最傳統的訓詁學、校勘學和考據學的老方法，……（他）受了時代的侷限，未能推陳出新」。唐德剛語帶譏諷地說：杜威

63　金岳霖，〈審查報告二〉（1930），收入馮友蘭，《中國哲學史》（北京：中華書局，1961），頁7。

64　徐復觀，〈清代漢學衡論〉，《兩漢思想史》，卷3（臺北：臺灣學生書局，1979），頁616-617。

後來轉向新興的行為科學，「他底東方第一大弟子胡適卻大開其倒車──到處宣傳早已與時代脫了節的，停滯在『訓詁』、『校勘』階段的『治學方法』；他自己雖然是滿口『自由、民主』，而每日燈下埋頭鑽研的卻是一部支離破碎的《水經注》！」。[65]

胡適當然不會同意上述的質疑與指控，他在〈《國學季刊》發刊宣言〉指出清代學術受限於時代，有不少缺點：「這300年的古學研究，在今估計，還有許多缺點：（一）研究範圍太狹……。（二）太注重功力，而忽略理解。……這300年中，幾乎只有經師而無思想家。只有校史者而無史家。只有校著而無著作。（三）缺乏參考比較的材料。……清朝的學者始終脫不了一個陋字。」由此可見胡適了解清代考據學者的限制。[66]換言之，他的學術工作已脫離了傳統的訓詁、考證，而具有新的成分。不過當胡適刻意強調「樸學，確有科學精神」之時，他仍然模糊了兩者的界線與根本的區別，亦即余英時先生所指出的「清代考證學者的典範是通過文字訓詁以明古聖賢在六經中所蘊藏的『道』」，而胡適藉著《中國哲學史大綱》所開創的新典範，一方面「截斷眾流，從老子、孔子講起」，另一方面則持平等的眼光，「把儒家以外的，甚至反儒非儒的思想家，如墨子，與孔子並列」。[67]總

---

65 胡適，《胡適口述自傳》，頁 136-139。

66 梁啟超也很瞭解考據學者之方法雖有科學精神，亦有其限制，「支離破碎汩沒性靈，……其方法……不用諸開而用諸閉，不用諸實而用諸虛，不用諸新而用諸陳」。見《新民叢報》，期 54（東京，1904），頁 60-61。

67 余英時，〈《中國哲學史大綱》與史學革命〉，《中國近代思想史上的胡適》，頁 83、

之，兩者乃在不同的典範之下，從事性質相異的學術工作。這也顯示胡適對赫胥黎到杜威的科學方法有某種程度的誤會，把中國傳統的考證法投射到西方科學方法之上。難怪余英時要說：「胡適的學術基地自始即在中國的考證學，實驗主義和科學方法對於他的成學而言都只有緣助的作用，不是決定性的因素。……事實上，遠在他接觸杜威以前，新典範的種子已在他的心中發芽了」。[68]

胡適從赫胥黎學得的科學方法，包括強調證據、經驗、重視「循果以推因」的歷史的方法、強調「漸變」與點滴改革，走一步算一步，不追求最後之因。此一視角也使他重新詮釋中國傳統。上述的學術無疑地影響到胡適的政治選擇，使他走向一條與唯物史觀的馬克思主義者不同的道路。

四、存疑主義、科學主義與知識的範圍

赫胥黎思想中的科學方法與他所提出的Agnosticism（存疑論、不可知論）一觀念有密切的關係，此一科學哲學的觀念對胡適產生了重大的影響。Agnosticism一詞是赫胥黎於1869年時所創造出來的，用來反對Gnosticism（意指「超出自然法則的神秘知識」），[69]所以

87。

68　余英時，〈《中國哲學史大綱》與史學革命〉，《中國近代思想史上的胡適》，頁89。

69　Gnosticism是融合各種信仰的一種宗教，它採用希伯來與基督教經籍，並用解釋隱喻的方式來闡發其教義。他們重視「靈知」，認為由此可以得到關於宇宙起源的終極真理。參見郁振華，〈論赫胥黎的不可知論和第一代實證主義〉，《學術界》，期44（合肥，1994），

Agnosticism是指without knowledge（沒有知識）或unknowable（不可知）。對赫胥黎來說，他一方面對基督教神學表示懷疑，另一方面又無意主張「無神論」（atheism，指一種不相信神存在的觀念），從而藉此概念把上帝是否存在等問題擱置起來。在哲學上，不可知論是指對於某些宣稱（這些宣稱包括形上學、死後的生活與神的存在等）在真理上的價值是不可知的。簡言之，不可知論者斷言人的認識能力不能超出感覺經驗或現象的範圍，也不能認識事物的本質及其規律。赫胥黎、斯賓塞、康德、孔德都是不可知論派。

在近代中國較早注意到Agnosticism一概念的還有嚴復，他在討論宗教信仰與靈學時，都注意到對於「科學」無法解釋的領域曾產生過很多爭論。他說：「人生閱歷，實有許多不可純以科學通者，更不敢將幽冥之端，一概抹殺。迷信者言其必如是，固差，不迷信者言其必不如是，亦無證據。故哲學大師赫胥黎、斯賓塞諸公，皆於此事謂之Unknowable，而自稱Agnostic。蓋人生智識，至此而窮，不得不置其事於不論不議之列，而各行心之所安而已」。[70]在上文中嚴復直接引用英文，而未附翻譯，不過嚴復有時則用源於佛經的「不可思議」來討論這方面的議題。[71]嚴復在晚年顯然不接受赫胥黎的「不可知論」，他不

頁6。

70 這是在1921年嚴復寫給兒女的信中所提到的話，《嚴復集》，頁825。

71 嚴復說：「談理見極時，乃必至不可思議之一境，既不可謂謬，而理又難知，此則真佛書所謂：『不可思議』」。見《嚴復集》，頁1380-1381。

但有虔誠的宗教信仰，也肯定「靈學」研究的價值。[72]

　　胡適的看法與嚴復不同，他肯定赫胥黎的想法，以及赫胥黎對宗教的態度。[73]他在1922年〈五十年來之世界哲學〉一文中很詳細地介紹此一觀念之淵源及其內涵。胡適指出，1888、1889年時，有許多衛道的宗教家攻擊破壞宗教的「邪說」，赫胥黎當時寫了四篇文章與之辯論。它們分別是：1、〈論存疑主義〉（"Agnosticism," 1889）；2、〈再論存疑主義〉（"Agnosticism: A Rejoinder," 1889）；3、〈存疑主義與基督教〉（"Agnosticism and Christianity," 1889）；4、〈關於靈異事蹟的證據的價值〉（"The Value of Witness to the Miraculous," 1889）。這四篇文章都收入《文集》第五冊，《科學與基督教傳說》（*Science and Christian Tradition*）一書中。胡適說：「這些文章在當日思想界很有廓清摧陷的大功勞……。這一場大戰的結果，──證據戰勝了傳

---

72 黃克武，〈民國初年上海的靈學研究：以「上海靈學會」為例〉，《中央研究院近代史研究所集刊》，期55（臺北，2007），頁99-136。有關嚴復以「不可思議」來翻譯「不可知論」的詳細分析，以及嚴復與胡適宗教觀的差異，參見黃克武，〈近代中國文化轉型的內在張力：嚴復與五四新文化運動〉，收入黃克武主編，《重估傳統‧再造文明：知識分子與五四新文化運動》（臺北：秀威資訊，2019），頁4248。

73 胡適對宗教的看法亦受杜威影響，他肯定杜威的宗教觀，也同意杜威對另一位實驗主義大師威廉‧詹姆士 (William James) 的批評。他說：「他〔杜威〕對我之所以具有那樣的吸引力，可能也是因為他是那些實驗主義大師之中，對宗教的看法是比較最理性化的了。杜威對威廉‧詹姆士的批評甚為嚴厲。老實說我也不歡喜讀詹氏的名著《信仰的意志》(*The Will to Believe*)。我本人就是缺少這種『信仰的意志』的眾生之一。」參見胡適，《胡適口述自傳》，頁 92-93。

說，——遂使科學方法的精神大白於世」。[74]

胡適把Agnosticism翻譯為「存疑主義」（而非後來中國思想界較多人所採用的「不可知論」），[75]他認為此一觀念與孔子想法相配合，即是承認自己的無知。他說：「達爾文與赫胥黎在哲學方法上最重要的貢獻，在於他們的『存疑主義』（Agnosticism）。存疑主義這個名詞，是赫胥黎造出來的，直譯為『不知主義』。孔丘說，『知之為知之，不知為不知，是知也。』這話確是『存疑主義』的一個好解說」。[76]

其次，胡適說赫胥黎認為在承認無知之後，要進一步確認「怎麼樣的知，才可以算是無疑的知？」赫胥黎的答案是：「只有證據充分的知識，方才可以信仰，凡沒有充分證據的，只可存疑，不當信仰」。換言之，「嚴格的不信任一切沒有充分證據的東西」。

從此出發，胡適表達出他對宗教上的種種問題，即採取「不否認，也不承認」的「存疑」態度。胡適多次徵引1860年9月赫胥黎喪子之後他的朋友金司萊（Charles Kingsley, 1919-1875）寫給他的一封信。胡適只提到金司萊是「英國文學家，很注意社會的改良，他的人

---

74 胡適，〈五十年來之世界哲學〉，《五十年來中國之文學》，頁168-169。值得注意的是胡適將tradition一字譯為「傳說」，而非慣用的「傳統」，顯然要強調「傳說」的不可信，所以下文才會有「證據戰勝了傳說」。

75 「不可知論」一詞也大約在此一時期出現，如盧于道，〈赫胥黎與不可知論〉，《科學》，期10（1925），1196-1202。

76 胡適，〈五十年來之世界哲學〉，《五十年來中國之文學》，頁165-166。

格是極可敬的」，實際上金司萊曾是Hampshire的一位牧師（rector），具有宗教的背景，是基督教社會主義者，1860年被任命為劍橋大學現代史的教授。金司萊寫給赫胥黎的信，討論到人生的歸宿與靈魂的不朽，顯然希望藉此來撫慰赫胥黎的喪子之痛。但赫胥黎卻不領情。他回信之中表示他對「靈魂不朽」之說採取存疑的態度。雖很多人會因此而說他是一個「無神主義者」（Atheist），他卻願意冒此危險（當時此一詞具有很強烈的負面意義），而不願作一個說謊的人。在1926年胡適所撰寫的〈我們對於西洋近代文明的態度〉一文，他再度引用赫胥黎這封信中的話，來說明近世宗教的理智化：

> 古代的人因為想求得感情上的安慰，不惜犧牲理智上的要求，專靠信心（Faith），不問證據，於是信鬼，信神，信上帝，信天堂，信淨土，信地獄。近世科學便不能這樣專靠信心了。科學並不菲薄情感上的安慰；科學只要求一切須（需）要禁得起理智的評判，須（需）要有充分的證據。凡沒有充分證據的，只可存疑，不足信仰。[77]

胡適強調現代人需要建立這種理性的、個人自主的信念，「信任天不如信任人，靠上帝不如靠自己。我們現在不妄想什麼天堂天國了，我

77　胡適，〈我們對於西洋近代文明的態度〉，《胡適文選》，頁107。

們要在這個世界上建造『人的樂國』。」。[78]

　　胡適藉著赫胥黎這一封信來宣揚理性的科學精神，因而影響了許多的人。例如，殷海光（1919-1969）即深受此一精神所感動。殷海光說胡適思想是存疑的與實證的：「胡適先生底思想與治學，常常不忘『疑』字。他早年致力介紹赫胥黎底思想。赫胥黎致金司萊的信，經胡適先生底摘譯，早已為人熟知了……」。[79]

　　胡適在這方面的態度是堅定不移的。1926年12月22日，胡適在英國友人家喝茶，見到一位英國歷史學家G. Lowes Dickinson（1862-1932）時，兩人曾討論到當時在英國很盛行的「靈學」研究，胡適再度堅定表達他完全不介意死後「靈魂滅否」的問題：

　　　　下午到Dr. Burns家喫茶，會見G. Loues（Lowes）Dickinson，談甚久……。他早年作*Religion*一書，攻擊舊宗教。但我今早車上讀Sir Oliver Lodge's *Survival of Man*，開篇引他在Harvard的講演中語，似他那時頗信「靈學」的話，我頗詫異。今天喫茶後，他同我同出門，我們同到Russell Square，路上談起。他說，前時頗關心死後靈魂滅否的問題，現在更老了，反不覺得此問題的重要了。他問我，我說，全不愁此事。即使我深信死

78　胡適，〈我們對於西洋近代文明的態度〉，《胡適文選》，頁109。

79　殷海光，〈胡適思想與中國前途〉(1957)，收入《殷海光全集（卷十一）政治與社會（上）》（臺北：桂冠圖書公司，1990），頁442。

後全歸於盡，我決不介意；我只深信一生所作為總留下永永不滅的痕跡：善亦不朽，惡亦不朽。[80]

這樣一來，胡適顯然從實證、科學的角度來面對宗教問題。這一個態度也非常配合他幼年時代受范縝（約450-510）「神滅論」影響，秉持「很不遲疑的無神論」，並努力「破除迷信，開通民智」的主張。[81]胡適無疑地了解「存疑主義」與「無神論」之間的差異，但他並無赫胥黎的顧慮，有時他會抹殺其差異，藉著「存疑主義」來宣傳「無神論」。[82]

胡適對存疑與實證的強調也使他對牟宗三（1909-1995）從《周易》討論中國「形上學」的治學取向採批評的態度。牟宗三是胡適在北大哲學系的學生。1931年大學二年級的牟宗三曾上過胡適的「中古思想史」的課，期末考試中牟宗得到八十分，在胡適的評分標準之中「八十分為中人之資」。胡適對牟宗三的評價是「頗能想過一番，但甚迂」。[83]次年，牟宗三撰寫了第一部學術著作《從周易方面研究中

---

80 胡適，《胡適日記全集》，第 4 冊，頁 601-602。Oliver Lodge 是物理學家，曾任英國倫敦「靈學研究會」的會長。

81 胡適，《四十自述》，頁 62-64。

82 江勇振，《捨我其誰：胡適【第二部】日正當中（1917-1927）》，頁 218-239。

83 胡適，《胡適日記全集》，第 6 冊，頁 602-603。余英時指出「這時牟先生似乎還沒有遇見熊十力先生，但可以看出他對中國思想傳統的根本態度已與『五四』以來的潮流格格不入，這大概是胡先生『迂』之一字的根據。（『迂』不必是貶辭，司馬光即自號『迂叟』）。不過胡先生能特別注意到他『頗能想過一番』，畢竟還算有眼力。余英時，〈追憶牟宗

國之元學與道德哲學》（後改為《周易的自然哲學與道德函義》），此書受到懷特海（Alfred North Whitehead，1861-1947）的影響，嘗試從「納數學秩序於生化神明」方面，找到懷特海「以宇宙的結構問題為出發點而講形上學」和傳統易學之間的契合點。他認為「懷氏的這種態度和中國的形上學相彷彿，自然精粗有不同，那是時代的關係」。牟宗三對清代胡煦（1655-1736）的《周易函書》尤其讚賞，認為中國的「自然哲學」至此達到最高峰。此一書稿在出版前交由胡適審查。牟宗三晚年回憶他與胡適討論此一書的過程：

> 刊稿事前須先交師長審閱，老兄之稿交胡院長適之先生審閱，存胡先生處，汝可往取。吾即到院長辦公室見胡先生。胡先生很客氣，他說：你讀書很勤，但你的方法有危險，我看《易經》中沒有你講的那些道理。我可介紹一本書給你看看，你可先看歐陽修《易童子問》。我即答曰：我講《易經》是當作中國的一種形而上學看，尤其順胡煦的講法講，那不能不是一種自然哲學。他聽了我的話，很幽默地說：噢，你是講形而上學的！言外之意，那也就不用談了！繼之，他打哈哈說：你恭維我們那位貴本家（胡煦），很了不起，你可出一本專冊。我說謝謝！遂盡禮而退。回到宿舍，青年人壓不下這口氣，遂

三先生〉，《現代學人與學術》，收入《余英時文集‧第五卷》（桂林：廣西師大出版社，2006），頁460。

寫了一封信給他，關於方法有所辯說，辯說我的方法決無危險。大概說的話有許多不客氣處，其實也無所謂不客氣，只是不恭維他的考據法，照理直說而已。[84]

由此可見胡適對形上學的反感，牟宗三顯然因此而感到忿忿不平。後來牟宗三在〈自序一〉之中說：「提倡科學只言實驗言證據，尚為不夠，故在中國提倡墨子，在美國求靈杜威，以期科學之有成，似皆不可能。其必經之路當追綜於《周易》一支」。[85]這一句話正是針對胡適的科學觀，亦可顯示牟宗三與胡適思想之差異。這也成為胡、牟交惡的一個觸機。[86]

那麼同樣主張「存疑主義」，強調「只有那證據充分的知識，方才可以信仰，凡沒有充分證據的，只可存疑，不當信仰」的赫胥黎與胡適，在立場上是否完全一致呢？換言之，當胡適將赫胥黎的觀念「翻譯」至中國時，翻譯研究學者所說的「主方語言」（如胡適的中文）與「客方語言」（如赫胥黎的英文）的關係如何？是否產生「主方語言被客方語言轉型」、「共謀關係」，或「主方語言在翻譯過程中，違

84　牟宗三，〈重印誌言〉，《周易的自然哲學與道德函義》，收入《牟宗三先生全集1》（臺北：聯經出版公司，2003），頁3-4。

85　牟宗三，〈自序一〉，《周易的自然哲學與道德函義》，收入《牟宗三先生全集1》，頁12。

86　有關本書的討論亦參見鄭家棟，《牟宗三》（臺北：東大圖書公司，2000），頁59-65。

背、取代和篡奪客方語言的權威性」的現象呢？[87]

　　江勇振所謂的胡適借「存疑主義」來宣傳「無神論」是一個值得注意的差異，不過胡適對此應該心中有數。在本文中，我將注意到傳統文化的連續性對胡適譯介工作的影響，此一差異則是胡適所不自覺的。拙見以為胡適與赫胥黎雖同樣主張「存疑主義」，然而兩人對於「知識」的範圍有不同的構想。本文所謂的「知識」是最廣義的，是指有道理而配合真理的信念（justified true belief），包括金岳霖的學生馮契（1915-1995）所說的「知識」與「智慧」。[88]無論一個信念是依賴感覺、邏輯、思辨、直覺或其他的手段而獲得，都可以作為一種知識。反之，假如一個觀念是虛構的、獨斷的，或僅是一個歷史人物或歷史群體的構想的話，都不算知識，僅是意見（opinion）。[89]我認為赫胥黎所主張知識的範圍，要比胡適主張知識的範圍來得狹窄。

　　首先要說明的是赫胥黎「存疑主義」的出現，涉及近代「西方認識論大革命」。Alasdair MacIntyre曾深入描寫這個革命的來龍去脈，[90]

87　Lydia Liu, *Translingual Practice: Literature, National Culture, and Translated Modernity—China, 1900-1937* (Stanford: Stanford University Press, 1995), p. 27.

88　馮契將人類的認識分為三類：意見、知識與智慧。意見是「以我觀之」，是主觀的；知識（包括歷史的記載與科學的理論）是「以物觀之」，是客觀的；智慧是「以道觀之」，是無限與絕對的。見馮契，〈智慧的探索——《智慧說三篇》導論〉，《智慧的探索》（上海：華東師範大學出版社，1994），頁606。郁振華，《形上的智慧如何可能？——中國現代哲學的沈思》（上海：華東師範大學出版社，2000），頁39。

89　墨子刻，〈道統的世界化：論牟宗三、鄭家棟與追求批判意識的歷程〉，《社會理論學報》，卷5期1（香港，2002），頁79-152。

90　Alasdair MacIntyre, *After Virtue: A Study in Moral Theory* (Notre Dame: University of Notre Dame

墨子刻的著作也很詳細地描寫此一革命，並從「悲觀主義的認識論」
與「樂觀主義的認識論」相對照的角度，分析中國哲學界對「西方認
識論大革命」的回應。[91]根據墨氏：此一革命以笛卡兒、休謨、康德、
尼采（Friedrieh Nietzsche）、韋伯（Max Weber）、波普（Karl Popper）、
維特根斯坦（Ludwig Wittgenstein）和柏林（Isaiah Berlin）等思想家為
代表。其中休謨所標舉的「懷疑主義」最具代表性。[92]赫胥黎即深受
笛卡兒到康德、休謨所代表的「現代哲學」之影響，在他的《文集》
第六冊，他很細緻地討論了休謨的生平與思想。他在前言之中還建議
他的讀者，如果想要「對於展現在人類智識之前最深的問題有一清楚
的觀念」，而又受限於時間的話，只需要閱讀三位英國的作家：巴克
萊、休謨與霍布斯（Thomns Hobbes）。[93]

上述墨子刻所謂的「西方認識論大革命」，即指結合了實證主義
與懷疑主義的一種思潮，其共同主張是要縮小知識範圍。用波普「三
個世界」的理論來說：知識的範圍僅限於「第三個世界」，亦即能以
實驗來反駁某種命題之境界，而關於「道德與本體的世界」，只有「心

Press, 1984[1981]). 但是 MacIntyre 沒有用墨子刻所說的「革命」的概念，對他來說，此一傾
向是一個「哲學的危機」，具有負面的意義。

91 Thomas Metzger, *A Cloud Across the Pacific: Essays on the Clash between Chinese and Western Political Theories Today* (Hong Kong: The Chinese University of Hong Kong, 2005).

92 Thomas Metzger, *A Cloud Across the Pacific*.

93 Huxley, *Collected Essays*, Vol. 6, p. xii. 根據「悲觀主義的認識論」與「樂觀主義的認識論」之
分析架構，深受休謨影響的赫胥黎顯然偏向悲觀主義的一面，但他的思想是否完全配合這
個方面，有無矛盾、不一致之處，則還需要做更細緻的研究。

理的一些立場」（states of mind）或意見，而沒有客觀的知識。用唐君毅的生命存在與心靈的「九種境界」，亦即「初三為客觀境，次三為主觀境，後三為超主客境」來看的話，[94]知識的範圍只限於最低的幾個境界，而認為其他境界只是玄學空談罷了。

西方思想界將知識範圍予以縮小的想法，源於人們知識精確性的追求。歐洲在幾乎800多年以前，人們開始希望把知識化約到完全精確的觀念。為了追求精確性，很多歐洲思想家偏到金岳霖所說的「唯主方式」（或稱「主觀的唯心主義」，即「存疑主義」或「不可知論」）。據此，知識的淵源限於「經驗」或「所與」，「所與」的內容則限於主體意識中的「當下呈現」或感覺，而「當下呈現」的內容與客觀真實的關係，完全是一個有待探索的問題。換句話說，明顯地指涉真實的命題，只能指主體心中當下呈現的命題，而不是指個人內心之外的真實（即所謂感覺不能給予客觀實在）。凡是指涉到心外真實的說法，僅是有待反駁的猜想或假設，而這種猜想當然不包括天經地義的「常道」（即道德規範），或關於人性與本體的知識。

墨子刻的作品一方面描寫西方認識論革命，另一方面指出中國當代哲學的主流要求「達到與天地合其德的人生境界」，傾向於拒絕西方的「不可知論」，並強調波普所謂的三個世界都是知識的對象。他並細緻地討論中國哲學界對西方「不可知論」的回應。

墨氏指出：在批評「不可知論」之時，當代中國哲學開出了兩條

94　唐君毅，《生命存在與心靈境界》（臺北：學生書局，1984），頁 259。

路。金岳霖與馮契都企圖反駁西方的觀點，再證明自我心中當下呈現與物自身或客觀實在之間沒有斷裂。他們的焦點在於看到自我內在生活與外在世界的融合之處，而藉此把經驗視為「自在之物化為為我之物」與「得自所與還治所與」（均為馮契語）。他們跟荀子一樣，認為外在天地的真實不遜於自我所感覺到的真實，而天地的存在或價值，不需要從自我內在所導引出來的證據來證明。馮契也以強調從「主體」與「客體」的「辯證主義」的關係去反駁西方的「不可知論」，從而導引出歷史、自然和實踐的規律。[95]

當代新儒家如唐君毅、牟宗三等人，則採取另一角度來反駁「不可知論」。他們認為西方「不可知論」的缺陷，不在於破壞主體心中當下呈現與外在真實的連續性。新儒家反而多半贊成西方的思路，尤其肯定康德哲學的起點，即以為主體內的最基本意識或知覺不能跟「所與」其他的內容直屬於完全一致的真實，因為主體與主體所感覺到的對象不能混為一談。所以，談內外之時，我們不能把主體化約到主體所感覺到的對象。從唐君毅和牟宗三的觀點來說，西方「不可知論」的缺失在於它不夠了解主體的本質。他們肯定孟子的「盡心，知性，知天」的思路，認為能通過主體與實踐的本質，去把握主體在宇宙中的基礎，而這樣一方面了解實踐的規律與「世界原理」的本質，

---

95 有關金岳霖思想的比較詳細的描寫與分析可參考墨子刻的著作：Thomas A. Metzger, "New Confucian Philosophy and the Global Philosophical Problem of Culture," 收入鄭宗義編，《香港中文大學的當代儒者：錢穆、唐君毅、牟宗三、徐復觀》（香港：香港中文大學新亞書院，2006），頁 17-102。

另一方面會通中國對價值理性的體認和西方對工具理性的了解，即會通中國哲學關於主體本質的智慧與西方關於自然現象的科學，來反對唯物主義與科學主義。

新儒家對「唯主方式」的回應可以稱為「向內」的回應，金岳霖、馮契的回應則是一種「向外」的回應。墨氏認為這兩種回應都有利弊：新儒家向內的思路一方面完全保護個人內心的自主，對抗集體主義，另一方面忽略外在現象在形成內心過程中的重要性。金、馮的向外思路則一方面很肯定外在現象的重要價值，另一方面卻模糊個人內心自主與外在社會運動之間的界限，而這樣很容易讓主體變成一種集體性混融內外的「我們」，而喪失了個人的自主性。[96]

那麼被人貼上「科學主義」標籤的胡適，對「不可知論」的回應又是如何呢？當然，無論是金岳霖或牟宗三，都對胡適思想有所批判，認為胡適或者不夠了解西方，或是不夠尊重傳統，對他們來說，胡適似乎沒有能力對「不可知論」做出哲學性的回應，只能被動地接受西方的觀點。不過我們也不能把胡適完全等同於是赫胥黎的一個忠實的門徒。這牽涉我們上文所提出的一個觀點，即是胡適與赫胥黎對知識的範圍有不同的認定。這樣一來，墨子刻的論斷是正確的：近代以來的中國知識分子受到傳統「樂觀主義的認識論」的影響，都不完全肯定西方的「不可知論」，而甚至連肯定實證主義的代表人物胡適

96　墨子刻，〈道統的世界化：論牟宗三、鄭家棟與追求批判意識的歷程〉，《社會理論學報》，卷 5 期 1（香港，2002），頁 86-89。

也不例外。當然我們還需要細緻地區別金岳霖、馮契的「向外」回應與唐君毅、牟宗三的「向內」回應，都是自覺地批判「不可知論」；胡適則是不自覺地逾越了「不可知論」的範圍。

在這方面，我們首先要舉胡適為「科玄論戰」所寫的序言。在這一篇文章中，胡適認為中國的思想環境應可超過赫胥黎所存處的19世紀的英國，當時在英國宗教的權威未被打破，所以赫胥黎只好掛著「存疑」的招牌；而在中國，宗教信仰比較自由，那麼人們不妨「老老實實地」以「無神論者」自居。但是另一方面，胡適卻不嚴守「不可知論」所劃下的界線，避免無根的形上學。他不但肯定道德的客觀性（何謂「好人」、何謂「好政府」、何謂「惡勢力」），而且十分肯定吳稚暉（1865-1953）的作法，企圖以科學的態度衝到那「不可知的區域」。他說：

> 他老先生（吳稚暉）寧可冒「玄學鬼」的惡名，偏要衝到那「不可知的區域」裏去打一陣，他希望「那不可知區域裏的假設，責成玄學鬼也帶著論理色采去假設著。」這個態度是對的。我們信仰科學的人……不妨衝進那不可知的區域裏，正如姜子牙展開了杏黃旗，也不妨衝進十絕陣裏去試試。……我們十分誠懇地對吳稚暉先生表示敬意。[97]

97　胡適，〈《科學與人生觀》序〉，《胡適文選》，頁60-62。

胡適上文所提到的文章是吳稚暉的〈一個新信仰的宇宙觀及人生觀〉。在該文中吳稚暉建立起「漆黑一團」的宇宙觀與「人欲橫流」的人生觀。吳氏認為，這個宇宙「都從漆黑一團變出」，其中有質有力，而質力交推，產生了世間萬物。胡適所徵引吳稚暉的文字是：「我以為動植物且本無感覺，皆只有其質力交推，有其輻射反應，如是而已」。至於人欲橫流的人生觀，則包括「清風明月的喫飯人生觀」、「神工鬼斧的生小孩人生觀」和「覆天載地的招呼朋友人生觀」。[98]

吳稚暉的文章顯然吸引了不少讀者。牟宗三在年輕的時候，曾一度深受該文所感動。在吳稚暉所謂「漆黑一團的宇宙觀上」，牟宗三「見到了光彩，見到了風姿，見到了波瀾壯闊與滑稽突梯的新奇」。他感覺到吳稚暉的縱橫才氣向他撲來：「他那漆黑一團的宇宙觀，也只是那生命那才氣之直接膨脹所撲向的混沌。我之欣賞他，也只是我的混沌生命之直接向外膨脹，向外撲，和他接了頭」。[99]由此可見，吳稚暉的文章絕非「機械主義」的「科學」觀點，他的特色其實是表現出高度玄學的色彩，才因此與牟宗三那麼契合。

胡適所讚揚的吳稚暉的觀點，其實和胡適所謂自然主義的宇宙觀（所謂自然之無窮、天行之有常、物變之有規律）有其共同之處，[100]

---

98 吳稚暉，〈一個新信仰的宇宙觀及人生觀〉，收入丁文江、張君勱等著，《科學與人生觀》，冊 2（臺北：問學出版社，1977），頁 543。

99 牟宗三，《五十自述》（臺北：聯經出版公司，2003），頁 30-31。

100 胡適說：「在那個自然主義的宇宙裏，天行事有常度的，物變是有自然法則的，因果的大法支配著他──人──的一切生活，生存競爭的慘劇鞭策著他的一切行為。」見胡適，〈《科

兩者都企圖討論現象之後的本體，可以稱之為「科學的玄學」。[101]這樣的看法，從波普所說的三個世界來看，已經超越了「第三世界」，屬於道德與形上的範疇。

胡適所謂「不朽」的觀念、「社會宗教」的觀念也是如此。在〈不朽——我的宗教〉一文中，他提出「大我」、「小我」的觀念，來說明人類與宇宙的變化。他說：「個人的一切功德罪惡，一切言語行事，無論大小好壞，一一都留下一些影響在那個大我之中，一一都與這永遠不朽的大我一同永遠不朽。」[102]上述的觀點可以導引出一種道德信念，來規範個人。胡適說他的宗教是「社會的不朽」，而個人應對此負責：

> 我這個現在的「小我」，對於那永遠不朽的「大我」的無窮過去，須負重大的責任；對於那永遠不朽的「大我」的無窮未來，也須負重大的責任。我須（需）要時時想著，我應該如何努力利用現在的「小我」，方才可以不辜負了那「大我」的無窮過去，方才可以不遺害「大我」的無窮未來？[103]

類似上述以大我、小我為中心的群己觀念，在胡適的言論之中俯拾即

學與人生觀〉序），《胡適文選》，頁 67-68。
101 郁振華，《形上的智慧如何可能？》，頁 12。
102 胡適，《胡適文集》（北京：人民文學出版社，1998），冊 2，頁 43。
103 胡適，《胡適文集》，冊 2，頁 44。

是。例如在1919年的〈少年中國之精神〉，他說「社會是有機的組織，全體影響個人，個人影響全體……，有這個觀念，我們自然覺得我們的一舉一動都和社會有關，自然不肯為社會造惡因，自然要努力為社會種善果」。[104]1960年1月7日，當胡適在臺北為兩千多名學生演講「一個人生觀」時，他仍然重複類似的觀點，提出「群己並重」的「健全的個人主義」，這種個人主義的人生觀就是孔子所說「修己以安人」與《大學》所謂「自天子以至于庶人，以修身為本之說」。胡適又談到「社會宗教」，將社會視為「上帝」，用來「約束制裁」人類行為：

　　我是個存疑論者、無神論者。但我認為一個人在行為上總有一個自己制裁的力量，……我提出一個社會宗教。我們古代有三不朽，……究竟如何才稱不朽？至善、至惡都流傳萬世而不朽……，二千五百年前喜馬拉雅山下，一個老叫花的死，本無善惡之分；而被釋迦見到，因受刺激而創佛教，影響了千百萬人。……一個人的行為，不論好的壞的，善的惡的，不論多大多小，都對社會有影響。一句話，一篇文章，一個思想，一言，一行，都有社會影響。只有社會不朽，……社會是我們的上帝，用它來約束制裁我們的行為。[105]

---

104 胡適，《胡適文集》，冊 2，頁 52。
105 胡適，〈一個人生觀〉，《新生報》，1959 年 1 月 8 日。胡適，〈一個人生觀〉，收入胡適著、潘光哲主編，《胡適全集：胡適時論集 8》（臺北：中央研究院近代史研究所，2018），頁 100。

由此可見胡適一方面宣稱自己是存疑論者，又說自己是「無神論者」，在此他模糊了存疑論與無神論的界線。另一方面他又毫不猶豫地衝到那「不可知的區域」，大談社會不朽的宇宙觀與歷史觀，並從這些抽象的觀念之中導引出道德的原則呢？其中一個很流行的解釋認為這是源於他的「科學主義」。郁振華說此乃「科學萬能論的題中之義」。[106] 林正弘也有很精闢的分析：

> 胡適之先生……，主張科學態度與科學精神可以應用到為人處事的態度、政治信仰、人生觀等關涉到價值判斷的領域。胡先生的科學觀可以算是相當澈底的科學主義。
>
> 胡適由敘述事實的科學命題，引導出價值判斷的命題……，自從休姆（David Hume）以來，大部分哲學家都相信：要導出價值判斷的命題，前提必須要有價值判斷命題；只由純敘述事實的命題，導不出價值判斷命題。胡適竟然認為由科學命題可引導出含有價值判斷的人生觀命題，因而只憑科學知識就可解決人生觀的問題。這是非常澈底的科學主義。[107]

上述的論斷與筆者的觀點一致。這顯示胡適的「存疑主義」或「不可

---

106 郁振華，《形上的智慧如何可能？》，頁 12。
107 林正弘，〈胡適的科學主義〉，《胡適與近代中國》（臺北：時報出版公司，1991），頁197、207。

知論」與深受休謨影響的赫胥黎的看法並不一樣，其關鍵在於胡適不但混淆了「存疑論」與「無神論」，又不自覺地擴大了知識的範圍。

　　然而筆者認為胡適的想法一方面受「科學主義」觀念的影響，另一方面還有儒家、佛教思想的背景，與嚴復、梁啟超等人的所代表的具有中國特色的自由主義與進化觀念的影響。胡適有關群己關係的看法與筆者所分析的嚴復、梁啟超的觀點，以及當代學者如金耀基、楊國樞等人的看法完全一致，他們都不接受極端的個人主義，要從群己並重、群己和諧，而非群己衝突的角度，來肯定個人的價值，而且均強調柏林所說的「積極自由」。根據拙著，嚴復、梁啟超的思想源於與傳統的連續性，而胡適顯然出於同樣的思想背景，又受到嚴復、梁啟超思想的直接啟發。美國學者James Pusey曾注意到胡適「不朽」（1919）的觀念與梁啟超進化思想，尤其是梁啟超所撰寫、結合進化論者Benjamin Kidd與佛教輪迴觀念之〈余之死生觀〉（1904）一文有高度的類似性，而胡適卻不承認他受到梁任公影響。James Pusey說：

　　　　他（胡適）僅宣稱，這一篇文章的主意是民國七年當「我的母親喪事裡想到的」。或許他「想到」梁啟超的觀念，卻不記得這些觀念如何進入他的腦袋。但是如果胡適從來沒有讀過任公的文章，或者如果他的想法只是純屬偶然而與任公觀念相同，或是因為中國人說的「英雄所見略同」，我們還是要承認

梁啟超是第一個想到胡適（社會不朽）理論的人。[108]

的確，如果我們閱讀梁任公的文章，會感覺到他的想法與胡適幾乎完全相同，梁任公說：「我輩一舉一動，一言一話，一感一想，而其影像，直刻入此羯磨總體之中，永不消滅。將來我身及我同類受其影響，而食其報」。任公並引《楞嚴經》的觀點，來說明上文中「羯磨」（karma）的意義，「佛說一切萬象，悉皆無常，剎那生滅，去而不留，獨於其中，有一物焉，因果連續，一能生他，他復生一，前波後波，相續不斷，而此一物，名曰羯磨」。[109]梁任公文章與胡適作品不同之處，是任公很清楚地表明此一觀念源於佛教輪迴觀念與嚴復所引介的進化論、遺傳說，亦即《天演論》中所說：「官品一體之中，有其死者焉，有其不死者焉」。[110]胡適則說是自己在處理母親喪事時領悟出來的。

　　胡適上述的想法，顯示中國近代思想與傳統之間的密切關連，這些觀念均反映出儒家或佛教的影響，而強調一種超過小己的利害關係、配合天地之「大化」，而超越時空對峙的情感。他所翻譯、引介的西學與此一傳統的視野交織在一起。同時值得注意的是，不但是胡

---

108 James Pusey, *China and Charles Darwin*, pp. 292-293.

109 梁啟超，《飲冰室文集》17（臺北：臺灣中華書局，1978），頁 2-3。

110 梁啟超，《飲冰室文集》，頁 3。「官品」一詞乃 organsims 的翻譯，有關此一譯語的思想背景，請參見拙文，〈新名詞之戰：清末嚴復譯語與和製漢語的競賽〉，《中央研究院近代史研究所集刊》，期 62（臺北，2008），頁 1-42。

適如此，在他之前的嚴復與梁啟超在引介進化論、實證主義與英國式
自由主義時也顯示出類似的思想特點。從嚴復、梁啟超到胡適，可以
勾勒出一條與馬克思主義者、新儒家不同的近代中國自由主義的思想
系譜。

五、結論

在近代中國，胡適是眾所公認的一位將西方實驗主義、科學方法
與科學實證的精神傳入國內的學者，也是一位堅持自由、民主與科學
價值的啟蒙思想家。殷海光在〈胡適思想與中國前途〉一文中綜合指
出胡適思想的七個特點：1.主漸進的；2.重具體的；3.反教條的；4.個
人本位的；5.存疑的；6.重實證的；7.啟蒙的。[111]這是很多人都肯定的
一個看法。

本文嘗試以胡適與赫胥黎的關係為主軸，來重新思考胡適思想的
特點。筆者認為胡適在譯介赫胥黎思想的同時，也對之作一取捨，並
將西學與他所熟悉的中學會通在一起。胡適最早透過嚴復認識赫胥黎
的《天演論》，他所接受的赫胥黎的思想，是嚴復篩選後具有樂觀精
神、強調以人治對抗天行的救亡意識的中國式的進化論。其次胡適接
受赫胥黎「拿證據來」的實證主義的方法論，他又把這種方法與清代
樸學中的考證法等同為一，這種經過西方「加持」的新考證學開啟了

---

111 殷海光，〈胡適思想與中國前途〉(1957)，收入《殷海光全集（卷十一）政治與社會（上）》，
頁 441-443。

整理國故運動。再其次，胡適肯定赫胥黎的「存疑主義」，自稱是一個無神論者，忽略了「存疑主義」與「無神論」的差異，同時他又和吳稚暉一樣，毫不猶豫地衝進不可知的領域，企圖從現象來掌握本體與道德規範，建立一個「科學的玄學」。這樣一來，他對知識範圍的看法，與深受休謨影響的赫胥黎思想之間出現重大的落差。拙見以為胡適逾越了「不可知論」的界線，一方面固然源於五四時期所流行的「科學主義」，另外一方面不能忽略嚴復、梁啟超的思想傳承，以及儒家與佛教思想背景的影響。

由上述可知，墨子刻的論斷是正確的，近代中國思想界都傾向於不接受或拒絕「西方認識論大革命」之後以「悲觀主義的認識論」為基礎的「不可知論」。金岳霖、馮契從向外的角度否定「不可知論」，唐君毅、牟宗三則從向內的角度批判「不可知論」。胡適對「不可知論」的態度與上述兩派不同。他一方面是西方「不可知論」的代言人，另一方面卻沒有反省到他的思想與赫胥黎「不可知論」之間的重大落差。這可能是金岳霖、唐君毅、牟宗三等專業的哲學家覺得胡適對西學的認識十分膚淺的原因之一。歷史學家唐德剛也批評胡適的科學思想。他說胡適的科學方法（包括他從赫胥黎得到的觀念）一方面使他「每日燈下鑽研的……是一部支離破碎的《水經注》」；另一方面「他的『治學方法』不能『支持』（support）他政治思想的發展」[112]；「赫胥黎以後的『社會科學』，他是連皮毛也沒碰過」；「胡適之先生

---

112 唐德剛，《胡適口述自傳》，頁 137-139。

對中國民主政治的發展，雖然生死以之，他卻始終沒有搞出一套完整的理論來。不是他無此才華，而是他在社會科學上無此功力……只是『頭痛醫頭，腳痛醫腳』地去搞『一點一滴地改革』」。[113]這樣的治學方法與態度或許限制了胡適，使他在學術上與政治上無法取得更耀眼的成就。

---

113 唐德剛，《胡適雜憶》，頁 27，120。

3

一個流產的結盟

胡適與研究系
（1919-1922）*

梁啟超所領導的研究系在第二屆國會選舉失勢後走向低潮，1918年底任公赴歐考察。1920年初自歐洲返國之後，他希望帶領研究系重返政壇，為尋求盟友，開始積極與蔡元培、胡適等北大知識分子聯繫。當雙方開始接觸、嘗試合作之時，《新青年》內部正對編輯方針發生歧見，胡適主張英美式的民主制度，在社會改造問題上，他基於實驗主義，實行一點一滴的改良，反對陳獨秀、李大釗通過階級鬥爭和社會革命，從根本上改變社會的馬克思主義。再者，陳獨秀要談政治，胡適則主張不談政治。胡、陳（及李）因而分道揚鑣，這給予研究系一個可乘之機。然而胡適與研究系的結盟最後也未能成功。這是因為兩者在思想上的差距，無法建立「組黨」的共識，以及雙方均缺乏社會基礎。此一經驗顯示以自由主義知識分子為主，藉由報章媒體發表公共輿論的勢力，無力對抗國共兩黨以主義、軍隊與革命為號召的政黨力量。1930年代之後中國知識分子的「邊緣化」與自由主義在近代中國的挫敗，一方面有外在因素，另一方面其內部無法整合，建立統一的政治組織，也是一個不容忽略的原因。

一、前言

　　1922年在胡適來往書信之中，有兩封寫給胡適的信，批評研究

＊　本文初稿原發表於 2016 年 12 月 14、15 日中國文化大學史學系主辦：「第一屆中國知識界的近代動向」學術討論會。本稿發表於《中國文化》，第 53 期（北京，2021），頁 301-324。

系，並質疑胡適與研究系、《晨報》的關係，希望將來《努力週報》能替代「自負銷路廣」而深具黨派意識的《晨報》，建立起「清白無派」的言論風格。6月7日，一位住在北京的學生張梵寫到：

> 我在學校並一般愛談論時事的同學朋友們中間，常常聽見有人說「《晨報》是研究系的機關報，研究系壞得不能說，《晨報》有時常給該系護短，終久是有個替代的——清白無派的——出來，我們就要和他斷絕來往」。……先生呵！你自言和他有些老交情，我極誠誠懇懇的問你：他的家長究竟是研究系不是?他給研究系作用不作用？譬如不看他，可以用那個來代替?……先生，談論焦點的財政、軍隊、宗教、新聞紙等等，你一切都想法在《努力》上給我們供給材料，這件事也務請你給我一個明白答覆，那就是教訓我對於研究《晨報》的材料，我疑惑解決，感你至於無量！[1]

1922年夏天一位支持新文學的年輕學者傅斯稜在致胡適的信中也說，梁任公為人十分「滑頭」，胡適那麼「拜倒」他，是否是因為想巴結

1　中國社會科學院近代史研究所中華民國史研究室編，《胡適來往書信選》（香港：中華書局香港分局，1983），頁158-159。該書註明此信為7月7日，然根據胡適紀念館之原信，應為6月7日。〈張梵致胡適函〉，《北京檔》，臺北：中研院近史所胡適紀念館藏，典藏號：HS-JDSHSC-1209-001。胡適應該沒有回覆此信。

研究系而擴大自己的政治勢力？他寫到：[2]

> 我現在已決計在北京消夏，在此消夏期間專心去研究佛
> 學，閒暇或把梁任公的《清代學術思想史》批評批評亦未可
> 知，因為他那部書太糟，就是梁氏太無學問，只以滑頭的手段
> 去作著述家，要知人外有人，人人不盡可欺的。胡先生，你是
> 最拜倒這滑頭文學家的，但是我不知道你所拜倒他的是什麼東
> 西，難道是研究系的勢力麼？胡先生，我雖每次寫信都宣言說
> 你們的不對，這正是願做一個君子相交以誠，不願學一個小人
> 的巧言令色。其實我是最敬愛你的，由這個敬愛，就不得不對
> 於你有最大的希望了。[3]

一直到1927年4月，胡適的朋友還在質疑他和研究系的關係。他的學
生顧頡剛在信中勸他好人政府已經失敗，此後胡適不應再碰政治議
題，並希望他與梁啟超、丁文江、湯爾和等人斷絕關係，以免壞了自
己的名譽：

> 從此以後，我希望先生的事業完全在學術方面發展，政治

---

2 有關傅斯稜與胡適之論學，參見董敏，〈新詩觀念分歧與 1920 年代新詩危機——以傅斯稜
致胡適五通信箚考釋為中心〉，《綿陽師範學院學報》，2020 年第 7 期（綿陽），頁 100-
109。
3 中國社會科學院近代史研究所中華民國史研究室編，《胡適來往書信選》，頁 178。

方面就此截斷了罷。「好政府主義」這個名詞，好政府主義下的人物的政治的試驗，久已為世詬病。如果先生再發表政治的主張，如果先生再從事於政治的工作，無論內容盡與好政府主義不同，但是天下人的成見是最不易消融的，加以許多仇讐日在伺隙覓釁之中，橫逆之來必有不能逆料者。所以我敢請求先生，從此與梁任公、丁在君、湯爾和一班人斷絕了罷。固然他們未必盡是壞人，但他們確自有取咎之道；而且先生為了他們犧牲的名譽這樣多，在友誼上也對得起他們了。[4]

為何1920年代胡適與研究系的關係糾纏不清而如此惹人爭議？真相究竟如何？

　　1920年代的中國以胡適為首的北京大學知識分子，和以梁啟超為首的研究系是北方知識界的兩大陣營，他們一方面關注學術，如胡適所說的「整理國故，再造文明」，並針對墨學、佛學、清代學術、歷史研究的方法等多所討論；另一方面他們對帝國主義欺凌下，北方軍閥割據、南方企圖武力統一等所造成中國的困境有所不滿，也有很強烈的政治參與的企圖。[5]然而值得注意的是這兩派雖同樣關注學術與政治，焦點卻不相同，「如果說北大新文化運動學者群是『在學言政』，

4　中國社會科學院近代史研究所中華民國史研究室編，《胡適來往書信選》，頁 430-431。

5　有關梁、胡一生的交往狀況，參見張朋園，〈胡適與梁啟超：兩代知識分子的親和與排拒〉，《中研院近史所集刊》，期 15 下（臺北，1986），頁 81-108。董德福，《梁啟超與胡適：兩代知識分子學思歷程的比較研究》（長春：吉林人民出版社，2004）。

而來自政界的梁啟超研究系則是『在政言學』，由此構成了北京大學新文化運動學者群與研究系的交集」。[6]

　　過去學界對於此一課題已經累積了一些研究成果，尤其是關於《新青年》後期內部分裂，與胡適、蔡元培等人在《努力週報》上發表〈我們的政治主張〉一文前後，胡適與研究系的關係等議題，不過這些研究未能完全釐清一些細節與歷史脈絡。[7]本文擬在二手研究的基礎之上，以日記、書信、報刊等材料探討1920-1922年間胡適與梁啟超為首的研究系之互動關係，以一窺民國初年國、共兩黨之外的自由主義知識分子如何建立政治網絡，以及為何此一結盟終歸流產。

二、研究系與五四運動前後中國各種政治勢力

　　首先要對「研究系」略做說明。[8]研究系的全名是「憲法研究會」。

6　馬建標，〈曖昧的聯合：五四時期的北京大學與研究系〉，《復旦學報》，2018 年第 5 期（上海），頁 62。

7　主要的成果如：張朋園，〈協同動作—梁啟超退出官場後的政治生活〉，《梁啟超與民國政治》（臺北：食貨出版社，1978），頁 230-236。歐陽哲生，〈《新青年》編輯演變的歷史考辨——以 1920 至 1921 年同人來往書信為中心的探討〉，《五四運動的歷史詮釋》（臺北：秀威資訊科技，2011），頁 228-233。潘光哲，〈〈我們的政治主張〉及其紛爭：1920年代中國「論述社群」交涉互競的個案研究〉，收入李金銓編，《報人報國：中國新聞史的另一種讀法》（香港：香港中文大學出版社，2013），159-162。章清，《「胡適派學人群」與現代中國自由主義（全新增訂版）》（上海：三聯書店，2015）。馬建標，〈曖昧的聯合：五四時期的北京大學與研究系〉，《復旦學報》，頁 61-70。

8　有關研究系的淵源、重要人物、政治主張與影響範圍，參見金珍煥，〈五四時期研究系的政治主張〉（臺北：臺灣大學政治研究所博士論文，1996）。彭鵬，《研究系與五四時期新文化運動》（廣州：中山大學出版社，2003），頁 20-33。白逸琦，〈研究系與北洋政治

該派源於晚清的立憲派與民初的進步黨。1916年9月13日，進步黨內梁啟超、湯化龍的兩派合併為憲法研究會，即「研究系」，他們主張從理論上去研究民主憲政，並希望能付諸實踐。其骨幹成員包括：梁啟超、湯化龍、林長民、蒲殿俊、汪大燮、林志鈞、藍公武、張君勱、梁善濟等人。研究系所辦的媒體包括《國民公報》、《晨報》、《時事新報》、《改造》等。其中最有影響力的大報是北京《晨報》。[9]《晨報》於1918年12月由《晨鐘報》改名而來，1921年10月又將第7版改為四版單獨出版的《晨報副鐫》，1928年6月停刊，該報對五四新文化運動的宣傳貢獻很大。此報雖為研究系所控制，卻具有專業的新聞素養，主編者邀約不同背景之作者撰寫文章，成為公共輿論的共用平臺。[10]此點與胡適的想法頗相契合，並在其上發表多篇通信、文章、演講記錄等（部分是轉載自《新青年》與《努力週報》），胡適在《晨報》上發表的作品與相關討論共計約50篇（參見本文附錄），此外《努力週報》出版之後，《晨報》上長期出現〈胡適和他的朋友們辦的努

（1916-1928）——溫和型知識分子的憲政主張及其貢獻〉（臺中：東海大學歷史學系碩士論文，2004）。

9　張朋園，《梁啟超與民國政治》，頁285-295。

10　有關《晨報》扮演公共輿論平臺之角色，歐陽哲生以1920至1925年該報紀念五四運動專欄來作分析，發現梁啟超在該報之中的五四話語「大多是從文化的角度認識五四運動，並不稱其為『主義』，更不用說是意識形態」，故「《晨報》為思想文化界提供了一個共用平臺，顯示了職業新聞人的特色」。歐陽哲生，〈紀念「五四」的政治文化探幽——1949年以前各大黨派報刊紀念五四運動的歷史圖景〉，收入黃克武編，《重估傳統・再造文明：知識分子與五四新文化運動》（臺北：秀威資訊，2019），頁366-367。

力週報出版了！〉的廣告，[11]由此顯示雙方互動頻繁。

在政治方面，該系主張加強國務院的權力，以體現責任內閣精神。1917年張勳復辟，段祺瑞與梁啟超等馬場誓師，阻遏復辟，解散第一屆國會。此後，研究系積極支持段祺瑞，拒絕恢復「約法」，反對孫中山在南方的護法運動。段採納梁啟超的建議，召集臨時參議院，修改新的國會組織法與議員選舉法，1918年重新選舉第二屆國會。但國會改選後，研究系卻未取得國會控制權，段祺瑞、徐樹錚所掌控的「安福俱樂部」則取得國會的絕對多數，第二屆國會即「安福國會」（參眾兩院選舉，其中安福系335席、研究系僅21席）。1920年7月直皖戰爭爆發，段祺瑞的皖系失敗，8月安福國會被解散。[12]從此研究系逐漸走入低潮。[13]梁啟超於北洋時期兩度入閣，擔任司法總長（1913年熊希齡內閣）與財政總長（1917年段祺瑞內閣），希望一展「國務大臣」之志向，然在政壇上卻並無作為。[14]1918年底梁率團赴歐

11　《努力週報》的廣告見《晨報副鐫》，1922年5月14-31日，6月1-30日，第2-3版，其後亦持續不斷。

12　有關第二屆國會選舉，及其中安福系與研究系之角力，見張朋園，《中國民主政治的困境，1900-1949：晚清以來歷屆議會選舉述論》（臺北：聯經出版公司，2007），頁111-164。

13　李劍農指出段祺瑞的失敗使梁啟超十分痛心，開始了研究系在民國政治中的失敗。梁因此喪失了改良政治的支柱，「此後北洋軍閥成為交通系的專有物，研究系再不能插足」。李劍農，《中國近百年政治史》（臺北：臺灣商務印書館，1976），下冊，頁512-513。

14　胡適在1922年2月7日的日記中對梁啟超投入政界頗不以為然，他說「梁任公吃虧在於他放棄了他的言論事業去作總長」。胡適著、曹伯言整理，《胡適日記全集》（臺北：聯經出版公司，2004），第3冊，頁428。

洲考察，關注巴黎和會與西方文化之動向，至1920春天方返國。[15]此時研究系如想東山再起，恢復政治上的影響力，必須要尋求新的盟友。

當研究系逐漸失勢之時，中共的勢力也開始崛起。1920年初《新青年》分裂，2月19日陳獨秀赴上海，不久即與共產黨人聯繫上，1920年秋天《新青年》開始接受共產國際的資助。[16]1921年7月中國共產黨在陳獨秀和李大釗等響應國際共產主義運動下成立，並且作為主張共產主義革命的政黨而接受第三國際的指揮。當時毛澤東還是一個二十多歲、熱衷於共產主義的青年人，從1921、1923年，毛澤東兩次的言論，可以看出他對時局的觀察。

1921年1月1日毛澤東在長沙「新民學會」大會發言時表示，當時中國對於社會問題的解決，主要有陳獨秀為代表的「改造」派與梁啟超、張東蓀等研究系（「代表大地主階級由進步黨蛻化而成」）主張的「改良」派：

現在國中對於社會問題的解決，顯然有兩派主張：一派主

---

15 唐啟華，《巴黎和會與中國外交》（北京：社科文獻出版社，2014）。有關 1919 年梁啟超在法國的情況，參見巴斯蒂，〈梁啟超 1919 年的旅居法國與晚年社會文化思想上對歐洲的貶抑〉，收入李喜所主編，《梁啟超與近代中國社會文化》（天津：天津古籍出版社，2005），頁 218-237。

16 江勇振，《捨我其誰：胡適【第二部】日正當中（1917-1927）》（臺北：聯經出版公司，2013），頁 295。

張改造，一派則主張改良。前者如陳獨秀諸人，後者如梁啟超、張東蓀諸人。改良是補綴辦法，應主張大規模改造。至用「改造東亞」，不如用「改造中國與世界」。提出「世界」，所以明吾儕的主張是國際的；提出「中國」，所以明吾儕的下手處……溫和方法的共產主義，如羅素所主張極端的自由，放任資本家，亦是永世做不到的。激烈方法的共產主義，即所謂勞農主義，用階級專政的方法，是可以預計效果的，故最宜採用。[17]

毛顯然較衷情於陳獨秀的改造路線，其實更精確地說他所支持的是俄國列寧式的「革命」的主張。1923年4月毛澤東對國內情勢有一個更細緻的分析，他說：

中國的統一到底能實現嗎？除開張紹曾等一班妄人，誰都曉得在最近期間內是不能的。因為國內各派勢力在現在是無法使他們統一。統一當然不是混和，所以現在什麼「各省會議」，「國事協議會」，下至什麼派遣代表和各派首領磋商，無非是些空話、空事。把國內各派勢力分析起來，不外三派：革命的民主派，非革命的民主派，反動派。革命的民主派主體當

17　毛澤東，〈在新民學會長沙會員大會上的發言〉（1921 年 1 月 1 日），《毛澤東文集・第一冊》（北京：新華書店，1993），頁 1。

然是國民黨，新興的共產派是和國民黨合作的。非革命的民主派，以前是進步黨，進步黨散了，目前的嫡派只有研究系。胡適、黃炎培等新興的知識階級派和聶雲台、穆藕初等新興的商人派也屬於這派。反動派的範圍最廣，包括直、奉、皖三派（目前奉、皖雖和國民黨合作，但這是不能久的，他們終久是最反動的東西）。三派之中，前二派在稍後的一個期內是會要合作的，因為反動勢力來得太大了，研究系、知識派和商人派都會暫放棄他們非革命的主張，去和革命的國民黨合作，如同共產黨暫放棄他們最急進的主張，和較急進的國民黨合作一樣。所以以後中國政治的形勢將成為下式：一方最急進的共產派和緩進的研究系、知識派、商人派都為了推倒共同敵人和國民黨合作，成功一個大的民主派；一方就是反動的軍閥派。中國政治的結局是民主派戰勝軍閥派，但目前及最近之將來一個期內，中國必仍然是軍閥的天下：政治更發黑暗。[18]

　　毛澤東的分析清楚地看到「革命的民主派」的國共兩黨之外，「非革命的民主派」以研究系為主，還包括「知識派」與「商人派」，他們與國共兩黨的共同目標是對抗「反動派」的地方軍閥；毛也推測未

18　毛澤東，〈外力、軍閥與革命〉（1923年4月10日），《毛澤東文集・第一冊》，頁10。張紹曾（1879-1928），字敬輿，1879年生於直隸大城縣。早年留學日本，回國後任北洋督練。1923年時任國務總理，主張迎孫中山入京協商，南北和平統一，為總統曹錕所忌，不久去職，退居天津。1928年遇刺身亡。

來各勢力的可能發展方向，各派需要以聯合的方式來壯大實力。其中研究系需要聯絡蔡元培、胡適等知識分子，甚至需要結合商界、國共兩黨等。

　　的確，研究系對知識界的動向十分關注，並支援五四學生運動（然而他們並不注意結合商人、農人）。梁啟超每天閱讀京滬報紙與《新青年》等雜誌。[19]1919年五四由「學生運動」發展為「市民運動」，與研究系的宣傳鼓動，如汪大燮、林長民、熊希齡、葉景莘等人與蔡元培的多次接觸有關。[20]學生對於山東問題的訴求大都來自林長民等「國民外交協會」對巴黎和會的主張，這些言論透過《晨報》而迅速傳播；[21]《晨報副鐫》則對新思想、新知識的介紹與討論貢獻很大。北京地區五四運動的經費主要來自前代理總統馮國璋，他透過熊希齡提供了40萬的經費給學生，使學運保持動能。[22]五四運動爆發後，員警逮捕了32名學生，由汪大燮率領林長民、王寵惠等將所有學生保

19　黃伯易說，「他每天必得看完《京滬日報》和一本與《新青年》等齊厚的雜誌，還得摘錄必要的材料」。黃伯易，〈憶東南大學講學時期的梁啟超〉，夏曉虹編，《追憶梁啟超（增訂本）》（北京：三聯書店，2009），頁266。

20　李達嘉，〈五四運動的發動：研究系和北京名流的角色〉，收入李達嘉編，《近代史釋論：多元思考與探索》（臺北：東華書局，2017），頁119-180。

21　有關研究系透過「國民外交協會」介入學生運動，馬建標，〈曖昧的聯合：五四時期的北京大學與研究系〉，《復旦學報》，頁65-67。

22　馮國璋與研究系的關係很好，1918年馮曾經給研究系60萬元（一說40萬），希望得到該系擁戴，連任總統。張朋園，《中國民主政治的困境，1900-1949：晚清以來歷屆議會選舉述論》，頁134。

釋。[23]1919年5月,日本在華媒體《順天時報》在報端發表時評,指出五四事件的發生與研究系的「煽動」有關,又說研究系的「政客」林長民是「罪魁禍首」,該系利用外交問題煽動學潮是為了實現其「倒閣陰謀」,企圖取而代之。在上海的《時報》也接受《順天時報》的觀點,批評研究系暗中贊助學生,想借此機會倒閣。[24]這樣的指控顯然並非無的放矢。

　　研究系除了參與學生運動之外,也了解聯絡胡適等知識分子的重要性,從1918年開始,梁啟超直接、間接與胡適聯絡。1919年藍公武主持《國民公報》亦積極與胡適、傅斯年交往,多方回應胡適的論點,支持新文化運動。[25]梁、藍等研究系除了與胡適相互論學、一起

23　黃自進,〈日本駐華使領館對五四學生愛國運動的觀察〉,《思想史》,期9(臺北,2019),頁63-109。

24　馬建標,〈曖昧的聯合:五四時期的北京大學與研究系〉,《復旦學報》,頁67-68。

25　1919年初胡適寫給藍公武的兩封信可以反映雙方密切的交往。「知非先生:……到京以後,高一涵先生告訴我說貴報近來極力贊成我們的主張,他並且檢出許多舊報來給我看。我看了先生的白話文章,心裏非常喜歡,新文學的運動從此又添了一個有力的機關報了」。〈胡適致藍志先函〉(1919年1月24日),收於潘光哲編,《胡適全集・中文書信集1》(臺北:中研院近史所,2018),頁341。3月23日的信,胡適又與藍公武詳細討論貞操與拼音文字的問題,見〈胡適致藍志先函〉(1919年3月23日),收於潘光哲編,《胡適全集・中文書信集1》,頁348-357。胡適寫給許怡蓀的信亦談到藍公武與《國民公報》已成為胡適等新征服的一塊地盤:「此次在南京歡敘兩日,使我心胸舒暢,不可不謝。《每週評論》已出五期,大有生色……一個月以來,北方贊成者更多。《國民公報》之藍公武竟做了好幾篇白話文章。還有極力贊成我們的議論。我們又征服了一塊地盤了!」此信只署20日,從該信的內容以及1918年12月26日信提到1919年1月10日可以去南京與許怡蓀見面,而《每週評論》第五期於1919年1月19日出刊,應可確定為1919年1月20日所寫。梁勤峰、楊永平、梁正坤整理,《胡適許怡蓀通信集》(上海:上海人民出版社,2017),

推動文化活動之外，也希望能共同合作，在政壇上共同走出一條路來，很可惜最後未能成功。其交往過程如何？為何走向失敗？值得探討。

三、梁啟超與胡適的交往

梁啟超最早注意到胡適，可能是在1918年中期在報紙上讀到胡適墨學方面的著作。1917年胡適在北大教授「中國哲學史」，次年將講義整理出版。1918年5月北大學術演講會出版了他的《墨家哲學》（學術演講錄）小冊，[26]這個小冊在北方風行一時，其內容先後在許多報刊連載。[27]天津《大公報》從7月28日開始刊登，以〈墨家哲學：北京大學教授胡適君在學術講演會講演辭〉為題，每日一欄，連載了近三個月，至10月18日結束。《晨鐘報》也同時轉載此文。[28]梁任公注意到這一顆耀眼的新星，因此託人向胡適致意。1918年9月26日，胡適寫信告訴好友許怡蓀：

> 夏間改定《中國哲學史大綱》上卷，已付印，一二月後可

　　頁 90-91。潘光哲編，《胡適全集・中文書信集 1》將此信繫於 1918 年 12 月 20 日，有誤。

26　目前可以找到此一版本：胡適，《墨家哲學》（北京：學術講演會，1920）。

27　《墨家哲學》的內容後來成為《中國古代哲學史》的第 6、8 篇。參見胡適，《中國古代哲學史》，收入《胡適全集》（合肥：安徽教育出版社，2007），第 5 冊。

28　《晨鐘報》自 1918 年 8 月 15 日開始每天連載〈墨家哲學〉，至 1918 年 9 月 24 日第 39 次「惠施」部分，因該報被禁而停止，未能刊載全文。此文同時在 1918 年《北京大學日刊》上連載，並刊於上海的《太平洋》，第 1 卷第 11 號（1919），頁 1-24。

出版。春間（五月）印行《墨家哲學》小冊，在北方頗風行，有兩家日報（天津《大公報》，北京《晨鐘報》）日日轉載之。梁任公託人致意，言本欲著《墨子哲學》一書，見此書遂為擱筆。此殆因今日著述界太蕭索，故易受歡迎耳。[29]

不過此時雙方仍未謀面，胡適想到可以拜託好友徐新六協助。稍早他在北大同事陶孟和的介紹下，認識了徐新六（振飛，1890-1938），彼此「最相投」，而結為好友。[30]據胡適在1956年《丁文江的傳記》裡的回憶：「我認識在君和徐新六是由於陶孟和的介紹……我認識在君和新六好像是在他們從歐洲回來之後，我認識任公先生大概也在那個時期。任公先生是前輩，比我大十八歲。他雖然是十分和易近人，我們總把他當作一位老輩看待。在君和孟和都是丁亥（1887）生的，比我只大四歲；新六比我只大一歲。所以我們不久都成了好朋友」。[31]

　　胡適的記憶有錯，他與徐新六的交往其實是在梁任公等人遊歐之前。徐新六為浙江興業銀行總經理，精於金融，是研究系中少數的財經人才。他素有才子之稱，喜愛文藝，與胡適還都是新月社（1923年

29　梁勤峰、楊永平、梁正坤整理，《胡適許怡蓀通信集》，頁85-86。1921年梁啟超還是出版了《墨子學案》（上海：商務印書館，1921）一書，他在序中說「胡君適之治墨有心得，其《中國哲學史大綱》關於墨學多創見。本書第七章，多採用其說，為講演便利計，不一一分別徵引，謹對胡君表謝意」，頁2。

30　胡適，〈胡適致江冬秀函〉（1938年8月27日），收於潘光哲編，《胡適全集・中文書信集3》（臺北：中研院近史所，2018），頁39。

31　胡適，《丁文江的傳記》（臺北：中研院近史所胡適紀念館，2019），頁41。

成立）骨幹。徐的太太楊毓璇與胡適太太江冬秀是十分要好的「閨蜜」兼牌友，兩對夫妻經常在一起吃飯、打牌。羅爾綱也說：「胡適夫婦與上海金融界鉅子徐新六夫婦最相好，連兩家孩子也彼此相好」。[32]1918年11月，胡適透過徐新六的介紹，想要趁著去天津南開學校舉辦建校十四週年紀念之機會，前往拜訪梁啟超，討論學術問題。行前他請徐致書於梁。1918年11月7日徐新六在給梁啟超的信中說：「任公年丈總長：胡適之先生現任北京大學掌教，主撰《新青年》雜誌，其文章學問久為鈞座所知，茲有津門之行，頗擬造譚，敢晉一言，以當紹介」。[33]

11月20日，胡適也親自寫了一封很客氣的信：

> 任公先生有道：秋初晤徐振飛先生，知拙著《墨家哲學》頗蒙先生嘉許，徐先生並言先生有墨學材料甚多，願出以相示。適近作《墨辯新詁》，尚未脫稿，極思一見先生所集材料，惟彼時先生適有吐血之恙，故未敢通書左右，近聞貴恙已愈，又時於《國民公報》中奉讀大著，知先生近來已復理文字

32　羅爾綱，〈關於胡適的點滴〉，收入嚴振吾編，《胡適研究叢錄》（北京：三聯書店，1989），頁15。徐新六在1938年因飛機失事喪身，胡適在〈紀念徐新六〉一文中寫到：「我失去了最好的朋友，這人世丟了一個最可愛的人」。胡適，〈紀念徐新六〉，「1930年代的中文著作遺稿」，《南港檔》，臺北：中研院近史所胡適紀念館藏，典藏號：HS-NK04-009-025。

33　〈民國七年十一月七日徐新六致任公年丈書〉，收入丁文江、趙豐田編，《梁任公年譜長編》（臺北：世界書局，1972），下冊，頁550-551。

舊業。適後日（十一月二十二日）將來天津南開學校演說，擬留津一日，甚思假此機會趨謁先生，一以慰生平渴思之懷，一以便面承先生關於墨學之教誨，倘蒙賜觀所集墨學材料，尤所感謝。適亦知先生近為歐戰和議問題操心，或未必有餘暇接見生客，故乞振飛先生為之紹介，擬於廿三日（星期六）上午十一時趨訪先生，作二十分鐘之談話，不知先生能許之否？[34]

然當時任公正忙於赴歐之行，未能見面。同時，1918年11月23日，即他約好與梁啟超見面那天，母親突然於安徽積溪上川本宅病逝，[35]消息傳來，胡適隨即與江冬秀南下奔喪，也使得他不得不放棄原來的計畫。12月29日，梁啟超自上海前往歐洲，蔣方震、張君勱、劉崇傑同行，丁文江、徐新六等亦參加。[36]

　　1920年3月5日梁啟超從歐洲返回上海。此時以他為首的研究系想要聯合南北，建立全國的政治與學術網絡，圖謀「東山再起」，而再起之道是「從事於政黨的組織」，而從「培植人才與結交知己著手，而培植人才與結交知己，以從事文化事業和講學為最佳途徑」。[37]他一方面聯絡江蘇教育會與東南大學（1922年7月至1923年1月赴東南大學

34　丁文江、趙豐田編，《梁任公年譜長編》，下冊，頁551。

35　胡頌平，《胡適之先生年譜長編初稿》（臺北：聯經出版公司，1984），冊1，頁329。

36　郭廷以，《中華民國史事日誌》（臺北：中央研究院近代史研究所，1979），冊1，頁416。

37　張朋園，《梁啟超與民國政治》，頁155。

講學），另一方面也與北洋故舊（如王寵惠、羅文榦等）、國民黨人、北大教授蔡元培、胡適等人聯繫。[38]

梁任公對於和北洋官僚的聯繫似乎有所疑慮，他很清楚了解總統徐世昌、內閣總理靳雲鵬都想要得到他的後援，希望梁啟超與梁士詒（舊交通系）互相聯絡，形成「直系、舊交通系、研究系三派」的大團結，來「抑止安福之專橫」。[39]不過任公似乎並不熱衷於此，他在返國之後，3月5日抵達上海，「滬上政客未接一人，最為快事」。3月14日離開上海，15日抵達天津。18日赴北京，隔日晉見徐世昌總統報告遊歐經過，「再對友人發表關於山東問題的意見。此外並曾致書徐菊人氏，請釋放去年因五四運動被捕的學生」。[40]任公的言論發表於媒體之上，不過他請求釋放學生的要求並不成功。胡適注意到任公的舉動，他在3月22日日記上寫：「有任公談學生事。任公謀保釋被捕學生，未成」。[41]3月24日任公自北京返回天津，次日他向女兒談到返國之後的行程，「在家小憩後，以二十九日（3月18日）入都，向當道循

---

38 當時兩派之間的關係有分有合，參見張朋園，《梁啟超與民國政治》，頁207-208；有關研究系聯絡南北之政治活動，參見丘文豪，〈梁啟超的政治面向，1920-1929〉（臺北：國立臺灣師範大學歷史學系碩士論文，2013），頁40-61。

39 〈閣潮最近情勢〉，《申報》，1920年3月15日，第6版。「靳雲鵬冀藉梁啟超氏之力，抑止安福之專橫，現正頻促梁氏來京。而東海方面為反對安福派起見，亦令梁啟超與梁士詒氏互相聯絡，以當皖派。現在二梁業經握手，依目前之形勢，直系舊交通系研究系三派將大同團結，以當皖系及安福派。此次梁啟超之來京，政局上恐有重大之影響」。

40 丁文江、趙豐田編，《梁任公年譜長編》，下冊，頁575。〈梁啟超請釋被捕學生〉，《申報》，1920年3月26日，第7版。

41 胡適著、曹伯言整理，《胡適日記全集》，第2冊，1920年3月22日，頁666。

例一周旋。初三日（3月22日）便返津，除最稔諸友共作飲食宴樂外，一切應酬皆謝絕，東海（徐世昌）約宴亦謝之……吾自歐遊後，神氣益發皇，決意在言論界有所積極主張」。[42]

返國之後的任公其實不只從事著述，還同時創辦事業、組織共學社的編譯工作，也想創辦學校。此外他也想與以胡適為首的北大學人結盟。雙方的結盟有思想上的原因。胡適的自由主義的傾向與梁啟超肯定自由、民主憲政的「穩健」觀點有一致之處。胡適自青少年時期起即受到嚴復、梁啟超等人著作的影響。至民國之後，胡適仍仰慕梁任公，[43]然兩人志趣不同，並未接觸。胡適對梁啟超「機會主義」的作風不滿，且認為梁一生所犯的錯誤在於放棄言論事業，出任北洋的官職。如上所述，胡適說「梁任公吃虧在他放棄了他的言論事業去作

---

42 丁文江、趙豐田編，《梁任公年譜長編》，下冊，頁 575-576。

43 胡適記載：「梁任公近著〈政治之基礎與言論家之指針〉一文，載《大中華》第二號，其言甚與吾意相合」，胡適著、曹伯言整理，《胡適日記全集》，第 2 冊，1915 年 5 月 23 日，頁 119。「我國今日的現狀，頑固官僚派和極端激烈派兩派同時失敗，所靠者全在穩健派的人物。這班人的守舊思想都為那兩派的極端主義所掃除，遂由守舊變為穩健的進取。況且極端兩派人的名譽（新如黃興，舊如袁世凱）皆已失社會之信用，獨有這班穩健的人物如梁啟超、張謇之流名譽尚好，人心所歸。有此中堅，將來勢力擴充，大可有為。將來的希望，要有一個開明強硬的在野黨做這穩健黨的監督，要使今日的穩健不致變成明日的頑固，如此，然後可望有一個統一共和的中國」。胡適著、曹伯言整理，《胡適日記全集》，第 2 冊，1916 年 7 月 17 日，頁 367。胡適更為欣賞梁任公的學術著作，除了大家所熟知的《清代學術概論》、《中國歷史研究法》等，任公在 1923 年 3 月 20 日〈致高夢旦〉談到「弟因遵醫戒養病，暫屏絕費心血之著作，讀陶詩以自遣。此兩旬間成一書，擬提曰《陶淵明》」，而其中有「陶淵明年譜」，「胡適之來此數日極激賞此作」。湯志鈞、湯仁澤編，《梁啟超全集》（北京：中國人民大學出版社，2018），第 19 集，頁 60。

總長」，胡適返國之初則打定主意不做官，要以言論救國，從「努力」到「新月」的言論事業都是此一志向的表現。[44]不過1919年梁啟超提出「聯省自治」的政治主張倒得到了胡適的贊同，胡適主張以美國式的聯邦制度和平統一中國，[45]他提出「打倒軍閥的第一步是建設在省自治上面的聯邦的統一國家」。[46]

此外，胡適反對馬克思主義的言論，1919年他在「問題與主義」之爭中，反駁李大釗的觀點，主張根據具體的問題從事一點一滴的改革，胡適的自由主義與陳獨秀、李大釗的馬克思主義漸行漸遠。同樣地，梁啟超也贊成漸進改革、反對革命，反對階級觀念與唯物史觀，又極端恐懼「赤化」、「勞農政治」等，[47]兩人思想傾向頗為一致。這使得雙方有合作的可能。

1920年3月初梁啟超自歐洲返國之後，研究系通過丁文江、梁善

---

44 胡適著、曹伯言整理，《胡適日記全集》，第 3 冊，1922 年 2 月 7 日，頁 428。

45 有關胡適對「聯省自治」的看法參見江勇振的分析。江勇振，《捨我其誰：胡適【第二部】日正當中（1917-1927）》，頁 438-450。江勇振也注意到研究系與胡適對「聯省自治」的內容有不同的看法，研究系主張「邦聯制」、「聯省制憲」，胡適主張「聯邦制」、「國會制憲」，見，頁 443-444。

46 張朋園，《梁啟超與民國政治》，頁 214。胡適的觀點見，〈這一週：吳佩孚與聯省自治〉（1922 年 8 月 13 日）、〈聯省自治與軍閥割據——答陳獨秀〉（1922 年 9 月 10 日），收於潘光哲編，《胡適全集・胡適時論集2》（臺北：中央研究院近代史研究所，2018），頁 217-218、235-240。

47 張朋園，《梁啟超與民國政治》，頁 174-183。有關梁啟超的「恐共」心態及其心理壓力，參見丘文豪，〈梁啟超的政治面向，1920-1929〉，頁 70-76。梁氏擔心「暴烈份子定要和我過不去」，尤其是 1927 年葉德輝被殺之後，他更為恐懼。

濟與林長民等人的介紹開始與胡適接觸。1920年3月18日中午,丁文江請胡適吃飯。[48]20日下午,梁伯強與胡適談話,梁伯強是研究系的要人梁善濟(1861-1941,進士、1909年任山西省諮議局議長,曾與梁啟超、湯化龍等組織憲法研究會)。丁、梁在會面時很可能都和胡適提到梁任公。3月21日梁任公自北京返回天津之前,胡適與梁見面,胡適日記記載當天下午6時「宗孟宅飯,初見梁任公,談」。[49]這應該是兩人首次見面,是在林長民家中安排的飯局。此後雙方頻繁互動。1920年3月27日一早他與張慰慈送林長民至「公園」。4月27、29日丁文江兩度請胡適吃飯、會談。[50] 5月6日,胡適送杜威至天津,下午他與梁任公見面,「見梁任公。他談做中國史事,頗有見地」,當晚8點他又與范源濂(任公在時務學堂的學生)見面「談甚久」。[51]7月20日,任公在寫給女兒思順的信中提到為中國公學募款,他特別註明「胡適之即在本公學出身者,同學錄中有名」。[52]在此信中他又提到「日來直派軍人頻來要約共事,吾已一概謝絕」。可見他對與北洋軍閥的聯繫不感興趣,此時他積極發起「國民制憲同志會」(7月24日)、「商聘羅

---

48 這是胡適日記之中第一次提到他與丁文江交往,此次可能是兩人初次見面。後來丁文江有一次看到胡適醉酒,還從《嘗試集》的〈朋友篇〉之中找了戒酒的句子,請任公寫在扇面上送給胡適。胡適,《丁文江的傳記》,頁41。

49 胡適著、曹伯言整理,《胡適日記全集》,第2冊,1920年3月21日,頁665。

50 胡適著、曹伯言整理,《胡適日記全集》,第2冊,1920年4月27日,頁694;1920年4月29日,頁696。

51 胡適著、曹伯言整理,《胡適日記全集》,第2冊,1920年5月6日,頁703。

52 丁文江、趙豐田編,《梁啟超年譜長編》,下冊,頁582。

素來華講學事」（7月30日）與蔣百里討論《改造》雜誌中有關「制憲」、「廢兵」的文章（7月30日）。[53]

8月27日梁啟超與研究系的成員主動邀胡適等發表政治宣言，胡適記載：

> 梁伯強家飯，有梁任公、藍志先、蔣百里、蔡、蔣、陶等。任公談主張憲法三大綱：（1）認各省各地有權自定自治憲章，（2）採用「創制」、「免官」等制，（3）財政問題。他很想我們加入發表，我婉辭謝之。[54]

此次會面是研究系聯絡胡適等人的首次嘗試，卻因理念不同為胡適所婉拒（原因之一也可能是胡適反對各省制憲，主張國會制憲）。8月30日，胡適又與梁任公等人見面：12時「梁任公兄弟約，公園，議Russell事。飯後與夢麟、伯強在公園吃茶，談甚久」。[55]

胡適不願意與研究系合作也可能因為研究系與北洋派系在金錢與權力方面糾纏不清，他對研究系因而有所保留。1921年5月18日胡適又與丁文江見面，他在日記記載：

53　丁文江、趙豐田編，《梁啟超年譜長編》，下冊，頁583-584。

54　胡適著、曹伯言整理，《胡適日記全集》，第2冊，1920年8月27日，頁739。「蔡、蔣、陶」指蔡元培、蔣夢麟、陶孟和。

55　胡適著、曹伯言整理，《胡適日記全集》，第2冊，1920年8月30日，頁742。

與任光、孟和到公園，遇著夢麟、慰慈、鐵如、在君等。
在君說，北京的《晨報》近受新交通系（曹汝霖、陸宗輿的系）
的津貼，他有證據可以證明。此事大概不誣。此次內閣更動，
《晨報》力攻葉恭綽，而不攻張弧，亦大可疑。[56]

「新交通系」主要是段祺瑞政府中曹汝霖、陸宗輿、章宗祥等人結成
的「親日的」政治派系，他們是五四運動的直接鬥爭對象。丁文江說
《晨報》受「新交通系」的金援，因而在言論上有所偏頗，攻擊「舊
交通系」（梁士詒、葉恭綽等）。此一訊息可能使胡適對研究系有所疑
慮，而不願與他們在政治上結盟。

　　梁任公與胡適的合作在學術、文化議題上較有共識，不過兩人交
往也並非十分順遂。根據新發現的史料，1920年時梁、胡兩人學術因
緣甚深。[57]1920年9月至1921年5月間，兩人多次討論任公的《清代學
術概論》。9月25日，任公曾至胡適的家中探病，[58]胡適勸他將參與今
文學運動之經歷寫出來，此即任公在序中所說「吾著此篇之動機有
二：其一，胡適語我，晚清『今文學運動』於思想界影響至大，吾子

56　胡適著、曹伯言整理，《胡適日記全集》，第3冊，1921年5月18日，頁45。

57　夏曉虹，〈1920年代梁啟超與胡適的學術因緣──以新發現的梁啟超書札為中心〉、〈1920
　　年代梁啟超與胡適的詩學因緣──以新發現的梁啟超書札為中心〉，收入夏曉虹，《梁啟超：
　　在政治與學術之間》（北京：東方出版社，2014），頁120-180。

58　胡適1920年八月底就病了，西醫認為「或說是心臟病，或說是腎臟炎」。後來經友人馬幼
　　漁介紹陸仲安中醫師，連服中藥方數月才痊癒。胡頌平編，《胡適之先生年譜長編初稿》，
　　冊2，頁416-421、437。

實躬與其役者，宜有以紀之」，胡適又送7月27日完成的〈水滸傳考
證〉給任公指正。[59]次日，他即寫一封信給胡適，「適之我兄：昨譚快
慰，尊體比復何似？……晚清今文學運動擬即草一篇，草成當塵教。
〈水滸考證〉，讀已卒業，五體投地而已」。[60]10月18日，《清代學術概
論》脫稿，任公再次致書胡適，並將稿子寄給胡適，「公前責以宜為
今文學運動之記述，歸即屬稿，通論清代學術。正在鈔一副本，專乞
公評騭」。[61]胡適立即將意見告知，12月18日任公再次致書胡適，「前
得病中復我長箋，感謝之至……清代思想一文已如公所教，悉為改
正，所以惠我者良多矣」。[62]此外，兩人又就哲學史、佛教史、墨學、
詩學多方交換意見。不過這時也埋下兩人之間彼此的不滿，無論是胡
適對於任公墨學方面的批評，或任公在北大對胡適《中國哲學史大綱》
的公開批評（1922年3月4-5日），[63]兩人對於「真正觸到痛處的批評……
未必真的感覺愉悅」而「在各自心中留下些許的不快」。[64]

　　至於文化活動方面，雙方曾討論合作邀約英國哲學家羅素、杜威

59　胡適，《中國章回小說考證》（上海：上海書店，1980），頁 62。

60　〈新見梁啟超致胡適書〉，夏曉虹，《梁啟超：在政治與學術之間》，頁 181。

61　〈新見梁啟超致胡適書〉，夏曉虹，《梁啟超：在政治與學術之間》，頁 181。

62　〈新見梁啟超致胡適書〉，夏曉虹，《梁啟超：在政治與學術之間》，頁 182。

63　胡適參加了任公的題為「評胡適的《哲學史大綱》」演講，並在日記中記下許多對任公的
　　不滿。胡適著、曹伯言整理，《胡適日記全集》，第 3 冊，1922 年 3 月 5 日，頁 450-452。
　　梁任公的演講稿，〈評胡適之《中國哲學史大綱》〉於 1922 年 3 月 13-17 日連載於《晨報
　　副鐫》之上。

64　夏曉虹，〈1920 年代梁啟超與胡適的學術因緣—以新發現的梁啟超書札為中心〉，收入夏
　　曉虹，《梁啟超：在政治與學術之間》，頁 151-153。

來訪。羅素方面，任公等人本來希望獨自辦理，「用中國公學名最好，或加入新學、尚志兩會亦可」。[65]1920年8月8日，徐振飛在致任公函中建議邀請大學一部分人來幫忙，由任公出面，發函「蔡子民、胡適之、蔣夢麟、陶孟和、王亮疇、梁伯強、王搏沙、胡石青、傅佩青、葉叔衡、蔣百里與六（徐振飛），函寄伯強先生（此外或尚須增入者請酌），以羅氏應招來華屬為幫忙，伯強先生即可招集各人，共商辦法」。[66]如上所述，8月30日任公等約胡適在公園見面，談羅素事。後來雙方達成共識，羅素來訪由北京大學、尚志學會、新學會、中國公學邀請，由梁任公所發起的講學會（1920年9月成立）主辦。羅素於1920年10月12日抵達上海，先後在上海、杭州、南京、長沙演講，11月9日在北京講學社演講，任公致歡迎詞，其後在北京各校演講。1921年7月6日在北京發表告別演說，在華講學時間約九個月，他的演講，多由趙元任翻譯。[67]不過很可惜，羅素來華演講的期間胡適因生病均未能參加，最後一次又因為天氣不好也不能去。[68]這樣看來，胡

65　丁文江、趙豐田編，《梁任公年譜長編》，下冊，頁583。

66　丁文江、趙豐田編，《梁任公年譜長編》，下冊，頁586。

67　趙新那、黃培雲編，《趙元任年譜》（北京：商務印書館，1998），頁102-106。胡適在1920年8月的中國科學社第五屆年會，便告訴趙元任「羅素不久即將來華講學，梁啟超、張東蓀等進步黨人擬請元任擔任翻譯」（頁102）。

68　胡適記載：「羅素與勃拉克女士今晚在教育部會場為最後的演說，我本想去的，為雨後泥濘所阻，不能進順治門，故不能去了。羅素的講演，我因病中不曾去聽，後來我病癒時，他又病了，故至今不曾聽過。今日最後的一次，乃竟無緣，可惜。羅素長於講演，杜威先生稱他為生平所見最完美的講演者之一人」。胡適著、曹伯言整理，《胡適日記全集》，第3冊，1921年7月6日，頁166。

適只是以北大名義邀訪，而並未實質上參與羅素訪華的學術活動。不過羅素的演講內容卻激起學術界的討論。

羅素認為中國的出路在工業化，空洞地爭論這個主義、那個主義是無用的。他強調雖有不少人從倫理上譴責資本主義，但只有資本主義才能實現工業化，並希望中國人在征服貧困時，應避免工業革命帶來的不良後果。羅素的主張得到張東蓀與梁啟超等人的認可，張氏發表文章指出中國只有普遍的貧窮，並無所謂「貧富不均」，故應發展「富力」以救窮。[69]

上述的羅素觀點卻受到陳獨秀、陳望道與李大釗的批評，陳獨秀、陳望道在1920年12月1日出版的《新青年》第8卷第4期撰文批評。[70]李大釗則於1921年3月撰寫了〈社會主義下之實業〉、〈中國的社會主義與世界的資本主義〉[71]支持陳獨秀，批評羅素、張東蓀、梁啟超所謂「社會主義不能行於今日之中國，資本主義為必經之階段」之論調。[72]在這一次論戰之中，胡適袖手旁觀。

杜威來訪之事雙方的合作則比較密切。杜威來華要比羅素早，他從1919年4月30日至1921年7月，計來華兩年兩個月。此事原先由他的

69　張朋園，《梁啟超與民國政治》，頁 213。

70　陳獨秀，〈關於社會主義的討論〉，其中收有陳望道的「望道先生評東蓀君底『又一教訓』」，《新青年》，第 8 卷第 4 期（上海，1920），頁 1-24。

71　李大釗，〈社會主義下之實業〉、〈中國的社會主義與世界的資本主義〉，收入《李大釗全集》（北京：人民出版社，2006），卷 3，頁 272-273、277-278。

72　有關張東蓀與梁啟超對社會主義與資本主義的討論，參見張朋園，《梁啟超與民國政治》，頁 208-214。

在華弟子胡適、陶知行、郭秉文、蔣夢麟促成，由北大聯合江蘇省教育會與南京高師邀約，然因經費不足，胡適與范源濂商量，范源濂建議利用社會私人團體的資助。後來經胡、范兩人積極聯繫，尚志學會出資六千元，清華學校出資三千元，林長民等籌組的「新學會」也籌款加入，共同分擔杜威訪華之經費。[73]

杜威在華時曾舉行大小演講達百場以上，《晨報》、《北京大學日刊》幾乎都報導了杜威所有的重要演說。《新青年》亦選擇報導，從第7卷第1號到第8卷第1號分5期連載了杜威演講、胡適口譯、高一涵、孫伏園紀錄的〈杜威博士演講錄：社會哲學與政治哲學〉。1920年8月，晨報社將杜威在北京舉行的五大系列講座輯為《晨報叢書第三種：杜威五大演講》（Dewey講、伏盧、毋忘筆記，上下冊）向全國發行。到杜威離華時，該書已印行13版，每版都在1萬冊以上。除《杜威五大演講》外，這一時期還出版了杜威演講、新學社編輯部編，《杜威在華演講集》（上海：新學社出版部，1919）、杜威演講、沈振東筆記、劉伯明口述，《杜威三大演講》（上海：泰東圖書館，1921）、張靜廬編，《杜威羅素演講錄合刊》（上海：泰東書局，1921）等多種杜威演講稿。[74]胡適曾總結杜威到訪演講十一省的經歷後誇讚，「自從中國與西洋文化接觸以來，沒有一個外國學者在中國思想界的影響有杜

73　〈胡適致蔡元培函〉（1919 年 6 月 22 日），收於潘光哲編，《胡適全集‧中文書信集1》，頁 364。

74　元青，〈杜威的中國之行及其影響〉，《近代史研究》，2001 年第 2 期（北京），頁 130-169。

威先生這樣大的」。[75]杜威來華講學是胡適與研究系合作上比較成功的
例子。

四、《新青年》的分裂

正當陳獨秀與張東蓀、梁啟超等人進行「社會主義論戰」之時，
胡適與研究系接觸的傳聞引起了陳獨秀等人的注意，也進一步促成
《新青年》內部的分裂。此事涉及1919-1920年間《新青年》編輯團隊
的變化。其實早在1919年1月20日胡適就寫信告訴好友許怡蓀「《新青
年》事我決意收回歸我一人擔任」。[76]許怡蓀很支持他的想法，他一直
勸胡適辦雜誌不應過度政治化，「最近以來，頭腦稍清晰的人，皆知
政治本身已無解決方法，須求社會事業進步，政治亦自然可上軌
道」。[77]2月23日他在回信給胡適時也說：「以後《新青年》將由足下一
人負責，即將內容刷新，自然愈博多數人的同情。辦雜誌本要覷定
二、三十年後的國民要有什麼思想，於是以少數的議論去轉移那多數
國民的思想，關係如何重要！」[78]三天前，許怡蓀寫給高一涵的信也
提到，雜誌內部「既是意見參差，何妨另外組織」：

---

75 胡適，〈杜威先生與中國〉，《晨報》，1921 年 7 月 11 日，後收入《胡適文存》第 1 集。
76 梁勤峰、楊永平、梁正坤整理，《胡適許怡蓀通信集》，頁 91。
77 梁勤峰、楊永平、梁正坤整理，《胡適許怡蓀通信集》，頁 156。
78 梁勤峰、楊永平、梁正坤整理，《胡適許怡蓀通信集》，頁 161。

《新青年》之事，適之前此過間曾與討論過的，本是偶爾結合，基礎不穩固的，既是意見參差，何妨另外組織；我卻有點兒意見，正好提出討論討論：現在的大人先生，如梁任公、章行嚴都混在政治裡去活動，以後關係日深，斷沒有工夫來辦報。中國這些年數來，差不多沒有輿論的中心。……中國亦應該結合多數新派學者，辦一大大的雜誌，開中國新學術新思想之先河，豈不是現在最要緊的事情嗎？既是另起爐灶：一要規模宏大；二要可以永久……。[79]

由此可見1919年2月時胡適已告知許怡蓀、高一涵等好友，打算單獨在北京編輯《新青年》，不過後來胡適收回自辦的想法沒有實現，編務完全被陳獨秀所把持，並進一步使之成為中共的機關刊物。

　　1919年10月5日，陳獨秀約《新青年》同人在胡適家中討論「七卷以後之辦法，結果仍歸仲甫一人編輯」。[80]1920年2月19日陳獨秀隻身南下，《新青年》分為南北兩股。編務轉移到上海。5月，陳因銷售、價格等事與群益學社衝突，致函北京同人，討論雜誌的未來。他有意自辦發行，並積極與思想傾向相同的周氏兄弟（魯迅、周作人）約稿。陳至上海後又邀約陳望道協助，隨後除了陳望道之外，中共上海發起組成員李漢俊、沈雁冰、袁振英等先後加入編輯部，並成為編

79　梁勤峰、楊永平、梁正坤整理，《胡適許怡蓀通信集》，頁192。

80　錢玄同，《錢玄同日記（整理本）》（北京：北京大學出版社，2014），上冊，頁351。

撰骨幹。其次，到上海之後，印刷、發行均脫離群益書社，由《新青年》社獨立自辦。經費方面得到共產國際的支援。1920年9月1日出刊的《新青年》成為中共上海發起組所控制的刊物。陳表明要「談政治」並宣揚馬克思主義。[81]

12月16日陳獨秀受陳炯明之邀赴粵。南下之前曾寫信給胡適與高一涵，表示編輯工作交給陳望道等辦理：「弟今晚即上船赴粵，此間事都已布置了當，《新青年》編輯部事有陳望道君可負責，發行部事有蘇新甫君可負責」。同時，他說：「南方頗傳適之和孟和兄與研究系接近，且有惡評，此次高師事，南方對孟和頗冷淡，也就是這個原因，我盼望諸君宜注意此事」。[82]值得注意的是陳獨秀沒有提到蔡元培，可能是因為胡、陶是平輩，蔡是長輩，且未參與《新青年》編務。

1921年1月，李大釗將陳獨秀的來信轉給錢玄同（1887-1939），錢

81　歐陽哲生，《五四運動的歷史詮釋》，頁 212。

82　〈關於《新青年》問題的幾封信——一九二〇年（民國九年）〉，張靜廬輯註，《中國現代出版史料甲編》（北京：中華書局，1954），頁 7。歐陽哲生，《五四運動的歷史詮釋》，頁 228。陶孟和（1887-1960），1910 年赴英國倫敦大學倫敦政治經濟學院研習社會學和經濟學，1913 年獲得經濟學博士學位，同年歸國。1914 年至 1927 年擔任北京大學教授、系主任、文學院院長、教務長等職。陶也是《新青年》的核心成員、主要撰稿人和輪值主編。信中所提到的「高師事」，可能是當時陳獨秀到廣州之後本想邀約陶孟和南下辦師範大學、顧孟餘辦工科大學，「弟頗希望孟和兄能來此辦師範，孟餘兄能來此辦工科大學，請適之兄向顧、陶二君一商」。〈陳獨秀致高一涵、胡適〉（1920 年 12 月 21 日），收入黃興濤、張丁，〈中國人民大學博物館藏「陳獨秀等致胡適信箚」原文整理註釋〉，《中國人民大學學報》，2012 年第 1 期（北京），頁 29。

也聽到了有關研究系與胡適之傳聞。錢玄同（章太炎弟子，曾加入中國同盟會）一向對梁啟超並無好感，清末時曾批評梁是「保皇賊奴，憲政猾賊」，民國之後又說他「恐其『急功名』之念尚未清除，一有機會又要做官僚、做政客了」。[83]不過錢玄同卻很肯定任公在學術方面的貢獻：

> 此公的文章本來淺顯暢達，而頭腦又很清晰，今後誠能不鶩心於政治，而專門做整理國故的事業，則造福于學子者必甚大，決不在胡適之之下。[84]

> 梁任公實為創造新文學之一人。雖其政論諸作，因時變遷，不能得國人之全體贊同；即其文章，亦未能盡脫帖括蹊徑；然輸入日本新體文學，以新名詞及俗語入文，視戲曲小說與論記之文平等（梁君之作《新民說》、《新羅馬傳奇》、《新中國未來記》，皆用全力為之，未嘗分輕重於其間也），此皆其識力過人處。鄙意論現代文學之革新，必數梁君。[85]

1921年1月11日錢玄同寫了一封信給魯迅與周作人：「頃得李守常來信，附來信箋三件，茲寄上，閱後，請直接寄還守常為荷。初不料

83　錢玄同，《錢玄同日記（整理本）》，上冊，頁108、378。

84　錢玄同，《錢玄同日記（整理本）》，上冊，頁378。

85　錢玄同，〈反對用典及其他〉，《錢玄同文集》（北京：中國人民大學出版社，2000），卷1，頁10。

陳、胡二公已到短兵相接的時候！照此看來，恐怕事勢上不能不走到老洛伯所主張的地位」。老洛伯（Auld Robin Gray）是胡適《嘗試集》一首譯詩，比喻沒有愛情的婚姻，藉此說明陳、胡不合。[86]接著錢玄同又提出自己的看法：「我對於此事，絕不願為左右祖。若問我的良心，則以為適之所主張者較為近是。（但適之反對談『寶雪維幾』，這層我不敢以為然）」。[87]錢反對陳獨秀對胡適的指控，認為這些議論來自國、共黨人如邵力子、葉楚傖、陳望道等人，在邏輯上來說，不能因為研究系與胡適都不談共產主義，就認為胡適投降了研究系，他說：

> 至於仲甫疑心適之受了賢人系的運動，甚至謂北大已入賢掌之中，這是他神經過敏之謂，可以存而不論。（所謂長江流域及珠江流域的議論，大概就是邵力子、葉楚傖、陳望道等人的議論。）試作一三段式曰：
>
> 研究系不談共產
>
> 胡適之和北京大學亦不談共產
>
> 故胡適之和北京大學是投降了研究系
>
> 這話通嗎！[88]

86　胡適，〈老洛伯〉，《嘗試集》（臺北：胡適紀念館，1978），頁 141-147。

87　「寶雪維幾」指「布爾什維克」（Bolsheviks）。

88　錢玄同，《錢玄同文集》，卷 6，頁 14-16。「賢人系」即研究系。

錢玄同也直接致書胡適，在信中他批評陳獨秀，又批評國民黨與研究系為一丘之貉，並希望陳、胡兩人不要因此而決裂：

> 仲甫本是一個魯莽的人，他所說那什麼研究系底話，我以為可以不必介意。我很希望你們兩人別為了這誤會而傷了幾年來朋友底感情。你以為然否？……再：廣東、上海，本來是一班浮浪淺薄的滑頭底世界。國民黨和研究系，都是「一丘之貉」。我想，仲父本是老同盟會出身，自然容易和國民黨人接近，一和他們接近，則冤枉別人為研究系的論調，就不知不覺地出口了。[89]

由此可見錢玄同較支持胡適，認為陳獨秀冤枉了胡適。1921年1月18日，錢玄同在日記上記載陳、胡的不同，他覺得這樣的分歧是個「豬頭問題」「接守常信，知仲、適兩人意見衝突。蓋一則主張介紹勞農，又主張談政；一則反對勞農，又主張不談政治。其實是豬頭問題罷了」。次日，他又與李大釗商量「適、仲意見衝突事」。[90]

李大釗在思想傾向上雖與胡適不同而與陳獨秀接近，卻願意相信這是研究系所造的謠。他在寫給胡適的信中說：

89　〈錢玄同致胡適〉（約在 1920 年 12 月 21 日至 1921 年 1 月 3 日之間），收入黃興濤、張丁，《中國人民大學博物館藏「陳獨秀等致胡適信箚」原文整理註釋》，《中國人民大學學報》，2012 年第 1 期，頁 29-30。

90　錢玄同，《錢玄同日記（整理本）》，上冊，頁 370。

關於研究系謠言問題，我們要共同給仲甫寫一信，去辨明
此事。現在我們大學一班人，好像一個處女的地位，交通、研
究、政學各系都想勾引我們，勾引不動就給我們造謠；還有那
個國民系看見我們為這些系所垂涎，便不免引起點醋意，真正
討嫌！[91]

與陳獨秀同在上海的陳望道（他是《共產黨宣言》的首位全本中
譯者，也是上海地區推選的中國共產黨第一次全國代表大會代表）則
反對錢玄同與李大釗的觀點。1921年2月13日，陳望道在致周作人的
信中，將《新青年》南方同仁對胡適的不滿和盤托出。他們提出許多
證據，質疑胡適的政治態度及其與研究系的諸多關係。他說：

我是一個北京同人「素不相識的人」（適之給仲甫信中的
話），在有「歷史的觀念」的人，自然格外覺得有所謂「歷史
的關係」。我也並不想要在《新青年》上占一段時間的歷史，
並且我是一個不信實驗主義的人，對於招牌，無意留戀。不過
適之先生底態度，我卻敢斷定說，不能信任。但這也是個人意
見，團體進行自然要聽團體底意志。先生們在北方，或不很知
南方情形。其實南方人們，問《新青年》目錄已不問起他（胡

91 見〈關於《新青年》問題的幾封信──一九二〇年（民國九年）〉，收入張靜廬輯注，《中
國現代出版史料甲編》，頁12。

適）了，這便因為他底態度使人懷疑。懷疑的重要資料：《改
造》上梁先生某序文，中學國文教授，少談主義，爭自由。[92]

陳望道所說的四篇文章，一是梁任公《清代學術概論》的序文，提到
梁、胡在去年中秋前見面，胡適建議他寫這本書。[93]「少談主義」一
文指胡適與李大釗的「問題與主義」之爭中，在《每週評論》所寫的
〈多研究些問題，少談些主義〉，「爭自由」指1920年8月胡適等八人在
研究系主持的《晨報》上發表的〈爭自由的宣言〉。[94]至於「中學國文
教授」一文原刊《新青年》第8卷1號〈中學國文的教授〉，其中提到
中學國文教材，胡適說：「第一學年。第一年專讀近人的文章。例如
梁任公、康長素、嚴幾道、章行嚴、章太炎等人的散文，都可選
讀」。[95]其中將任公放在第一，甚至列在他的師長康有為、嚴復等人之
前，可能也使人感到胡適故意要捧梁啟超。這四個作品都讓陳望道等
人感覺到胡適與梁任公相互親近。

然而胡適卻否認了他與研究系的關係，認為這是「絕對無稽的謠

---

92 見〈關於《新青年》雜誌的通信〉，收入復旦大學語言研究室編，《陳望道文集》（上
    海：上海人民出版社，1981），第 1 卷，頁 557。歐陽哲生，《五四運動的歷史詮釋》，頁
    231。
93 此文原為：梁啟超，〈前清一代中國思想界之蛻變〉，《改造》，第 3 卷第 3 期（上海，
    1920），頁 1-19。在該文之前任公說「舊曆中秋前十日在京師省胡適之病，適之曰：晚清
    今文學運動，於思想界影響極大；吾子實躬與其役者，宜有以記之」。
94 此三文的分析參見歐陽哲生，《五四運動的歷史詮釋》，頁 231-232。
95 胡適，〈中學國文的教授〉，《新青年》，第 8 卷第 1 號（1920），頁 6。

言」，他和錢玄同一樣認為陳獨秀「是一個鹵莽的人」，他與梁任公之間有許多矛盾：

> 你給孟和的信與給北京同人〈答我〉的信，我都見了。你真是一個鹵莽的人！我實在有點怪你。你在北京的日子也很久了，何以竟深信外間那種絕對無稽的謠言。何以竟寫出那封給孟和的決絕信！（你信上有「言盡於此」的話）你難道不知我們在北京也時時刻刻在敵人包圍之中？你難道不知他們辦共學社是在《世界叢書》之後，[96]他們改造《改造》是有意的？他們拉出他們的領袖來講學——講中國哲學史——是專對我們的？（他在清華的講義無處不是尋我的瑕疵的。他用我的書之處，從不說一聲；他有可以駁我的地方，決不放過！但此事我倒很歡迎。因為他這樣做去，於我無害而且總有點進益的。）你難道不知他們現在已收回從前主張白話詩文的主張？……你難道不知延聘羅素、倭鏗等人的歷史？（我曾宣言，若倭鏗來，他每有一次演說，我們當有一次駁論。）但是我究竟不深怪你，因為你是一個心直口快的好朋友。不過我要你知道，北京也有「徐樹錚陸軍總長，陳獨秀教育總長」的話，但我們決

---

96 《世界叢書》由蔡元培、蔣夢麟、陶孟和主編，1920 年 12 月商務印書館開始出版。該叢書持續至 1948 年。胡適在 1920 年 6 月受聘為商務印書館為世界叢書委員。見胡頌平編，《胡適之先生年譜長編初稿》，冊 2，頁 405。共學社也在 1920 年之後由商務印書館張元濟支持，出版「共學社叢書」，計百餘種。張朋園，《梁啟超與民國政治》，頁 156。

不會寫信來勸你「一失足成千古恨」。這事，我以後不再辦
了。[97]

江勇振分析這封信，認為：「胡適在1920年底或1921年初寫給陳獨秀
的信，是中國近代思想史上絕無僅有的一篇文化霸權爭奪戰的自白
書。胡適在此處所指的『敵人』是梁啟超以及他『研究系』的弟
子」。[98]江氏的分析有一定的道理，然而胡適的辯解主要是向陳獨秀說
明自己並未與研究系勾結，卻隱藏了雙方「暗通款曲」的一面。無論
如何，在1921年2月中之後，《新青年》已正式分裂。2月13日陳望道
說：「先生（周作人）說：『自從錢劉（錢玄同、劉半農）噤口以後，早
已分裂，不能彌縫』。誠然誠然」。[99]2月15日陳獨秀寫給胡適的信表
示：「現在《新青年》已被封禁，非移粵不能出版，移京已不成問題

---

97 胡適，〈致陳獨秀〉（寫於1921年初），《胡適全集》，第23卷（合肥：安徽教育出版社，
    2007），頁287。胡適的《嘗試集》（1920年3月亞東圖書館初版）出版之後，曾寄給任公，
    任公回信說「《嘗試集》讀竟，歡喜讚歎，得未曾有，吾為公成功祝矣。」載耿雲志主編，
    《胡適遺稿及秘藏書信》，冊33，頁15。此信僅註14日，缺年月，疑為1920或1921年。
    有關任公批評胡適白話詩與《中國哲學史大綱》之事，任公在1920年10月18日〈致胡適書〉
    寫到「超對於白話詩問題，稍有意見，頃正作一文，二三日內可成，亦欲與公上下其議論。
    對於公之《哲學史綱》，欲批評者甚多，稍閒當鼓勇致公一長函，但恐又似此文下筆不能
    自休耳」。錄自《梁任公年譜長編》，頁590。
98 江勇振，《捨我其誰：胡適【第二部】日正當中（1917-1927）》，頁241。
99 〈關於《新青年》雜誌的通信〉，收入復旦大學語言研究室編，《陳望道文集》，第1卷，
    頁558。

了」。[100]他贊成胡適在北京另辦一報：

> 你們另外辦一個報，我十分贊成，因為中國好報太少，你
> 們做出來的東西總不差，但我卻沒有功夫幫助文章。而且在北
> 京出版，我也不宜做文章。我是一時不能回上海了。你勸我對
> 於朋友不要太多疑，我承認是我應該時常不可忘記的忠告，但
> 我總是時時提心吊膽恐怕我的好朋友書呆子為政客所利用。[101]

胡適在1955年寫的〈四十年來中國文藝復興運動留下的抗暴消毒
力量──中國共產黨清算胡適思想的歷史意義〉一文總結《新青年》
的轉變，他認為1920年5月之後《新青年》已經變質，9月的第8卷之
後已經是共產黨的宣傳機關了：「《新青年》的7卷6號（近400頁）就
是『勞動節紀念號』。第8卷就成了共產黨的宣傳機關了。北京的一班
《新青年》社員從此都不寄稿去了」。[102]

---

100 陳獨秀於 1920 年 12 月 16 日應陳炯明之邀，自上海赴廣東擔任廣東教育委員會委員長。郭
　　廷以，《中華民國史事日誌》，冊 1，頁 547。
101 見〈關於《新青年》問題的幾封信──一九二〇年（民國九年）〉，收入張靜廬輯注，《中
　　國現代出版史料甲編》，頁 13。歐陽哲生，《五四運動的歷史詮釋》，頁 234。
102 胡適，〈四十年來中國文藝復興運動留下的抗暴消毒力量──中國共產黨清算胡適思想的
　　歷史意義〉，收入潘光哲編，《胡適全集‧胡適時論集7》（臺北：中央研究院近代史研
　　究所，2018），頁 352。

五、胡適與研究系的後續接觸

胡適1921年初的辯解之言顯然並非實情。1921年之後研究系與北大知識分子繼續有所接觸，討論學術，並洽談共同發表政治宣言的可能性。1921年2月10日，梁啟超把他的《墨經校釋》送胡適評閱，請其作序。胡適很認真地對梁書提出批判與商榷。5月3日，胡適又致函任公討論墨學，胡適說：「先生對於我那篇匆促做成的序文，竟肯加以辯正，並蒙採納一部分的意見這是先生很誠懇的學者態度，敬佩敬佩」。[103]沒想到胡適甚感意外，隔年「梁任公的《墨經校釋》出來了。他把我的序放在書末，卻把他答我的序的書稿放在前面，未免太可笑了」。[104]

1921年6月30日，北大、高師、女高師、新學會、尚志學會在中央公園來今雨軒為杜威先生一家餞行。梁啟超與胡適均參加，並先後致詞。胡適並特別肯定任公所說「梁先生說中國人宜以杜威的哲學為底，造出一派新的哲學來，這就是看重他的方法的意思」。[105]9月21日，胡適到公園「遇著藍公武先生，他要我加入他們的『聯省自治』的運動，我不肯加入。我雖現在不主張放棄，但我不能玩這種政客的政治活動」。[106]此處胡適採用陳獨秀寫給他的信中所說的「政客」一

---

103 胡適，〈胡適致梁啟超函〉，收於潘光哲編，《胡適全集‧中文書信集1》，頁459。
104 胡適著、曹伯言整理，《胡適日記全集》，第3冊，1922年4月30日，頁550。梁啟超，《墨經校釋》（上海：商務印書館，1922）。
105 胡適著、曹伯言整理，《胡適日記全集》，第3冊，1921年6月30日，頁143-148。
106 胡適著、曹伯言整理，《胡適日記全集》，第3冊，1921年9月21日，頁318。胡適不願

詞，顯示胡適以「清流」自居，而將研究系視為污濁的政客。9月22日胡適又與任公、丁文江聚餐，「晚間鋼和泰先生（Baron von Staël-Holstein）邀我與任公、在君吃飯」。[107]

　　1922年2月4日，胡適寫信給梁啟超，糾正其《歷史研究法》中的一處錯誤。梁氏把Herodotus與Homer誤認作一人。[108]這個錯誤是在1922年版《中國歷史研究法》，任公談到歷史最初的表達方式多為詩歌，「希臘之荷羅多德荷馬爾，歐人推為史家鼻祖，其所流傳之名著，則詩歌數篇而已」，「希臘之荷馬爾，生於紀前四八四年，即孔子卒前六年，恰與左氏並世」，[109]後來任公在再版時將前段刪除，後段改為「希臘大史家希羅多德，生於紀前四八四年，即孔子卒前六年，恰與左氏並世」。[110]1922年4月底，直奉戰爭爆發之際，胡適、蔡元培兩人就北大學人與研究系合作一事有所討論。胡適給蔡元培的信中談到：

　　　　林宗孟數日前來訪，說他要與亮疇、君任及先生等組織一
　　　種研究政治社會狀況的團體；並說君任曾以此意奉白　先生。
　　　他要我也加入，我不曾答應，亦不曾拒絕，只說俟與　先生一

參加可能是出於陳獨秀等人的警告，曾如上述，他在思想上是支持「聯省自治」運動。他在 1922 年 9 月出版的〈聯省自治與軍閥割據——答陳獨秀〉一文，公開表達了他的意見。

107 胡適著、曹伯言整理，《胡適日記全集》，第 3 冊，1921 年 9 月 22 日，頁 319。
108 胡適著、曹伯言整理，《胡適日記全集》，第 3 冊，1922 年 2 月 4 日，頁 419。
109 梁啟超，《中國歷史研究法》（上海：商務印書館，1922），頁 12-13、22。
110 梁啟超，《中國歷史研究法》（上海：商務印書館，1926），頁 15、25。

談再說。連日相見，皆不曾有機會提及此事。故乘便一問。先生意見如何？便中幸見告。

蔡的回信也很詳細說到此事之原委：

知林宗孟忽有組織團體之提議，請以弟所知奉告。弟與羅
鈞任在歐洲時，鈞任曾先到英國，回法後見告，謂林宗孟深以
亮疇及弟不干與政治問題為恨。有一日，在顧少川所邀晚餐會
上，林又以此語顧，勸顧發起云云。此去年事也。最近數日
前，鈞任來弟處，言彼責備亮疇，不宜太消極；宜發表對於現
今各種大問題之意見；可先以一雜誌發布之，亮疇已首肯云
云。因詢弟可否幫忙？弟答以可；但告以現在之大問題，莫過
於裁兵理財，須有專家相助。彼提出蔣百里，弟以百里頗有研
究色彩，不甚滿意；然以軍事家不易得，亦以為可。其後彼又
提出先生及夢麟，又曾提及顧少川，弟當然贊成。彼忽提出宗
孟；弟爾時即憶及去年之言，即告以宗孟為研究系頭領，恐不
好拉入。彼言以人材取之，不好太取狹義。弟告以有此等頭領
在內，外人即以為此舉全是某系作用，而以亮疇等為傀儡，發
言將不足取信。彼後言今日不過探公意思，如果能組織，自當
從長計議，云云。今宗孟又來拉公，可知主動者全是宗孟。亮
疇是好好先生。鈞任年少而頗熱中，佩服顧少川幾乎五體投
地，故有此等運動。此後如鈞任再來商量，弟當簡單謝絕之

矣。[111]

可見此一聯盟是由研究系主動發起，他們聯絡北洋的一些官員與北大的知識分子組成團體，而蔡元培擔心此一「組織一種研究政治社會狀況的團體」的活動會受到研究系（主要是林長民、蔣百里）之操縱，而研究系在社會上風評欠佳，「發言將不足取信」。[112]4月27日胡適記載：

> 三時半，去看林宗孟。蔡先生昨夜打電話來，說宗孟、亮疇、君任（羅文榦）去看過他，談過前次商議的事；蔡先生主張不組織團體，但贊成發表意見，並由一班人出來主持裁兵等事。他們要我起草作宣言，我不願做；宗孟今天要來看我，我不能在家，故乘便去看他。我說明不作宣言之故，勸他自己起草。此事終宜慎重。研究系近年作的事，著著失敗，故要拉我們加入。結果有兩條可能：或是我們被拖下水而於事無濟，或是我們能使國事起一個變化。若做到第二條，非我們用全副精力去幹不可。宗孟終日除了寫對聯條屏之外，別無一事；而我們已忙的連剪髮、洗浴都沒工夫；在此情形之中，誰占上風，已不言可喻了。

111 胡適著、曹伯言整理，《胡適日記全集》，第 3 冊，1922 年 4 月 22 日，頁 529-530。
112 胡適著、曹伯言整理，《胡適日記全集》，第 3 冊，1922 年 4 月 22 日，頁 530。

胡適在考慮了蔡元培的「不組織團體，但贊成發表意見」之後決定主動參與，並認為本身的力量可以超過近年來「著著失敗」而無所作為的研究系。他於5月11日動筆寫了〈我們的政治主張〉，完稿之後打電話給李大釗，隔日約了幾位好友在蔡宅開會。這一天來開會並連署胡適之文章者計16人，包括「蔡元培、林長民、高魯、蔣百里、王寵惠、葉景莘、陳繹、王星拱、顧維鈞、顧夢漁、胡適、李煜瀛、張祖訓、王建祖」。後來因故，簽署人數有所出入，據胡適表示「下午，孟餘自行取消，加入一涵、慰慈，共十六人」。這一個宣言於兩天之後在《努力週報》第2期（北京，1922年5月14日）刊出。出版之時屬名者計有16人，他們的名字與頭銜依序是：

蔡元培　　國立北京大學校長

王寵惠　　國立北京大學教員

羅文榦　　國立北京大學教員

湯爾和　　醫學博士

陶知行　　國立東南大學教育科主任

王伯秋　　國立東南大學政法經濟科主任

梁漱溟　　國立北京大學教員

李大釗　　國立北京大學圖書館主任

陶孟和　　國立北京大學哲學系主任

朱經農　　國立北京大學教授

張慰慈　　國立北京大學教員

高一涵　　國立北京大學教員

徐寶璜　　國立北京大學教授

王　徵　　美國新銀行團秘書

丁文江　　前地質調查所所長

胡　適　　國立北京大學教務長[113]

如果比對前後兩個名單，可以發現除了北大教授顧孟餘是自行退出之外，另外不在此名單者，有北大法德派的李煜瀛（1881-1973）；還有高魯（1877-1947）、王建祖（1879-1935），不知何故也未再聯署。[114]而被排除掉的簽署者主要是研究系的林長民與蔣百里，以及與梁啟超、林長民關係密切的葉景莘（1881-1986，梁任財政總長時的秘書、共學社成員）、財政官員陳繹（伯耿）、外交官顧維鈞，剩下的人幾乎都與北大有關，也包括了北京大學圖書館主任、共產黨員李大釗。這很可能是蔡元培的主張，突出該宣言與學者之關係，並與研究系有所區隔。宣言發出之後，梁啟超與林長民對此很不滿意，認為胡適與蔡元培「有意排擠他們研究系的人」，林長民並調侃胡適他們說

---

113 胡適著、季羨林主編，《胡適全集》（合肥：安徽教育出版社，2007），第 2 卷，頁 426。

114 高魯 1922 年時任中央觀象臺臺長，同時任教於國立北京女子高等師範學校、國立北京大學，與蔡元培關係甚好，1926 年後投入南方國民政府，1928 年起，歷任中央研究院天文研究所所長、大學院秘書、中央研究院秘書等職務。〈高魯〉，「近代史全文資料庫人物索引」。王建祖亦是早期留美，畢業加州大學，主修經濟，曾節譯亞丹氏著財政學，1917 年後任教北京大學，曾任法科學長。〈王建祖〉，「近代史全文資料庫人物索引」。

「我們不怪他，他是個處女，不同意同我們做過妓女的人往來。但蔡先生素來是兼收並蓄的，何以也排斥我們？」羅文榦則極力排解雙方矛盾，「說明這全是一班大學的人，並無排斥他們之意」。然而胡適很清楚，雙方對國會與憲法問題有根本的分歧，胡適等的政治主張是「南北協商召集民國六年解散的國會……和會應責成國會克期完成憲法」；而研究系「當初是解散舊國會的原動力，他們必不便贊成恢復舊國會」，其次他們主張各省制憲，不採國會制憲。[115]

研究系對此一宣言無疑十分不滿，梁啟超等人沒有直接回應，然而在《晨報》上卻刊出筆名君實（真名不詳，有可能為曾任上海《時事新報》編輯的章錫琛之筆名）所寫的具有「嘲笑與譏諷」的論調：

> 宣言、佈告這一類東西，大概只有兩種用處。一種是衙門；從一日萬幾的皇帝以至於小小的一個知縣官，自己都不動筆，卻使秘書們做著「咸使聞知」式的佈告。還有一種是群眾運動的團體，這種團體的分子多半是不會動筆的，於是有檄文、宣言、露布等等東西。至於學者，盡有餘裕可以作文發表個人意見，又何必許多人聚在一堆學那種宣言、佈告的下流方式？我們看了前有七教授的爭自由宣言，後有五教授的爭信教自由宣言，主意都很正大，卻都得不到效果，便覺悟到這緣故完全在宣言這件事的本身，而不在所宣言的內容的是否正當。

115 胡適著、曹伯言整理，《胡適日記全集》，第 3 冊，1922 年 5 月 14 日，頁 570-574。

現在又有十六人關於政治的宣言了。醫生也贊成，畫師也贊成，特不知他的結果怎樣了。[116]

文中所說的醫生應是指湯爾和，畫師則不確定為何人，其中將宣言說成是「下流方式」，讓胡適很不高興。他立刻寫了一篇投書，向《晨報》抗議這種「是非不明」、「麻木與混沌的責備」[117]：

> 我想借這個機會請問這位「君實」先生，何以宣言、布告是下流的方式？他這個見解很新鮮別致，我很想多領教一點，也許可以「開我茅塞」，使我們以後不再學那種「下流方式」了。他又說：現在又有十六人關於政治的宣言了。醫生也贊成，畫師也贊成。特不知他的結果怎樣了。我又想問問，這種態度是不是「嘲笑與譏諷」？我是一個笨人，實在看不出他的意思在什麼地方，如果他的意思是說醫生、畫師的贊成使我們的宣言也變「下流」了，那麼，我們以後也可以拒絕他們的贊成。如果他的意思是說醫生、畫師是上流人，不應該降格來贊成這種「下流方式」，那麼，我們以後也可以謝絕他們的贊成，免得他們也被我們玷污了。[118]

---

116 君實，〈小雜感〉，《晨報副鐫》，1922 年 6 月 4 日，頁 3-4。

117 胡適，〈政論家與政黨〉，刊《努力週報》1922 年 6 月 4 日，收於潘光哲編，《胡適全集‧胡適時論集 2》，頁 152。

118 胡適著、曹伯言整理，《胡適日記全集》，第 3 冊，1922 年 6 月 6 日，頁 612-613。

《晨報》編輯也不甘示弱，在報上公開回應，認為胡適的回應也是「嘲笑與譏諷」，他為君實辯護：

> 來信聲明《努力》第五期批評《晨報》並無惡意，我很了解，絕不相怪。但是先生笑我「嘲笑與譏諷」的態度不好，而《努力》上「甚至於那主張新文化的《晨報》也只有嘲笑與譏諷」那一句話，似乎態度也與我相同罷。……至你問「君實」的話，有君實奉答，用不著我來插嘴。不過我看君實那篇小雜感意思很明顯，他也不外希望宣言諸公不要像董康那樣萬能，做醫生的研究醫學去，當畫師的研究畫畫去，文學家研究文學去，中國的文學家、好畫師、好醫生都缺乏，請諸公各向原走的路努力罷！不特地位容易造極，還可以為中國生色。先生！君實對宣言諸公，也是「只有責難的態度，並無惡意」呵！[119]

胡適與《晨報》文章的交鋒顯示雙方對彼此語帶譏諷的「批評風格」表示不滿，卻沒有在具體宣言之內容上有所爭議。研究系對北大知識分子最大的不滿是希望他們從各自專業上去努力，不必直接「指點江山」。此一觀點與《晨報》社長蒲殿俊在1922年5月16日在《晨報》上，所發表的〈政治主張底根本疑問〉一文，立場相同。蒲氏認為北大知識分子應該努力的方向，不是拿幾條主張「熱炒熱賣」，想要直

---

119 胡適著、曹伯言整理，《胡適日記全集》，第 3 冊，1922 年 6 月 8 日，頁 615-617。

接「實現到政治上去」，而是扎根社會，「從社會方面下功夫」，「多方多面去促起民眾對於政治上底『欲求』，糾合起來改革政治」。[120]

　　相對來說，國共兩黨對於〈我們的政治主張〉的批評，卻很不相同。無論是邵力子等人在《國民日報》的批評，或張申府、周恩來、張國燾等共產主義者的評論，都反對胡適等以「會議」方式解決時局，認為唯一能奏效的方式是一個「政黨」的「革命」。[121]由此可見胡適與研究系之間的爭執並非根本的衝突，他與國共兩黨的差異才是在意識形態與根本立場上的敵我之爭。

　　在〈我們的政治主張〉事件之後，研究系與胡適等人繼續有所接觸，各種聚會都同時邀請胡適與研究系的林長民、張君勱、蔣方震等人參加，但雙方並未達成任何共識。1922年5月21日，王寵惠又邀集北大、研究系與北洋的一些官員在法學會聚餐，希望凝聚共識，蔡元培、胡適與研究系的梁啟超、林長民與熊希齡都參加。胡適記載：

> 亮疇邀在法學會吃飯，遇著子民、君任、任公、宗孟、秉三、董授經（康）、顏駿人（惠慶）、周子廙（自齊）、張鎔西（耀曾）。今天的會，本意是要把各黨派的人聚會來談談，大家打破從前的成見，求一個可以共同進行的方向。今天結果雖

---

120 止水（蒲殿俊），〈政治主張底根本疑問〉，《晨報》，1922 年 5 月 16 日，版 2。
121 有關國共兩黨從革命立場對胡適與《我們的政治主張》的批評，見潘光哲，〈〈我們的政治主張〉及其紛爭：1920 年代中國「論述社群」交涉互競的個案研究〉，收入李金銓編，《報人報國：中國新聞史的另一種讀法》（香港：香港中文大學出版社，2013），159-162。

少，但他們談過去的政爭，倒也頗能開誠認錯。[122]

5月22日研究系又與王寵惠、蔡元培等人在石駙馬大街熊希齡宅見面（胡適沒有參加），商討直奉戰後如何謀求統一，這一次各派人馬終於取得了共識，主張南北各省派代表協商，討論統一善後等問題，會後共同聯名通電曹錕、吳佩孚，電文在5月27日的《申報》刊出：

> 效電敬悉。諸公于軍事倥傯之際，尊重民意，謀鞏國本，啟超等曷勝欽佩。承詢各節，經約在京同人討論，僉以解決糾紛當先謀統一，謀統一當以恢復民國六年國會完成憲法為最敏速最便利之方法。但憲法未成以前，所有統一善後各問題，應由南北各省選派代表于適中之地組織會議，協謀解決。諸公偉略碩望，舉國所仰，倘荷合力促成，民國前途實利賴之。管見當否，仍候裁奪。梁啟超、熊希齡、汪大燮、孫寶琦、王芝祥、錢能訓、蔡元培、王寵惠、谷鍾秀、林長民、梁善濟、張耀曾等同叩。[123]

---

122 胡適著、曹伯言整理，《胡適日記全集》，第3冊，1922年5月21日，頁583。

123 丁文江、趙豐田編，《梁啟超年譜長編》，下冊，頁616。孫寶琦、王芝祥、錢能訓、谷鍾秀（政學系）、張耀曾（政學系）等均為北洋官員。

或許由於上一次合作成功，5月27日，林長民又約胡適、蔡元培、梁啟超、張嘉璈等人吃飯，並希望胡適出來組黨，然而為胡適所婉拒：

　　　　宗孟邀吃午飯，同座有子民、亮疇、汪伯唐、任公、鈞任、唐天如、張公權等。宗孟極力勸我們出來組織一個政黨，他尤注意在我，他的談鋒尖利得很，正勸反激，句句逼人，不容易答覆。但辦黨不是我們的事，更不是我的事。人各有自知之明，何必勉強，自取償事？有人說我們「愛惜羽毛」，鈞任有一次說的好：我們若不愛惜羽毛，今天還有我們說話的餘地嗎？。[124]

當時除了研究系邀約胡適組黨，在〈我們的政治主張〉與「好人政府」的意見發表之後，也有其他人建議《努力》諸先生組一個「好政府黨」，如程振基就說：「我希望《努力》諸先生不僅僅努力於宣傳，而抱絕對犧牲的精神，從事於政治運動。質言之，即諸君既有一個共同的目標──好政府──何妨就由諸君發起組一個『好政府黨』？」對此胡適還是不表同意，他希望處於「中間人，公正人，評判員，監督者的地位」，「宣傳這個平凡的公共目標」（即好人政府），等到政治上

---

124 胡適著、曹伯言整理，《胡適日記全集》，第 3 冊，1922 年 5 月 27 日，頁 596。汪伯唐是汪大燮，舉人，後加入進步黨，曾任教育總長、交通總長、外交總長。

軌道之後，再考慮「造政黨」的問題。[125]

5月30日羅文榦邀約顧維鈞、蔡元培、林長民等人在法學會吃飯。飯後胡適去蔡元培家，蔡說新內閣已訂林長民為教育總長，林長民想約胡適擔任教育次長。蔡元培勸林長民不要開口，因為胡適不會答應。蔡元培又重申不贊成北大與研究系組織政黨。[126]6月2日胡適撰寫〈政論家與政黨〉，4日刊登於《努力週報》，此文之中他正式回應研究系對北大學人共同「組黨」之邀約。胡適說：他願意當一個超然、獨立、監督政黨的政論家，而非服從政黨的政論家。他們的目的是「造輿論」、「造成多數的獨立選民」，「在這個本來不慣政黨政治，近來更厭惡政黨政治的中國，今日最大的需要決不在政黨的政論家，而在獨立的政論家。……只認是非，不論黨派；只認好人與壞人，只認好政策與壞政策，而不問這是那一黨的人與那一派的政策」。[127]

6月20日蔡元培、王寵惠、羅文榦與顧維鈞等人邀約了二十多位歐美同學在顧宅舉行「茶話會」，「討論今日切近問題」，而總題是「統

---

125 〈關於〈我們的政治主張〉的討論〉，原刊《努力週報》，第 4 期（1922 年 5 月 28 日），後收入潘光哲編，《胡適全集‧胡適時論集2》，頁 131。

126 胡適著、曹伯言整理，《胡適日記全集》，第 3 冊，1922 年 5 月 30 日，頁 601。6 月 16 日蔡元培邀約胡適見面，又再次提到此事，胡適記載：「他說有人要找我出來做教育次長，我不能答應，推舉夢麟，蔡先生也以為然」。頁 630。後來又蔡元培與胡適勸湯爾和出任。湯於 7 月 21 日署教育部次長，7 月 25 日代部長；9 月 19 日升署總長。錢實甫編著，《北洋政府職官年表》（上海：華東師大出版社，1991），頁 54。

127 胡適，〈政黨與政論家〉，收於潘光哲編，《胡適全集‧胡適時論集2》，頁 150-152。原文刊於《努力週報》，第 5 期（1922 年 6 月 4 日），第 1 版。

一」，到會的有「丁在君、張君勱、秦景陽、陳聘丞、嚴琥、王長信、周季梅、蔣百里、林宗孟、陶孟和、李石曾、高魯、葉叔衡等」；胡適更建議將來要定期召開這樣的「茶話會」。[128]後來6月27日、7月14日、9月8日、9月22日、10月27日舉行過多次茶話會。蔣百里在參加過兩次（20、27日）茶話會之後，6月28日曾寫信向梁任公報告參加心得：

> 適之等以茶話名義，第一次由王、顧、蔡、羅合請，第二次以君勱、適之、高魯等名義請，其人皆歐、美同學會中人。到者頗認真，震二次往，默聽其主張，大致皆是走第三條路也。[129]

可見茶話會的參與者絕大部分是歐美同學會成員，又可細分為北京政府外交系的顧維鈞、法學家王寵惠、羅文榦（也任教北大）；與吳佩孚（1874-1939）親近的財政總長董康（1867-1947）；與研究系關係密切者有蔣百里、林長民、丁文江、張君勱等；北大教授則包括胡適、蔡元培、顧孟餘等。茶話會討論主題則分別為「統一」、「邦聯、聯邦制」、「省自治」、「中國經濟」、「政治計畫」等。[130]整體觀之，以蔡

---

128 胡適著、曹伯言整理，《胡適日記全集》，第3冊，1922年6月20日，頁644。
129 〈民國十一年六月廿八日蔣方震致任師書〉，丁文江、趙豐田編，《梁任公年譜長編》，下冊，頁618。
130 蔡旻遠，〈知識分子的人際關係與政治選擇——以胡適為中心（1917-1924）〉（臺北：臺

元培、胡適為主導的茶話會,希望邀約各方勢力討論時事,再將討論內容公諸報刊,以影響輿論而走出「第三條路」。他們願意與研究系合作、討論來製造輿論,但無意共同組黨。[131]在茶話會頻繁召開之際,梁任公也曾主動邀請胡適吃飯,如8月2日任公邀請胡適與丁文江聚會,討論詩文與時事。胡適記載:「任公邀吃飯,座有在君,我們大談詩」,席間任公又談到國會開會的情況以及研究系議員在國會中的提案,與顏惠慶辭職、王寵惠代理國務總理之事。[132]

1922年9月22日,又在顧維鈞家開茶話會,到會者近20人,討論新內閣成立以後的「政治計畫」,簽署〈我們的政治主張〉的16人之中有3人入閣(國務總理王寵惠、財政總長羅文榦、教育總長湯爾和)。此次討論的焦點在於王寵惠的新內閣(「好人內閣」)可否實現〈我們的政治主張〉一文中的憲政理念。研究系的林長民、蔣百里與蔡元培、胡適與顧孟餘等北大教授均參加了茶會。胡適積極地表達了意見,顧孟餘卻沒有說話。胡適日記記載:「這一次談論頗激烈,頗有點意思;可惜有許多人始終不肯開口,如孟餘、撫五、石曾、慰慈等。他們也許笑我們多事;我們也知道這班閣員是抬不起來的,但我們到了這個時候,不能不把死馬做活馬醫,只是盡人事罷了!」。[133]

灣大學歷史學系碩士論文,2020),第三章第一節「跨越派系的嘗試:以研究系、茶話會為例」,頁71-82。

131 此處所謂的「第三條路」可能是指在國民黨與北洋政府之外的另一條路。

132 胡適著、曹伯言整理,《胡適日記全集》,第3冊,1922年8月2日,頁695。

133 胡適著、曹伯言整理,《胡適日記全集》,第3冊,1922年9月22日,頁808-809。撫五

三天之後報紙上刊出茶話會的經過：

> 好事者特於二十二日下午在鐵獅子胡同顧宅邀集十六位學
> 者開一茶話會，藉冀交換政治主張。孰知某君仍堅持二十號
> 《努力週報》上所載兩種要求，向王博士追索組閣的計畫及大
> 政方針甚力。博士無以應，但說「過節」。某君繼進以嚴重的
> 忠告。博士不堪，互相駁詰，至面紅耳赤，彼此不歡，經主人
> 出而排解始罷。

> 分贓不勻，雖教育政客之團體，亦難保其不破裂矣，可勝
> 感哉！[134]

從報紙的報導來看，這一次的溝通顯然並不成功，大家不歡而散。10
月27日顧宅又開茶會，胡適記載：

> 亮疇、鈞任又大發牢騷，到處罵人。大家都不滿意。最後
> 蔡先生起來說，「我提議這個茶會今天以後不繼續開會了。就
> 是要開，也須等王、羅幾位出了閣之後」。「好人」政府不等於
> 「好」政府。好政府不但要人格上的可靠，還要能力上的可以

為化學家王星拱（1887-1949）。

134 這兩則報導分別出自《益世報》、《黃報》，轉引自胡適日記。胡適著、曹伯言整理，《胡
適日記全集》，第 3 冊，1922 年 9 月 25 日，頁 820-821。

有為。亮疇竟是一個無用之人；鈞任稍勝，但也不能肩此重擔；少川稍鎮靜，頭腦也稍明白，但他終為羅、王所累，不能有為。[135]

顧宅茶會至此劃下句點。胡適的北大知識分子與研究系嘗試合作，企圖不以組黨，而以超然的知識分子議政的方式來改良政治，以好人建立好政府的努力澈底失敗。

在胡適與研究系的合作過程之中，顧孟餘的角色也很微妙。顧孟餘為北大德文系與經濟系教授，與蔡元培李石曾關係都很好。如上所述他5月時主動退出連署〈我們的政治主張〉一文。[136]這可能是因為顧的性格深沈內斂而「多慮」，圖謀未來在政治上依附國民黨（顧於1924年加入國民黨）。再者，他的想法與胡適等人不同，顧的學生周德偉說：「北大校長蔡元培、教授胡適等發表〈我們的政治主張〉，力倡『好人政府』（此語為胡適所創，好人而無法治豈足為政哉，可見胡之幼稚），王寵惠、羅文榦、湯爾和亦署名。顧孟餘不同意人治之說，不允署名」。[137]顧孟餘與胡適的爭執也反映了採取政黨組織、武裝力量的革命路線（黨國模式）與以「好人」形成社會重心，促成「好

---

135 胡適著、曹伯言整理，《胡適日記全集》，第3冊，1922年10月27日，頁904。
136 胡適著、曹伯言整理，《胡適日記全集》，第3冊，1922年5月12日，頁569。胡適記載，上午在蔡宅開會，大家都贊成做提議人，「下午，孟餘自行取消」。
137 周德偉，《落筆驚風雨：我的一生與國民黨的點滴》（臺北：遠流出版公司，2011），頁126。

政府」之理想的「自由主義」點滴改革模式之爭。[138]

六、結論

　　過去學者研究梁啟超與胡適的交往，多注意到學術思想的層面，然而我們也不宜忽略兩人在政治上的互動。1919年至1922年之間正處於政黨勢力崛起、國共合作的前夕，梁啟超為首之研究系與胡適等北大知識分子的聯絡代表了自由主義知識分子政治合作的一次嘗試。在背景上來說，研究系源自清末的立憲派，胡適則代表英美自由主義的陣營。兩者均反對「革命」、「群眾運動」，主張以點滴改良的方式建立「中等社會」、實現民主憲政。因此就大的政治藍圖來說，兩者有高度的合作的可能性。羅素與杜威來華講學在某種程度上來說奠定了雙方合作的一個基礎，也使梁、胡在反對社會主義、共產革命的前提下得以合作。最後此一結盟卻以失敗收場。

　　雙方不能合作的主要原因在於蔡元培、胡適等人自視「好人」與政治上的「處女」，不願與長期在政壇打滾的「妓女」、「政客」，和近年來「著著失敗」的研究系合作，故不願共同組黨。胡適等人從發表〈我們的政治主張〉到「好人內閣」，都將研究系的「政客」排除在外，希望能展現出政治上的「清流」，或希望當「立身於政黨之外」的政論家，然而「好人內閣」在短短的七十多天就結束了，後來胡適

---

138 有關顧孟餘的生平與思想，參見黃克武，《顧孟餘的清高：中國近代史的另一種可能》（香港：香港中文大學出版社，2020）。

提出「重建社會重心」的努力也未能實現。[139]另一方面，胡適等人對「著著失敗」的研究系感到失望也不是沒有原因，任公雖被很多人貶為「政客」，然如周善培（1875-1958，四川人，曾參與護國運動，與段祺瑞關係密切）所說他的政治能力並不高明，他「沒有一點政治辦法，尤其沒有政治家的魄力」，他的政治生涯「沒有做過一件事受輿論稱頌」、「留不下一件事使人回憶」。[140]

胡適與研究系的合作一事也涉及《新青年》的轉向與北大知識分子內部的分化。1920年初之後，《新青年》編輯部遷往上海，雜誌中宣傳馬克思主義的文章越來越多，第8卷（1920年9月）之後成為馬克思主義的宣傳刊物。1920年底與1921年初陳獨秀等曾質疑胡適與研究系的接觸，且對之有「惡評」正象徵了胡適與陳獨秀所代表後來中共勢力的分道揚鑣。另一方面在北大之內，1922年之後胡適與顧孟餘也有不同的政治選擇。顧在蔡元培、李石曾的介紹下於1924年春天加入國民黨，積極參與群眾運動。1926年1月廣州中國國民黨第二次全國代表大會，因李大釗、于樹德極力推薦，顧被選為中央執行委員，此後在國民黨內積極發展，「三一八事件」（1926）之後，顧離開了北

---

139 許紀霖，〈重建社會重心：現代中國的「知識人社會」〉，收入王汎森等著，《中國近代思想史的轉型時代》（臺北：聯經出版公司，2007），頁 137-168。

140 周善培，〈談梁任公〉，夏曉虹編，《追憶梁啟超（增訂本）》（北京：三聯書店，2009），頁 134-135。惠隱對於任公在財政總長任內的觀察也與周善培的看法十分類似：任公「挾書生之見，動輒乖舛；新法既滯礙難行，舊例又諸多未習，登臺以來毫無成績可言」。惠隱，〈梁啟超任北洋財政總長時二三事〉，夏曉虹編，《追憶梁啟超（增訂本）》，頁212。

大，投身政治。

　　胡適既不同意陳獨秀（共產黨）、顧孟餘（國民黨）的兩種「革命路線」，又不能與梁啟超等研究系合作。1930年代之後，隨著中國思想界的激進化，漸進改革的想法成為「一個被放棄的選擇」，在此過程中知識分子日益被「邊緣化」。胡適與研究系合作的破局一方面象徵著自由主義的挫敗，另一方面也代表了政黨勢力的崛起與「主義」時代的來臨。

　　然而，胡適與研究系的失敗也不只是因為雙方無法合作，另一個更深沉的原因是這兩批人馬都屬於上層的、城市的仕紳階層與知識分子的團體，又缺乏豐沛的財源，[141]他們在一個「市民社會」基礎十分薄弱的時代，希望透過「公共輿論」與政治參與來改變中國，無疑地要面對艱鉅的挑戰。他們反對馬克思主義與階級革命的觀念，卻沒有觀察到毛澤東與中共黨人所注意到中國社會之中的商人（即毛澤東所說「聶雲台、穆藕初等新興的商人派」）與農工階層。相對來說，在中共發展的過程之中，雖以打倒資產階級為目標，但在發展工人運動和工人革命的過程中，卻頗注意與商人建立聯合戰線。[142]中共後來革命的成功也從另一方面反映了胡適與研究系等自由主義者的失敗。

---

141 梁任公從歐洲歸來之後，為了從事政治與文化活動，擬與張嘉璈、徐新六等人合作，與比利時共組公司，即「中比實業公司」，分為實業與輪船兩公司，可惜沒有成功。財力不足也是自由主義者從事政治活動卻失敗的一個原因。有關任公在開拓財源方面的努力，參見張朋園，《梁啟超與民國政治》，頁 161-162。

142 李達嘉，《商人與共產革命，1919-1927》（臺北：中央研究院近代史研究所，2015）。

附錄：胡適在《晨報》（與《晨報副鎸》）上所發表的 文章及相關討論

1. 胡適，〈「人道主義」的真面目——胡適之先生來信〉，《晨報》， 1919年3月8日，第7版。

2. 胡適（講）、潘公展（記），〈實驗主義〉，《晨報》，1919年5月 10、11日，第7版。

3. 胡適，〈「的」字的用法〉，《晨報》，1919年11月12日，第7版。

4. 胡適，〈再論『的』字〉，《晨報》，1919年11月25日，第7版。

5. 胡適，〈三論『的』字〉，《晨報》，1919年11月26日，第7版。

6. 胡適，〈週歲——祝《晨報》一年紀念〉，《晨報週年紀念增刊》， 1919年12月1日，頁9。

7. 胡適、蔣夢麟，〈我們對於學生的希望〉，《晨報》，1920年5月4 日，「五四紀念增刊」，頁1。

8. 胡適，〈研究社會問題底方法（一）〉，《晨報》，1920年5月26日， 第7版。胡適，〈研究社會問題底方法（二）〉，《晨報》，1920年5 月27日，第7版。胡適，〈研究社會問題底方法（三）〉，《晨報》， 1920年5月28日，第7版。胡適，〈研究社會問題底方法（四）〉， 《晨報》，1920年5月29日，第7版。（本文為1920年5月15日胡適於 北平社會實進會的演講，由許地山記錄）

9. 胡適等，〈爭自由的宣言〉，《晨報》，1920年8月1日，「增刊第二 張」，第6版。

10. 胡適，〈提高與普及〉，《晨報》，1920年9月23日，第7版。（案：此為北大開學典禮胡適演講）

11. 胡適，〈黃梨洲論學生運動（學生干政是三代遺風！）〉，《晨報》（五四紀念號），1921年5月4日，第2版。

12. 〈胡適、高一涵啟事〉，《晨報》，1921年5月20日，第2版。

13. 胡適，〈新人物的新式婚姻〉，《晨報》，1921年6月6日，第3版。胡適，〈再誌新人物的新式婚姻〉，《晨報》，1921年6月8日，第6版。

14. 胡適，〈四烈士塚上的沒字碑歌〉，《晨報》，1921年6月9日，第7版。

15. 胡適，〈死者：為安慶此次被軍人刺傷身死的姜高琦作（詩）〉，《晨報》，1921年6月19日，第7版。（亦刊《新青年》，1921年6月，第9卷第2號，頁2-3）

16. 胡適，〈吳虞文錄序〉，《晨報》，1921年6月20日，第5版、6月21日，第7版。亦刊於《民國日報・覺悟》，1921年6月24日，頁2-3。

17. 胡適，〈雙十節的鬼歌（詩）〉，《晨報》，1921年10月10日，第5版。亦刊於《共進》，期3（1921年10月11日），第2版。

18. 胡適，〈讀書錄：記費密的學說（讀費氏『弘道書』的筆記）〉，《晨報副鐫》，1921年10月12-15日、17日，第1版。

19. 胡適，〈希望（詩）〉，《晨報副鐫》，1921年10月12日，第2版。

20. 胡適（講），甘蟄仙（記），〈好政府主義—胡適之在中國大學講

演〉,《晨報副鐫》,1921年11月17、18日,第1版。

21. 胡適,〈專著:三國六朝的平民文學(新著『國語文學史』第四章)〉,《晨報副鐫》,1921年12月2、3、5日,第1版。(沈兼士,〈給胡適之的一封信〉,《晨報副鐫》,1921年12月24日,第2版,回應胡適的文章)

22. 胡適(講),郭後覺(記),〈論壇:國語運動與文學(胡適之先生在教育部國語講習所同樂會講〉,《晨報副鐫》,1922年1月9日,第3版。

23. 式芬,〈雜感:「評嘗試集」匡謬〉,《晨報副鐫》,1922年2月4日,第3版。

24. 〈昨日北大英文俱進會之講演　胡適演說美國大學學生之生活　會員共同討論各民族通婚問題〉,《晨報》,1922年2月11日,第6版。

25. 〈北大新聞記者同志會成立徐寶璜、胡適、李大釗均到會演講〉,《晨報》,1922年2月14日,第3版。

26. 梁啟超,〈評胡適之中國哲學史大綱〉,《晨報副鐫》,1922年3月13-17日,第1版。

27. 胡適,〈小詩兩首〉、〈我們的雙生日〉、〈晨星篇〉,《晨報副鐫》,1922年4月19日,第2-3版。

28. 山格夫人(演講)、胡適(譯)、小峰、矛塵合記,〈講演:生育制裁的什麼與怎樣〉,《晨報副鐫》,1922年4月25日,第1-3版。

29. 胡適,〈文錄:我對於運動會的感想〉,《晨報副鐫》,1922年4月

26日，第2-3版。（轉載自《北京大學日刊》，期1008，1922年4月23日，第2版）

30. Q.V.，〈讀仲密君《思想界的傾向》〉，《晨報副鐫》，1922年4月27日，第1版。（案仲密為周啟明，見1922年4月24日日記，〈思想界的傾向〉一文刊於《晨報副鐫》，1922年4月23日，第3-4版）

31. 胡適，〈努力歌（努力週報的發刊詞）〉，《晨報副鐫》，1922年5月9日，第3版。（轉載自《努力週報》，第1期，1922年5月7日，第1版）

32. 費覺天，〈歡迎努力〉，《晨報副鐫》，1922年5月11日，第4版。

33. 胡適等，〈時論：我們的政治主張（轉載《努力週報》）〉，《晨報》，1922年5月15日，第2版。（轉載自《努力週報》，第2期，1922年5月14日，第1-2版）

34. 胡適，〈胡適君致本報函〉，《晨報》，1922年6月7日，第6版。

35. 胡適，〈演講：中學的國文教學〉，《晨報副鐫》，1922年8月27、28日，第1-2版。（此為胡適在中華教育改進社濟南年會的演講）

36. 胡適等，〈為陳獨秀君募集訟費啟事〉，《晨報》，1922年9月24日，第6版。

37. 胡適，〈討論：『除非』的用法〉，《晨報副鐫》，1922年9月29日，第4版。

38. 胡適，〈南宋的白話詞：國語文學史的第三篇第五章〉，《晨報副鐫》，1922年12月1日，第9-12版。

39. 胡適，〈胡先生給記者的信：胡適之先生與新劇〉，《晨報副鐫》，

1923年4月21日，第4版。

40. 適之，〈孫行者與張君勱（錄努力）〉，《晨報副鎸》，1923年5月22日，第2-3版。（轉載自《努力週報》第2年第1期）

41. 胡適（講）、葉維（記），〈再談談整理國故：胡適之先生在東大演講〉，《晨報副鎸》，1924年2月25日，第1-2版。

42. 胡適、高魯、李煜瀛、沈兼士、陳垣、翁文灝、蔣丙然，〈七學術團體對美國退還賠款用途之主張〉，《晨報》，1924年6月13日，第6版。

43. 胡適，〈通信：松林中的一點誤解〉，《晨報副鎸》，1924年6月20日，第3-4版。

44. 胡適，〈致張國淦〉，《晨報副鎸》，1924年7月6日，第2版。

45. 胡適，〈《努力》的問題〉，《晨報副鎸》，1924年9月12日，第3版。（此文是回應蕭保璜，〈努力月報到底怎麼樣了？〉，《晨報副鎸》，1924年8月20日，第3版）

46. 胡適，〈米桑（譯詩）〉、〈十月廿三日的日出〉，《晨報六周年紀念增刊》，1924年12月31日，頁275-277、277-278。

47. 杜威著、胡適譯，〈正統哲學的起原〉，《晨報副鎸》，1925年2月22-23日、3月4、7、8。第1版。3月9日，第1-2版。

48. 胡適，〈國民代表會議組織法修正案〉，《晨報》，1925年3月5日，第2版。

49. 胡適，〈作戰的步驟（讀丁文江先生的「高調與責任」）〉，《晨報》，1925年6月20日，第2版。（亦刊於《生命》，第5卷第9期

[1925年]，頁61-64）。案：丁文江的〈高調與責任〉刊於《晨報》，1925年6月19日，第3版。

50. 胡適，〈對於滬漢事件的感想〉，《晨報副鐫》（滬案特號），1925年6月26日，頁1-3。

51. 胡適（講）、孟侯（記），〈新文學運動的意義〉，《晨報副鐫》，1925年10月10日，頁18-20。案：此為1922年9月29日於武昌大學的演講。

52. 胡適、徐志摩，〈一個態度，及案語〉，《晨報副鐫》，1926年9月11日，頁17-19。

53. 適之，〈新自由主義〉，《晨報副鐫》，1926年12月8日，第17-19頁。（這是8月27日與10月4日給徐志摩的兩封信，刊出後有回應文章：伯山，〈與適之先生論「幹」並及新自由主義〉，《晨報副鐫》，1927年1月6日，頁3-4）

4

道不同而相為謀

胡適、蔣介石與1950年代
反共抗俄論的形成*

一、前言

　　「反共抗俄」是1949年蔣介石退守臺灣之後所長期採行的一個「國策」，也是冷戰時期臺灣在國際外交宣傳上的重點。國共內戰之後，大約自1946年起，國民政府即打算透過聯合國，以控訴蘇聯的方式解決東北問題；[1]1949年9月，當時擔任中華民國駐聯合國常任代表的蔣廷黻（1895-1965）在聯合國正式發表「控蘇」聲明，並積極推動「控蘇案」，至1952年2月聯合國通過此案，次年中華民國政府明令廢止「中蘇友好同盟條約」。[2]上述的政策衍生出一套「反共抗俄」的理念。蔣介石最早提到「反共抗俄」之詞彙可能是在1949年10月9日「國慶文告」與10月25日的「告全省同胞書」之上，[3]其後在1952年10月16日

---

*　　本文收入黃自進、潘光哲編，《蔣介石與現代中國的形塑》，冊1（臺北：中央研究院近代史研究所，2013），頁647-666。本文標題「道不同而相為謀」取自中研院近史所胡適紀念館的展覽：「胡適與蔣介石：道不同而相為謀」（2012年12月17日開幕）。

1　　有關戰後東北問題，請參見依原澤周編著，《戰後東北接收交涉紀實：以張嘉璈日記為中心》（北京：中國人民大學出版社，2012）。汪朝光，《和與戰的抉擇：戰後國民黨的東北決策》（北京：中國人民大學出版社，2016）。黃自進，〈戰後東北問題與遠東冷戰的開展〉，《中央研究院近代史研究所集刊》，期112（臺北，2021）。

2　　蕭道中，〈冷戰與中華民國外交：「控蘇案」研究（1946-1952）〉，《輔仁大學歷史學報》，期17（2006年11月），頁477-493。

3　　蔣中正，〈中華民國三十八年國慶紀念告全國軍民同胞書〉（1949年10月9日），秦孝儀主編（以下略），《先總統蔣公思想言論總集》（臺北：中國國民黨中央委員會黨史委員會，1984），卷32，頁237。10月25日在臺灣省光復四週年紀念發表告全省同胞書又說：「四年以前，我全國同胞在革命抗戰的旗幟之下，不惜犧牲一切，來收復臺灣土地，拯救臺灣同胞，就是準備今日做我們中華民族反共抗俄的基地，為恢復我大陸的領土與國家的主權而奮鬥」。秦孝儀主編，《總統蔣公大事長編初稿》（臺北：中國國民黨黨史委員會，1978），卷7下，頁408。

所發表的《反共抗俄基本論》與1956年12月所出版的《蘇俄在中國》兩書,更系統地闡釋此一理論。[4]其中國慶文告發佈之時也正是中華人民共和國建立之後的幾天,蔣對「反共抗俄」之理念有清楚的闡釋:

> 中正領導中國國民革命,與共黨匪徒相持,至今歷二十五年;深知蘇俄侵略遠東的政策,與帝俄時代毫無二致。而中共為莫斯科第三國際的間諜,不是中國國內的政黨。蘇俄之併吞外蒙,掠奪新疆,窺伺東北,完全是帝俄時代侵略行為的延長;而民國十四年以來,中共匪黨對我中國國民黨之內在滲透、外來侵侮,對北伐之事前阻撓和中途分化,對抗戰之表面參加而實際破壞,都是國際侵略主義的陰謀策畫。抗戰結束以後,共匪更在莫斯科侵略主義者策畫之下,企圖以全面武裝叛亂,顛覆我政府,刼取我領土主權。所以我們歷年剿匪戰爭的意義,直接的固為剷除共匪的叛亂,間接的就是反抗俄國的侵略。而反共抗俄,實為我中華民國存亡,三民主義成敗的決定關頭。[5]

此一演講具有重要的意義,以往只講反共而不提抗俄,此後反共

---

4 王文隆,〈從個人意識到國家政策:反共抗俄的塑造(1945-1952)〉,呂紹理、唐啟華、沈志華主編,《冷戰與臺海危機》(臺北:政治大學歷史系,2010),頁315-348。

5 蔣中正,〈中華民國三十八年國慶紀念告全國軍民同胞書〉,《先總統蔣公思想言論總集》,卷32,頁237。

與抗俄結合成一個理念,亦即反共必須抗俄、抗俄才能反共。1950年4月撤守海南島之後,蔣以臺灣為「反共抗俄」之「惟一堡壘」的感受更為強烈,他在日記中說:

> 海南既失陷,現能在西太平洋上還能與共俄奮鬥決戰之決心與實力者,惟此臺灣一個孤島,這真是美、亞在太平洋上反共抗俄之惟一堡壘,如果失此不保,則太平洋各國即失所掩護,其赤禍漫延之速,無形的戰爭必比熱戰要超過幾倍,再無法遏止此橫決之赤禍了。[6]

此後,「反共抗俄」不僅為一理論,而且變成一種學生、一般民眾必須要參加的社會「運動」。[7]其中最重要的是1952年所推動的「反共抗俄總動員運動」,其旨在凝聚人民精神與社會動員,藉此推動政治、經濟、社會、文化的四大改造運動。

蔣介石之所以提出此一「國策」,無疑地出於其親身與共黨鬥爭而慘遭挫敗之經歷,同時又得到身邊的高級幕僚如陶希聖(1899-1988)、黃少谷(1901-1996)、羅家倫(1897-1969)、葉公超(1904-

---

6　蔣中正,《蔣中正日記》,美國史丹佛大學胡佛研究所藏(以下略),1950年5月2日。

7　郭廷以對此有所反感,他在日記中寫到:「臺灣逼令學生參加反共抗俄運動,大家在愚弄青年」。郭廷以,《郭量宇先生日記殘稿》(臺北:中央研究院近代史研究所,2002),頁3,1950年4月30日。

1981）、蔣廷黻、楚崧秋（1920-2017）等人之協助。[8]不過「反共抗俄」論的形成，有更為複雜的歷史背景。以往學者往往忽略自由主義者如胡適等人，對蔣介石思想所產生的影響。實際上，胡適與《自由中國》雜誌社同仁雖對蔣氏之專制、黨治等傾向有所不滿，然在支持蔣介石以對抗共產勢力之擴張上，雙方屬於同一陣營。簡言之，反共抗俄理論是1950年代國民黨統治菁英與臺灣自由主義者的共識。本文擬以胡適1950年所撰寫的《史達林策略下的中國》（*China in Stalin's Grant Strategy*），及其對蔣介石撰寫《蘇俄在中國》（1956）之啟發，以及1951年5月31日胡適致蔣介石的一封長信為中心，探討胡適對蔣介石「反共抗俄」理論的影響，藉此來呈顯胡、蔣之間以往較不為人知的一面。

二、蔣介石對1949年挫敗之檢討

20世紀中國歷史中最驚心動魄的一個問題是，為何辛亥革命、五四運動之後所企圖建立的自由民主與資本主義相結合之制度慘遭失敗，而以馬克思主義、社會主義、極權統治為基礎的制度，在1949年共產革命之後得以成功地建立。有關1949年共產革命的成功與國民黨

8　呂芳上、黃克武訪問，《楚崧秋先生訪問紀錄》（臺北：中央研究院近代史研究所，2001），頁73-79。陳立文，〈從蔣日記看蔣介石與《蘇俄在中國》〉，發表於「蔣介石與世界國際學術研討會論文集」（臺北：文化大學史研所史學系，2010），頁241-260。

的失敗，人們曾提出許多思想因素與非思想因素的解釋。[9]其中蔣介石的解釋與認知對於1950年代之後海峽兩岸的情勢，產生了重大的影響，並促使他所提出「反共抗俄論」。

蔣介石的反共抗俄論源自他對1949年內戰挫敗、退守臺灣之反省。他在主持1951年4月9日圓山軍官訓練團高級班第一期開學典禮上，對受訓學員說：

> 我覺得一個人最不幸的事，就是失敗以後，而不知道自己所以失敗的原因。……我們一般同志每個人都要自己檢討我們今天為什麼會受到這樣重大的恥辱；每個人都要知道他所處的環境，所負的責任，以及今後應該努力的方向。我們有這樣大的一個失敗教訓，一定要澈底反省我們的錯誤，明白自己的責任。[10]

在上述意念的引導下，蔣介石對1949年的挫敗曾進行過多方面的檢討。楊天石教授曾利用蔣介石1949至1952年的日記指出，蔣從外交

9　例如新儒家的代表人物唐君毅（1909-1978）於1950年9月曾撰〈中國今日之亂的中國文化背景〉討論中共勝利之文化因素。他認為「中國青年之嚮往共產主義」源於「中國人之世界主義天下一家之精神」。見唐君毅，《人文精神之重建》（臺北：臺灣學生書局，1984），頁268-272。

10　蔣中正，〈過去軍事教育之檢討與高級班成立之目的〉（1951年4月9日），《先總統蔣公思想言論總集》，卷24，頁88。

失敗、軍事崩潰、黨內分裂、經濟失策、個人缺失、幹部腐化以及未能實行政經改革等方面來反省1949年的失敗。[11]

根據劉維開教授的研究，在1949年至1952年之間，蔣曾在30篇演講中，對於1949年大陸失敗原因加以反省。其中有15篇的重點在軍事方面，包括軍事制度、軍事教育、戰略戰術等，如國軍在組織、宣傳、諜報戰等方面，都不如共軍，這些演講在數量上佔所有篇數的一半；其次，其中有8篇以黨務為主，包括國民黨內派系傾軋、黨紀敗壞（如幹部腐化墮落）、不能貫徹總理遺教等；其他各篇內容則較為廣泛，主要在於教育和文化等的因素。再者，〈對本黨第七次全國代表大會政治報告〉一文，則為大陸失敗原因之總檢討。劉維開指出蔣介石認為大陸失敗的主要原因，在於軍事、黨務及教育與文化等三方面。[12]

劉文分析十分周密，只是在該文中作者似乎不夠注意蔣介石在1950年代初期所做的檢討，曾經受到胡適的影響。1952年10月13日蔣介石在〈對本黨第七次全國代表大會政治報告〉中在對於1949年失敗的檢討之中，除了提到政治上的失敗、經濟上的失敗、教育上的失敗、軍事上的失敗之外，他開始特別強調國際外交上的失敗，並將上述諸種的失敗歸結到：從戰爭本質上共黨的成功在於總體戰的成功。

---

11 楊天石，〈國民黨遷臺與蔣介石的反省〉，收入楊天石，《尋找真實的蔣介石：蔣介石日記解讀（二）》（香港：三聯書店，2010），頁463-470。

12 劉維開，〈蔣中正對1949年失敗的檢討－以演講為中心的探討〉，《政治大學歷史學報》，期29（臺北，2008），頁85-125。

蔣介石所謂國際外交上的失敗主要是：俄國長期以來對華的侵略、美國對於赤俄的「嚴重錯誤的觀感」，以及《雅爾達密約》（*The Yalta Conference*）所產生的嚴重後果，導致「以中國的權利做條件換取赤俄參戰」等。[13]筆者認為蔣介石此一個觀點的提出，有很重要的一部分是受到胡適影響。

三、胡適撰寫《史達林策略下的中國》及其在臺之傳播

胡適於1948年12月離開北平，轉赴上海，至1949年4月6日再乘船赴美國定居，這是他「第六次出國」，而終其一生他都未能再返回大陸。[14]至美國之後，胡適仍十分關心國內的局勢。5月7日他曾應于斌（1901-1978）、曾琦（1892-1951）之邀，發電給李宗仁（1891-1969）與蔣介石。[15]不久之後，胡適接到了5月28日蔣介石寫的一封來信，蔣介石在信中談到：「現時對美外交之重點在不承認中共政權為第一要務，是故務必請胡適協助積極進行外交上的努力，以阻止美國承認共產政府。」[16]6月23日，胡適致函蔣介石，懇辭擔任閻錫山（1883-1960）內閣之外交部長。[17]胡適在日記中寫道：「今天發一電給閻百川

13　蔣中正，〈對本黨第七次全國代表大會開幕致詞〉（1952 年 10 月 13 日），《先總統蔣公思想言論總集》，卷 25，頁 115-124。

14　胡適著、曹伯言整理，《胡適日記全集》（臺北：聯經出版公司，2004），第 8 冊，頁 396。

15　胡適著、曹伯言整理，《胡適日記全集》，第 8 冊，頁 399。

16　〈蔣介石致胡適函〉，《南港檔》，中央研究院近代史研究所胡適紀念館藏，檔號：HS-NK04-008-001。

17　胡適，〈呈蔣中正知閻錫山組閣將余列外交部長職自省無能力擔任而懇辭〉（1949 年 6 月

先生，堅辭外交部長職務。『日夜自省，實無能力擔任此職。……此絕非謙辭，乃七八日仔細考慮之結果。……適在此為國家辯冤白謗，私人地位實更有力量。……』」。[18]後來他撰寫文章即是以私人身分「為國家辯冤白謗」。至6月29日，蔣介石又致電胡適：「甚望適之先生能先回國」出任職務，以共赴國難（當時宋子文與蔣廷黻曾建議蔣由胡適出任行政院長）。[19]然因諸多因素，胡適一直沒有接受蔣氏之邀請。至1950年3月31日，蔣介石續聘胡適為總統府資政。[20]此時他又受聘為美國普林斯頓大學（Princeton University）的圖書館館長。胡適在美國居留期間，他除了是上述總統府資政與1947年教育團體選出的國大代表之外，[21]並未擔任任何正式的政府職務，不過他似乎曾多次接受蔣介石所餽贈之津貼。我們不確定胡適是否全數接納蔣的禮金，然不容忽略的是胡蔣在思想共識、政治結盟與金錢餽贈等三方面的關係是交織在一起的（有關蔣介石從1951-1955年曾九度致贈胡適5,000元美金的11筆紀錄，共45000美元，請見本文附錄）。[22]即便如此，胡適撰文

---

23 日），《蔣中正總統文物・革命文獻・蔣總統引退與後方布置（二）》，國史館藏，典藏號：002-020400-00029-006，頁 1-8。

18 胡適著、曹伯言整理，《胡適日記全集》，第 8 冊，頁 417。

19 胡適著、曹伯言整理，《胡適日記全集》，第 8 冊，頁 419-420。

20 〈續行敦聘胡適先生為總統府資政〉，《南港檔》，中央研究院近代史研究所胡適紀念館藏，檔號：HS-NK05-213-001。

21 張朋園，《中國民主政治的困境，1909-1949》（臺北：聯經出版公司，2007），頁 381。

22 《蔣中正日記》，1951 年 4 月 25 日條中有：「發周錦朝、胡適之、陳立夫各款」，見《蔣中正日記》，1951 年 4 月 25 日。另 1951 年 5 月 15 日，「蔣中正囑俞國華代送于斌、于竣吉、胡適、陳立夫各美金五千元」，見〈蔣中正囑俞國華〉（1951 年 5 月 15 日），《蔣中正總

批判史達林及中國共產革命的原因是思想上與政治上的，並與上述蔣
對他的金錢餽贈沒有直接的關係。

　　在上述情況之下，胡適從1950年7月初開始，應美國學者的邀
約，[23]花了40天的功夫寫成一篇英文的長文，名為 "How Stalin's
Strategy of Conquest Succeeds in China after 25 Years' Chinese Resistance"
（〈史達林的侵略策略如何在中國抵抗了25年之後成功〉）。胡適撰寫
此文的一個重要動機是，反駁1949年8月美國所發表的《白皮書》中

統文物・籌筆・戡亂時期（十七）》，國史館藏，典藏號：002-010400-00017-019，頁1。
其他各筆請見本文附錄。唐德剛曾說胡適沒有收蔣介石的錢，「那個時候苦得不得了，胡
先生他沒有錢，蔣介石送他四萬塊錢，他怎麼能收呢？他不能收嘛，清望所悉。蔣介石送
我四萬塊錢，那我就收下來嘛，但是胡適就不行了。所以他很窮，我們也知道」，見2005
年2月，唐德剛在美國家中接受賈成達先生訪問的談話影片，中央研究院近代史研究所胡
適紀念館藏。不過在胡適的檔案中並未發現有關他接受或退還蔣介石贈款之紀錄。

23 胡適一直與 *Foreign Affairs* 雜誌社有聯繫，如1949年8月15日曾「call Armstrong of the
Foreign Affairs」，16日下午三時半，他與該社的編輯 Mr. Armstrong 見面。胡適著、曹伯言
整理，《胡適日記全集》，第8冊，頁429。余英時認為此文可能是受到胡適的老友 George
H. Blakeslee（1871-1954）之邀請，「Blakeslee 是編輯委員之一，一個月前剛在華府見過
面，很可能是由他發動，請胡適為《季刊》寫一篇文章，為中國說話」。余英時，〈從日
記看胡適的一生〉，《重尋胡適的歷程：胡適生平與思想的再認識》（臺北：聯經出版公
司，2004），頁125。George H. Blakeslee 為哈佛大學博士（1903），Clark University 的歷
史與國際關係教授，同時也是 *Foreign Affairs*（前身為 *Journal of International Relations*）
的創辦人之一。從胡適檔案來看，兩人最早的通信在1916年8月，〈George H. Blakeslee
致胡適函〉，邀約胡適為 *The Journal of Race Development* 雜誌撰寫有關中國處境抑或中
日關係的文章。該信見《北京檔》，中央研究院近代史研究所胡適紀念館藏，檔號：HS-
JDSHSE-0132-006。1939年 George H. Blakeslee 所服務的克拉克大學於6月4日的畢業典禮
授與胡適榮譽法學博士學位。《北京檔》，中央研究院近代史研究所胡適紀念館藏，檔號：
HS-JDSHSE-0132-017。

關於中共興起的歷史解釋。誠如余英時所述：「他在這篇文章中引用了《白皮書》的資料，而沒有直接駁斥其論點。但讀者只要比讀二者，則胡文從頭到尾都在和《白皮書》唱反調，是無可掩飾的」。[24]胡適在日記中寫到他撰寫此文的經過：「寫完我的一篇英文文字 "How Stalin's Strategy of Conquest Succeeds in China after 25 Years' Chinese Resistance"，此文費了我四十天的功夫，甚不值得」。[25]胡適沒有明確地解釋為何此舉「甚不值得」，不過我們可以推測，他或許感到，因為撰寫此文而耽擱了從事學術研究的寶貴時間。這一篇長文參考了許多中英文一、二手史料，有37個附註說明資料來源，並以層層剖析的方式向英文讀者詳細地解釋1949年共產革命的源由。就胡適的學術生涯來說，1949年前後，胡適曾長期醉心於與現實無關的《水經注》考證，這一篇文章是他首度以類似考證之細密功夫與法官斷案的態度，來研究現實問題之歷史根源所寫成的學術著作。

胡適將此文交給了美國的 *Foreign Affairs* 雜誌發表。此一雜誌創辦於1922年，由Council on Foreign Relations負責編輯出版，為雙月刊，其主旨是為了促進西方讀者對於外交政策，以及美國在國際世界中所扮演之角色的認識。該雜誌是一個學術聲譽很高的刊物。胡適投稿之後，該刊的編輯Hamilton Fish Armstrong（為普林斯頓大學畢業、曾任外交官）建議胡適將篇名更改為 "China in Stalin's Grant Strategy"，後

24　余英時，〈從日記看胡適的一生〉，頁123-124。
25　胡適著、曹伯言整理，《胡適日記全集》，第8冊，1950年8月15日，頁507。

刊登於1950年9月19日出版的第29卷第1期（1950.10）之上。當天胡適在日記中記載了此事：「我的一篇文字 "China in Stalin's Grant Strategy" 今日在*Foreign Affairs*七（按：應為十）月號發表」；5天之後，他在日記上又寫到，由於此文使兒子胡思杜成為「新聞人物」：「此當是共產黨已得知我發表長文的消息之後的反攻」。[26]

在 "China in Stalin's Grant Strategy" 的第一段，胡適開宗明義地指出：

> 在本文裡面，我打算研討在中國所能看得出的史達林征服世界的雄圖—從試驗階段，修改階段，經過許多成功和失敗，一直到長期失敗後而獲得勝利的地步。這個故事，從一九二四年到一九四九年，亙延二十五年，而結束於近日的世界共產黨以不可抗禦的武力來征服——我相信是暫時的——大陸中國。我打算用國民政府和世界共產黨間—蔣總統和史達林間——的長久而艱苦的鬥爭為基本材料，來檢討這個意外成功的雄圖；這個雄圖，已把地球上極廣漠的面積和八萬萬人民放置在世界共產黨的管轄下了。[27]

---

26 胡適著、曹伯言整理，《胡適日記全集》，第 8 冊，頁 513、517。有關胡思杜的部分應該是指 1950 年 9 月 22 日他在香港《大公報》上發表〈對我父親——胡適的批判〉一文，說胡適是「帝國主義的走狗及人民公敵」。胡適在 1950 年 9 月 28 日看到此一報導，並將該則新聞剪報貼在日記之上。見胡適著、曹伯言整理，《胡適日記全集》，第 8 冊，頁 521-527。

27 胡適著、聶華苓譯，《史達林策略下的中國》（臺北：胡適紀念館，1957），頁 1。

就在該文刊出前約一週，1950年9月6日，胡適寫了一封信給在臺灣的傅斯年（1896-1950）夫婦，該信中他也摘述了上文的主旨。胡適認為蘇聯的扶植乃是中共由敗轉勝的關鍵，也是導致1949年山河色變的根本原因。[28]胡適說：

> 夏間發憤寫了一篇長文給*Foreign Affairs*十月號發表，題為
> "China in Stalin's Grant Strategy"。主旨是要人知道中國的崩潰
> 不是像Acheson等人說的毛澤東從山洞裡出來，蔣介石的軍隊就
> 不戰而潰了。我要人知道這是經過廿五年苦鬥以後的失
> 敗。……我要人知道在這廿五年的鬥爭裡，最初二十多年處處
> 是共產黨失敗，蔣介石勝利。[29]

胡適說其後有兩個轉捩點：第一是西安事變，張學良劫持蔣委員長，「紅軍勸導少帥釋放了蔣氏」，「殲滅紅軍的戰事，從此停止」，紅軍遂得以保全。[30]第二是《雅爾達密約》（*The Yalta Conference*），賦

28　〈胡適致傅斯年夫婦函〉，《南港檔》，中央研究院近代史研究所胡適紀念館藏，檔號：HS-NK05-105-005，原件。該信曾與《史達林策略下的中國》的中譯文同刊於《中央日報》，1950 年 10 月 19 日。傅斯年於 1950 年 12 月 20 日過世。

29　文中所說的 Acheson 是 Dean Gooderham Acheson（1893-1971），他於 1949-1953 年間曾擔任杜魯門總統的國務卿。

30　胡適著、聶華苓譯，《史達林策略下的中國》，頁 34、36。胡適對西安事變的反應可以參考他在 1936 年 12 月 20 日他在天津《大公報》「星期論文」所發表的〈張學良的叛變〉一文，收入胡適著、潘光哲主編，《胡適全集：胡適時論集 5》（臺北：中央研究院近代史研究所，

予史達林進軍東北的特權，並支持紅軍壯大發展。此約改變了中國與亞洲的命運。因此胡適認為，中共的勝利絕非如其所宣稱代表不可抗拒的歷史潮流，而實際上主要是蘇俄扶持的結果。[31]此文所提出的分析與一年前蔣廷黻在〈我國控蘇案全文〉中的看法是很一致的。[32]

胡適不但將該文的主要觀點告訴傅斯年夫婦，且將該文寄交臺灣友人。不久之後，在臺灣的媒體上出現了此文的中譯本。第一個翻譯是在《中央日報》上刊出，在1950年10月19-21日，分3天連載，題為〈史達林征服世界戰略下的中國〉。其後在1950年11月出版《自由中國》（卷3期9）之上，又由其好友毛子水（1893-1988）撰文介紹胡適

2018），頁 352-328。

31　余英時在為熊式輝的回憶錄寫序時，曾徵引 1950 年 9 月 6 日胡適致傅斯年夫婦函，並表示同意胡適的看法。余英時表示：「胡適的整體觀察是很有說服力的，這部《海桑集》則以無可辯駁的事實證實了這一觀察」。余英時，〈序〉，收入熊式輝著、洪朝輝編校，《海桑集：熊式輝回憶錄，1907-1949》（香港：明鏡出版社，2008），頁 18-19。

32　例如蔣廷黻也強調雅爾達密約對亞洲局勢的影響，他說「時至今日，我們必須宣稱：雅爾達鑄成大錯──十分悲慘的大錯。如無此一協定，中國和韓國在戰後的整個歷史，必然整個改觀」。蔣廷黻，〈我國控蘇案全文〉，載中央日報社編，《我們的敵國》（臺北：中央日報社，1952），頁 283。轉引自郭榮趙，《美國雅爾達密約與中國》（臺北：水牛出版社，1979），頁 1。亦可參見 1950 年 11 月 25 日蔣廷黻在聯合國之聲明，〈蘇聯威脅中國政治獨立與領土完整〉，收入《蔣廷黻選集》（臺北：傳記文學出版社，1971），集 4，頁 685-735。在控蘇案提出的過程之中胡適常與顧維鈞、蔣廷黻、宋子文等會面，商討相關事宜。如 1949 年 8 月 21 日，胡適曾與顧維鈞見面，在顧維鈞日記有詳細記載，「8 月 21 日，我曾在紐約安排了一次由宋子文、胡適、蔣廷黻、貝祖貽及我自己參加的會議，主要是討論我國局勢以及我們在挽救國家方面能做些什麼。我們討論了政府希望蘇聯違反條約義務提到聯合國的問題」。顧維鈞口述原著、中國社會科學院近代史研究所譯，《顧維鈞回憶錄》（北京：中華書局，1988），第 7 冊，頁 415。

的這一著作,名為〈史達林是怎樣攫取中國的大陸國土〉。毛子水說:
「在學術上,這是一種出自大師的傑作;在歷史教育上,這是一篇最
翔實的文章」。[33]該社並在1950年11月出版的《自由中國》卷3期10之
上,刊登了由著名的文學家聶華苓(1925-),時任《自由中國》編輯
委員與文藝欄主編)翻譯的譯文,名為〈史達林雄圖下的中國〉。在
前言中,編者表示:

> 本文係本刊發行人胡適之先生應美國著名雜誌*Foreign
> Affairs*編輯者和主事人之請而作,發表於該刊十月號上。……
> 胡先生此文是近年中國歷史上一篇重要的文獻,其在國際上的
> 影響甚為重大,故本刊特在上期由毛子水先生為文予以介紹。
> 茲從讀者之請,將本刊數經校正的譯文,於本期完全刊出,以
> 便讀者參閱。[34]

胡適的文章經過《中央日報》與《自由中國》雜誌的刊載,使該
文的影響力更為擴大。其後至1951年10月,國民黨的革命實踐研究院
又以叢刊的方式轉載了這一篇文章。[35]胡適的作品由《中央日報》、《自

---

33 毛子水,〈史達林是怎樣攫取中國的大陸國土〉,《自由中國》,卷 3 期 9(臺北,1951
年 11 月),頁 301-302。

34 胡適著、聶華苓譯,〈史達林雄圖下的中國〉,《自由中國》,卷 3 期 10(臺北,1951 年
11 月),頁 338。

35 胡適著、聶華苓譯,《史達林策略下的中國》,頁 48。

由中國》與革命實踐研究院三者出版，顯示胡適的主張在1950年代的臺灣獲得了自由主義者與國民黨統治菁英的共同認可。這一篇文章的觀點（加上蔣介石《蘇俄在中國》的細密論證）後來被寫入中學教科書之中，成為臺灣人們對1949年歷史解釋的重要根源。

四、胡蔣之思想交涉

胡適十分重視這一篇文章。1951年5月31日他寫給蔣中正的一封長信之中，曾懇請蔣氏仔細閱讀此文：

> 我為了要了解這段歷史，曾收買一些關於蘇俄、東歐、中歐、西歐、美國的書，並且搜集一些中國共產黨的出版品。這研究的結果，曾發表一篇三十頁的長文，在美國最有學術地位的《外交季刊》去年十月號上登出，題為〈在史達林戰略裡的中國〉。此文臺北《中央日報》曾譯出，頗多譯錯之處。後由《自由中國》社重譯，登在《自由中國》第三卷第十期，錯誤較少，比較可讀，但也不能完全滿意。但我盼望此文能得　我公一讀，尚蒙　指示錯誤，使我有修正的機會，我就很感覺榮幸了。重要的一點是此文用意在為世界人士敘述這廿五年的國共鬥爭史……。[36]

36　〈胡適致蔣中正函〉，《南港檔》，中央研究院近代史研究所胡適紀念館藏，檔號：HS-NK04-008-015。原件見〈胡適函蔣中正〉（1951年5月31日），《蔣中正總統文物》，「一

胡適在這一封信中又提到，除了國際局勢之外，國民黨的「聯俄容共政策」也要為中共的坐大負責。在這方面國民黨需要知己知彼，他指出：「國民黨太不注意史料的收集與編印，太不注意根本的宣傳資料了。在一點上，我要向　我公建一議，盼望　我公多讀一點中共近年出版的書報」。胡適希望：

> 我公指示辭修、雪艇諸兄設法搜集敵人的文獻，並且指導政府與國民黨的領導人物切實研究這種敵人文獻。例如郭國防部長與參謀總長必須細讀毛澤東的《中國革命戰爭的戰略問題》，必須讀他的「目前形勢和我們的任務」（1947年12月25日），又如張其昀兄必須細讀毛澤東的「反黨八股」（1942）。[37]

在這封信中胡適除了建議蔣介石要仔細整理國民黨的歷史資料、研讀中共重要文獻之外，還應該：1.研究史達林論中國革命之書籍，以瞭解他是「在幕後發縱指示的陰謀家」；2.研究毛澤東的戰略如何受

般資料——名人書翰 /100」，國史館藏，典藏號：002-080200-00622-001，頁 2-17。

37 此處所說的郭國防部長是指郭寄嶠（1902-1998）。毛澤東，《中國革命戰爭的戰略問題》（1936 年 12 月），作者表示，「這本小書是一九三六年秋季作為當時紅軍大學的教本而寫的，目的在總結內戰的經驗」，收入毛澤東，《毛澤東選集・第二卷》（北京：人民出版社，1952），頁 163-236。〈目前形勢和我們的任務〉（1947 年 12 月 25 日），收入《毛澤東選集・第四卷》（北京：人民出版社，1960），頁 1243-1262。「反黨八股」應為〈反對黨八股〉，是毛澤東在 1942 年 2 月 8 日舉行的延安幹部會議上所作的演講，〈反對黨八股〉（1942 年 2 月 8 日），收入《毛澤東選集・第三卷》（北京：人民出版社，1953），頁 831-847。

到史達林影響；3.研究克勞塞維茨（Carl von Clausewitz, 1780-1831）的《戰爭論》（*vom Kriege*）及其對蘇俄與中共的影響，因為有三點因素發揮了作用，「一是克氏說的『戰爭只是政治的繼續（用暴力的方法來繼續）』；二是克氏說的『退卻』在戰略上的重要；三是克氏的『反攻』論。此三點都是斯大林慣用的，也都是毛澤東慣用的」。[38]

最後胡適提出他對臺灣民主化的想法，他建議「國民黨自由分化，分成幾個獨立的新政黨」，首要之事乃「蔣先生先辭去國民黨總裁」。此外，他也附帶提議立法院現行的「無記名表決」，必須修改為「唱名表決」。[39]

這一封信顯然對蔣介石深有啟發。9月23日蔣介石給胡適回了一封信，[40]表示同意胡適的觀點，卻輕描淡寫地迴避了有關憲法、黨派問題的部分。他說胡適的《史達林策略下的中國》，「乃近年來揭發蘇俄對華陰謀第一篇之文章，有助於全世界人士對我國之認識非尠，豈

38　胡適對克勞塞維茨的《戰爭論》及其對蘇俄與中共的影響之看法受到 Byron Dexter 的啟發，他在 *Foreign Affairs* 1951 年 10 月號（與胡適作品同時刊出）有 "Clausewitz and Soviet Strategy" 一文，分析此一議題。Byron Dexter, "Clausewitz and Soviet Strategy," *Foreign Affairs*, 29.1（1951.10），pp. 41-55. 胡適還請杭立武將該文轉呈蔣氏，他說：「茲托　杭立武兄帶呈一文，是一個美國學者寫的一篇〈克勞司威次 Clausewitz 與蘇俄的戰略〉，似可囑志希兄譯成中文，以便我公閱讀」。

39　胡適將這一部份記入日記，胡適著、曹伯言整理，《胡適日記全集》，第 8 冊，頁 589。

40　〈蔣介石致胡適函〉，《南港檔》，中央研究院近代史研究所胡適紀念館藏，檔號：HS-NK04-008-003，原件。胡適於 10 月 11 日收到此信，在當日及次日的《日記》中，胡適說蔣所說的是「很客氣的話」，卻感嘆寫到他對蔣提出之有關黨派問題的見解「似不是國民黨人所能了解」。胡適著、曹伯言整理，《胡適日記全集》，第 8 冊，頁 612-613。

嗇敘史翔實嚴謹而已」。此外他又指示張其昀（1900-1985）從事黨史編纂工作。蔣介石說：「本黨文獻浩繁，缺乏整理工作，其弊端確如先生之所言。去年特囑張曉峰兄著手編纂黨史，所據資料除黨部案卷外，頗有向來未發表之史料在內」。信中所說的書，應該即是中央改造委員會文物供應社所出版的《黨史概要》一書。[41]

　　胡適對蔣介石的另一影響則是注意到克勞塞維茨的《戰爭論》。蔣在1951年7月9日，也就是在收到胡適來信後的一個多月之後，對圓山軍官訓練團的一個演講即是：〈對研讀克勞塞維茨《戰爭原理》的提示〉，在演講中蔣介石強調：「目前俄國的戰略和政略行動方式，都是竊取克氏這個戰爭理論而來的。我們要對匪鬥爭，要反共抗俄，一定先要研究其鬥爭的方法和來源不可」。[42]

41　張其昀，《黨史概要，又名近六十年中國革命史》（臺北：中央改造委員會文物供應社，1951）。此書由錢穆作序，見錢穆，〈張曉峰黨史概要序〉，收入錢穆，《中國學術思想史論叢（九）》（北京：九州出版社，2011），頁271-274。錢穆說：「政府從整個大陸撤退到臺灣，這不能不說是國民黨的一番大失敗。此刻痛定思痛，澈底反省，究竟這幾十年來的國民黨，它的已往成功，猶可保留到將來的，是在那幾處？它之所以失敗的主要病徵在那裏？它須從頭改進的是什麼？它須再事發揚的，又是些什麼？將來國民黨新興，無疑的，與已往的國民黨必然會有一番大改造」（頁271）。

42　蔣中正，〈對研讀克勞塞維茨「戰爭原理」的提示〉（1951年7月9日），《先總統蔣公思想言論總集》，卷24，頁172。事實上，蔣介石從1951年7月1日開始閱讀該書，其日記記載「朝課後聽讀克氏《戰爭論》戰略一般原理之部，更覺剿匪期間戰略錯誤之可恥，惶愧無己，擬將失敗經過製成回憶錄」。8月10日又記：「近日來對克氏原理研究太切，以致傷神失眠」。8月11日「克氏戰爭原理研讀數遍，並將譯文切實批改」。8月13日「對研讀克氏戰爭原理工作總算是初步告一段落，前後翻覆、研讀已不下四五遍，但猶不能將其全部大意融會貫通」。蔣氏在1951年年底「民國四十一年大事預定表」中仍將「克氏《戰爭論》」列入明年預定研讀之書刊。參考1951年《蔣中正日記》以及王奇生，〈蔣介石

1954年8月，蔣介石指示國防部翻譯克勞塞維茨的《戰爭論》全文，該書的中譯工作由張柏亭與鈕先鍾負責，於1955年底完成。[43]在序文中張柏亭重複了上述蔣的觀點：

> 　　共產主義的頭子們，從馬克斯、恩格斯列寧以降，對克氏的理論，都十分重視。尤以列寧，曾對本書，細心研究，並詳加批註和圈點。由此，可知共匪的（疑為衍字）所以把克氏理論，不但應用在軍事行為上，並且更引援在政治鬥爭中，實不為無因。……今日研究對匪的戰略戰術……不如澈底從克勞塞維茨的理論中去尋找答案。

　　張柏亭更表示：「所有譯稿，均蒙　總統在日理萬機之餘，前後四次詳賜核正，並在文上加註眉批，文旁密為圈點，更在重要章篇後，批示要點，指引讀者；凡所訓示，多足發人深省，有為克氏所未道者」，由此可見蔣介石對翻譯此書之重視。

　　1956年蔣介石撰寫《蘇俄在中國》，在此書之中他更細緻地闡述

的讀書生活〉，載呂芳上主編，《蔣介石的日常生活》（臺北：政大出版社，2012），頁334。

43　張柏亭，〈譯者序言〉，克勞塞維茨著、張柏亭譯，《戰爭論》（臺北：國防部，1956），第一篇，頁2-8。根據《蔣中正日記》，時任總統府秘書的夏功權（1919-2008）也曾參與該書之譯述工作，「據夏功權稱因譯述克氏之書，彼亦失眠」（1951年8月10日）。

了蘇俄對華之企圖，文中多處引用克勞塞維茨的《戰爭論》，[44]這些觀點都與胡適的想法是一致的。蔣介石後來於1957年邀約胡適返臺擔任中央研究院的院長，其中一個很重要原因即是，兩人自1949年以來在反共抗俄論上的共識。不過他所刻意迴避胡適所提到民主化的議題卻為兩人後來的緊張關係埋下伏筆。[45]

五、結論

蔣介石與胡適的關係近年來受到許多學者的關注。如楊天石的文章指出1948年蔣介石藉著推薦胡適參選總統，企圖贏得美國人的好感，以便在獲取美援之上少一點阻力。[46]蔣對胡的尊禮顯然是出於政治與外交的考量。陳紅民與段智峰的文章則指出在1950年代後期在臺灣時「蔣介石在日記中痛罵胡適與在公開場合下對胡適的『禮遇』形成鮮明的對比」，[47]這一點則涉及人際間之愛憎。其實蔣對胡在公私領域中褒貶不同的對比，早在胡適擔任駐美大使前後即已呈現。1941年10月16日蔣在日記中即說：「（胡適）使美四年，除謀得十餘個名譽博士外，對國家與戰事一無貢獻」；11月28日又寫到：「對美內子助以

---

44 蔣中正，《蘇俄在中國》（臺北：中央文物供應社，1956），頁 315-332。

45 有關胡、蔣在 1950 年代後期兩人之間的緊張關係，參見任育德，〈胡適晚年與蔣介石的互動（1948-1962）〉，《國史館館刊》，期 30（臺北，2011），頁 121-138。

46 楊天石，〈蔣介石提拔胡適參選總統前後——蔣介石日記解讀〉，《近代史研究》，期 182（北京，2011），頁 9。

47 陳紅民、段智峰，〈差異何其大——臺灣時代蔣介石與胡適對彼此間交往的紀錄〉，頁 18。

內，子文輔佐以外最力，否則如胡適者，未有不失敗也」。[48]

　　這一微妙的心理源自胡蔣之間既對彼此不滿、兩人又不得不合作的複雜情愫。胡蔣關係一方面類似傳統的君臣，另一方面也是對中共作戰的盟友。此外，蔣則以定期餽贈禮金的方式來拉攏胡適。不過兩人最終能夠共同合作、彼此尊重的基礎還是在於思想上對反共抗俄理論的共識。尤其在1949年之後，國民黨統治菁英與中國自由主義者面臨了山河巨變、退居孤島的重大挫折，為圖日後之再起，乃積極地消弭彼此的不滿、突出兩方的共識。蔣在1951年9月23日的致胡適函中刻意不談胡適所說的憲法與黨派問題，又突出表揚胡適《史達林策略下的中國》在揭發蘇聯對華陰謀之貢獻，正是此一心態的反映。1949至1956年之間，胡蔣的思想交涉與政治上的結盟充分說明了雙方去異求同、尋求合作的傾向。蔣胡兩人這樣的作法可謂「道不同而相為謀」。

48　《蔣中正日記》，1941 年 10 月 16 日、11 月 28 日。

附錄：1951-1955年間蔣介石餽贈胡適美金之紀錄

1. 〈蔣中正致俞國華（電）〉（1951年5月15日），「俞國華同志代送于斌、于竣吉、胡適之、陳立夫各位美金洋各五千圓。中正。十五日。辰刪機」。見《蔣中正總統文物・籌筆・戡亂時期（十七）》，典藏號：002-010400-00017-019。

2. 〈蔣中正致俞國華（電）〉（1951年12月11日），「俞國華同志。本月十七日為胡適之先生六十誕辰，請與宏濤同志代往祝賀，并送其美金五千圓為盼。中正」。見《蔣中正總統文物・籌筆・戡亂時期（十八）》，典藏號：002-010400-00018-043。

3. 〈蔣中正致俞國華（電）〉（1952年6月19日），「俞國華同志。請發陳立夫、胡適之二先生美金各五千圓，代送為盼。中正。已皓機」。見《蔣中正總統文物・籌筆・戡亂時期（十九）》，典藏號：002-010400-00019-035。

4. 〈蔣中正致俞國華（電）〉（1953年2月5日），「俞國華同志。即送胡適之先生美金洋五千圓。中正。丑微機」。見《蔣中正總統文物・籌筆・戡亂時期（二十）》，典藏號：002-010400-00020-012。

5. 〈蔣中正致俞國華（電）〉（1953年7月17日），「俞國華同志。代發陳立夫、胡適之二先生美金各五千元。又托譚伯羽兄代匯德友、鷹屋君　千元為盼。中正。午篠」。見《蔣中正總統文物・籌筆・戡亂時期（二十）》，典藏號：002-010400-00020-061。

6. 〈蔣中正致俞國華（電）〉（1954年5月1日），「俞國華同志。請發胡適與于斌二先生美金各五千圓。中正。辰東」。見《蔣中正總統文物・籌筆・戡亂時期（二十二）》，典藏號：002-010400-00022-041。

7. 〈蔣中正致俞國華（電）〉（1954年9月3日），「俞國華同志。請即送胡適之先生美金五千圓。中正。申江」。見《蔣中正總統文物・籌筆・戡亂時期（二十三）》，典藏號：002-010400-00023-026。

8. 〈蔣中正致俞國華（電）〉（1954年12月6日），「華盛頓。密俞國華同志。本月中旬或須撥用美金叁拾萬圓，望先籌備，屆時候電撥付可也。又胡適之、陳立夫二位各五千元，顧大使壹萬元，吾弟三千元，待年終如數分送為盼。中。亥魚」。見《蔣中正總統文物・特交檔案・一般資料—民國四十三年》，典藏號：002-080200-00350-114。

9. 〈蔣中正致俞國華（電）〉（1954年12月14日），「華盛頓。密俞國華同志。除前數之外須另備貳拾叁萬元，一併憑函於本月下旬候領可也。胡適之先生款仍照送為宜。中。亥寒」。見《蔣中正總統文物・特交檔案・一般資料—民國四十三年》，典藏號：002-080200-00350-116。

10. 〈蔣中正致俞國華（電）〉（1955年5月11日），「俞國華同志。本月底發胡適之、陳立夫二君美金各五千圓可也。中正。辰真」。見《蔣中正總統文物・籌筆・戡亂時期（二十五）》，典藏號：

002-010400-00025-020。

11. 〈俞國華致蔣中正（電）〉（1955年5月16日），「臺北。密總統鈞鑒。真電敬悉，胡、陳二先生特別費，遵當於月底前照發。又職擬於本月廿七日離美返國，行前鈞座有無指示，乞電示。職俞國華叩。銑」。見《蔣中正總統文物・特交檔案・一般資料―民國四十四年》，典藏號：002-080200-00351-063。

5

一位「保守的自由主義者」

胡適與
《文星》雜誌*

一、前言

　　1952年，蕭孟能（1920-2004）、朱婉堅夫婦於臺北開設文星書店，1957年11月創辦《文星》雜誌，不久此刊即暢銷一時，廣受青年學子之歡迎；後於1965年因「為匪宣傳」而被查禁，至1968年文星書店亦走入歷史。在1960年代《文星》雜誌對臺灣思想界產生過重要的影響。該刊雖在「發刊詞」中標榜為一文學、生活與藝術性質的刊物，然其主旨在宣揚自由理念，它的歷史命運因而與臺灣自由思想的發展息息相關，成為考察戒嚴時期臺灣自由主義的重要文獻依據。《文星》雜誌最重要的成就在於它通過介紹西方的文學、藝術和科學，為黨國體制下的青年學生與知識分子提供新知泉源，讓人們對自由、開放的理想社會產生了更強烈的憧憬。該雜誌無論是前期所採取的迂迴溫和傾向，或是後期較激烈的衝撞體制之作為，都表現出敢於爭取自由，捍衛憲法所賦予權利之精神。它所掀起的新文學、新藝術與其帶動的新思潮，都朝向一個自由、開放的民主社會。編者真誠地希望戒嚴統治之下的中華民國能成為名符其實的「自由中國」。[1]雖然也有人認為《文星》雜誌與《自由中國》類似，其影響只限於少數上層的知識菁英，未能將「外省」知識分子與本土知識分子成功地結合在一

---

* 本文收入潘光哲編，《胡適與現代中國的理想追尋——紀念胡適先生120歲誕辰國際學術討論會論文集》（臺北：秀威資訊，2013），頁332-359。

1 有關《文星》雜誌之創刊、內容及其變遷與影響，可參考黃克武，〈戒嚴體制下的自由之聲：《文星》雜誌的介紹與分析〉，劉紹臣等著，《知識饗宴系列（8）》（臺北：中央研究院，2012），頁137-164。

起，更遑論深入社會底層。[2]然而《文星》仍有其貢獻。當1960年《自由中國》被查禁之後，《文星》雜誌扛起了繼續宣傳自由思想的大旗，從思想批判與制度建言等方面持續對抗黨國體制中不合理的部分；此後《大學雜誌》（1968-1987）及其他「黨外」雜誌相繼湧現，一波接一波地在臺灣發揚自由民主精神，終能在1980年代後期開花結果，促成臺灣由黨國體制向自由民主之轉型。[3]。

1979年由康寧祥（1938-）任發行人的80年代出版社曾出版了《自由中國選集》一書（共四冊），[4]介紹《自由中國》中對地方自治與選舉、司法獨立、言論自由、反對黨問題等議題的看法。該書編者在序

2　此為南方朔之論點。他認為《自由中國》是50年代自由主義知識分子運動，是大陸舊自由主義的遺緒在臺易地生根，至1960年因雷震案而宣告終止，《文星》則是60年代自由主義知識分子運動，是大陸舊自由主義與臺灣新生自由主義的一次失敗的聯合，「這兩次知識分子運動是單薄無比，僅限於高層政治上、理念上、文化上事物的異議。它們的起與落，總體的影響力，均沒有七〇年代《大學雜誌》集團的久遠」。南方朔，〈中國自由主義的最後堡壘──大學雜誌階段的量底分析〉，收入陳鼓應，《言論廣場》（臺北：遠景出版社，1980），頁161-171。

3　《大學雜誌》創刊於1968年，至1987年正式停刊。有關《大學雜誌》與臺灣自由主義運動之關係可參考：Mab Huang（黃默），*Intellectual Ferment for Political Reforms in Taiwan, 1971-1973*(Ann Arbor, MI.: Center for Chinese Studies, the University of Michigan, 1976); 南方朔，〈中國自由主義的最後堡壘──大學雜誌階段的量底分析〉，頁161-233。

4　《八十年代》為臺灣的政論性雜誌，創辦於1979年6月。此刊由立法委員康寧祥任發行人兼社長，而江春男以司馬文武為筆名擔任總編輯。此外，參與者還有陳永興、康文雄、陳忠信、李筱峰、林進輝、范巽綠、林濁水、林世煜等人。「八十年代出版社」即為出版該刊之出版社，其主旨在經銷黨外人士或有利黨外運動之著作。有關康寧祥、《八十年代》雜誌與黨外運動的關係，可參考蕭淑玲，〈臺灣黨外雜誌對黨外運動的作用（1979-1986）──以《八十年代》系列、《美麗島》、《蓬萊島》系列兩大路線為例〉（中壢：國立中央大學歷史研究所碩士論文，2006）。

文中指出：

> （民國）四十六年十一月，臺北創刊了一份「不按牌理出牌」的《文星》雜誌……在《自由中國》停刊後逐漸成為臺北文化圈的重要刊物，在六十年代掀起一陣風浪，成為五十年代《自由中國》時期與七十年代因應保釣而起的知識分子政治改革運動的一個過渡。[5]

這是一個非常準確的歷史論斷，也顯示出從《自由中國》到《文星》雜誌的思想遺產與「黨外」反對運動之間的密切關係。[6]由此可見，臺灣社會今日能享有自由民主的累累果實，《文星》雜誌扮演接續《自由中國》並開啟後續「黨外」運動發展的重要角色。

《文星》雜誌在傳播自由思想之時，與當時公認自由主義的思想大家胡適之間有非常微妙的關係。過去對於此一課題的研究並不多。一般研究《文星》雜誌的作品多關注李敖（1935-2018）與中西文化論戰，而少有人省察胡適與《文星》雜誌的互動。[7]這一方面是因為胡適

5　編輯部，〈《自由中國選集》總序〉，收入《自由中國選集》（臺北：八十年代出版社，1979），頁7。

6　韋政通對臺灣自由主義發展有相同的觀察，見韋政通，〈三十多年來知識分子追求自由民主的歷程——從《自由中國》、《文星》、《大學雜誌》到黨外的民主運動〉，收入《中國論壇》編，《臺灣地區社會變遷與文化發展》（臺北：中國論壇社，1985），頁341-380。

7　有關該雜誌有兩本碩士論文：張裕亮，〈文星雜誌有關中西文化論戰問題之言論分析——

在《文星》雜誌以他的名字所發表的文章只有七、八篇（此一情況與
《自由中國》階段他積極撰文的作法有所不同），另一方面則由於胡適
於1962年初即過世，沒有參與他與李敖等人所引發的中西文化論戰。
本文的主旨在於分析胡適與《文星》雜誌之關係，以此彰顯文星編輯
群在戒嚴體制之下，如何汲取思想資源來追求自由理想、突破禁忌，
又遭遇到哪些困境，而其中胡適對該刊的消極態度，亦反映胡適返國
擔任中央研究院院長之後的政治傾向。筆者首先將釐清1950、60年代
臺灣知識分子的「思想動員」，並描述胡適與《自由中國》之關係，
作為討論之背景。其次利用中央研究院胡適紀念館所藏的胡適與文星
雜誌社往來信函，釐清胡適對《文星》雜誌之態度。再其次則分析該
雜誌之中所刊登與胡適相關的作品；此一部分將特別討論：胡適所撰
寫的〈科學發展所需要的社會改革〉及其爭議；1962年1月以胡適為
封面的專號、李敖在該專號所寫的〈播種者胡適〉一文；1962年3月
出版的「追思胡適之先生專號」等文章，並分析其影響，以及此一思
想傳承在形塑臺灣當代文化上所扮演的角色。對於《文星》雜誌與胡
適互動之分析，一方面可以讓我們了解胡適晚年的思想動向，用李敖
的話來說，他是一個行事謹慎的「保守的自由主義者」；另一方面也

並論近代思相史關於中西文化問題之言論〉（臺北：政治大學新聞研究所碩士論文，
1984）；陳正然，〈臺灣五〇年代知識分子的文化運動——以「文星」為例〉（臺北：臺
灣大學社會學研究所碩士論文，1984）。上述二文多環繞著中西文化論戰。有關胡適晚年
思想的研究，如楊金榮，《角色與命運：胡適晚年的自由主義困境》（北京：生活‧讀書‧
新知三聯書店，2003）也沒有仔細討論胡適與《文星》雜誌的關係。

可以加深認識戒嚴時期臺灣自由知識分子的處境、知識分子與政治權威之關係。對上述這些議題的了解可以幫助我們認識到杭亭頓（Samuel P. Huntington）所說的「第三波——20世紀後期民主化浪潮」在具體的歷史情境中是如何推展的。[8]

二、戒嚴體制下知識分子的思想動員：《自由中國》、《文星》雜誌與1950-60年代的臺灣

　　1949年共產革命的成功象徵著20世紀中國自由主義發展的一大挫敗，國民黨政權在戰敗之後退居臺灣，跟隨著蔣氏赴臺者在思想上大致包括三大類：一是國民黨員與其他三民主義信仰者，二是自由主義者，三是新儒家等傳統主義者，這三者或有所重疊，然其共同信念即是反共。遷臺之後蔣介石痛定思痛，在臺灣建立更嚴密的黨國體制，企圖以同舟共濟的精神重起爐灶，進而反攻大陸。[9]1949年之後，在國際冷戰的格局之下，在臺灣的中華民國屬於美國為首之自由、民主之陣營，號稱「自由中國」，以此對抗專制極權的共產政權，然自由主

8　Samuel P. Huntington, *The Third Wave: Democratization in the Late Twentieth Century* (Norman: University of Oklahoma Press, 1991). 作者認為新興國家的民主體制是否得到鞏固主要取決於經濟發展與非西方文化對民主的接受程度。《文星》雜誌在促進民主思想的傳播，使之在臺灣扎根成長有所貢獻。

9　參見黃克武編，《遷臺初期的蔣中正》（臺北：中正紀念堂管理處，2011）。黃克武編，《重起爐灶：蔣中正與1950年代的臺灣》（臺北：中正紀念堂管理處，2013）。黃克武編，《同舟共濟：蔣中正與1950年代的臺灣》（臺北：國立中正紀念堂管理處，2014）。黃克武編，《1960年代的臺灣》（臺北：國立中正紀念堂管理處，2017）。

義思潮一直受到黨國體制的壓制與官方意識形態的批判，而在夾縫之中發展，人民的權利受到諸多禁錮。[10]難怪殷海光（1919-1969）在1965年撰寫《中國文化的展望》時要感嘆地說：「中國的自由主義者先天不足，後天失調」。[11]至於新儒家的支持者（唐君毅、牟宗三、錢穆、徐復觀等人），則多是蟄居於大學教書，並利用香港為英國殖民地的關係，創辦諸如新亞書院與《民主評論》等雜誌，反思中共在中國大陸之勝利，宣揚反共思想與針砭臺灣時政，並主張儒家思想與自由民主之接軌。[12]然而自由主義者與新儒家等兩個陣營所做的努力，只得到一部分的成果。由於受到諸多思想與非思想因素的影響，1960年代臺灣自由主義在思想論域與政治實踐之中屢遭挫敗，《自由中國》與《文星》雜誌先後遭到查禁，可見在戒嚴體制之下要突破禁忌十分

---

10 國民黨與共產黨一樣，反對「個人自由」而追求「國家自由」。在戒嚴時期，自由主義被界定為「毒素思想」。1957年國防部總政治部以「周國光」名義發表名為「向毒素思想總攻擊」小冊子，內容提及：「思想上的敵人不止一個。實際上個人自由主義者散播的毒素思想，亦同樣是我們思想的敵人」。轉引自邵健，《20世紀的兩個知識分子：胡適與魯迅》（臺北：秀威資訊，2008），頁 343-344。有關近代中國自由主義之進程，及國共兩黨自由觀之分析，請參見黃克武，〈近代中國自由主義的發展：從嚴復到新儒家〉，收入呂芳上主編，《回眸世紀路：建國百年歷史講座》（臺北：國史館，2012），頁 21-52。

11 殷海光，《中國文化的展望》（香港：大通書局，1981），頁 291。

12 有關 1949 年 6 月徐復觀等人所創辦之《民主評論》之基本理念及其與《自由中國》、《文星雜誌》之關係可參見蘇瑞鏘，〈《民主評論》的新儒家與《自由中國》的自由主義者關係變化初探：以徐復觀與殷海光為中心的討論〉，《思與言》，卷 49 期 1（2011），頁 7-44。徐復觀等人的基本立場是反共、肯定傳統與支持民主。亦見王志勇，〈流亡港臺傳統派知識分子「文化中國」意識探論——以《民主評論》為中心（1949-1966）〉（武漢：華中師範大學歷史文化學院博士論文，2017）。

困難。其後隨著經濟起飛、政治安定與傳播媒體的蓬勃發展，1980年代以來，臺灣自由主義與民主政治有較大的進展，政治、經濟與思想三種市場逐漸成型，民主體制才漸趨成熟。

自1987年解嚴到1996年總統直選，其後政黨輪替，臺灣自由主義與民主政治在二十餘年之間有較充分的發展。這一個中國歷史上首次民主政治的出現不但因為社會與經濟上的因素（如經濟發展、中產階級的出現、國民所得的提高等）、執政者的開明作風、反對運動者前仆後繼的努力，也牽涉到文化因素如自由思想的傳播，或有些學者所謂的「思想上的動員」（intellectual mobilization）。[13]「思想上的動員」意指社會中的價值取向逐漸地被原來具有無力感的知識分子所改變，[14]周德偉（1902-1986）稱之為「筆桿的勢力」。[15]就臺灣的民主化來說，其中特別重要的是1950年代後期至60年代後期臺灣自由主義思想傳播，使自由民主成為臺灣人堅信的普世價值，此一發展對日後臺灣從威權統治到民主政治的轉型有重要的貢獻。

13　有關臺灣的民主化請見：Linda Chao and Ramon H. Myers, *The First Chinese Democracy: Political Life in the Republic of China on Taiwan* (Baltimore: The Johns Hopkins University Press, 1998).

14　Reinhard Bendix, *Kings or People: Power and the Mandate to Rule*(Berkeley: University of California Press, 1978), pp. 253, 265-272. 從 Bendix「思想的動員」來分析臺灣自由民主的發展，可參閱墨子刻，〈從約翰彌爾民主理論看臺灣政治言論：民主是什麼——一個待研究的問題〉，《當代》，期 24（臺北，1988），頁 78-95。

15　周德偉，〈我與胡適之先生〉，《自由哲學與中國聖學》（北京：中國社會科學出版社，2004），頁 264。此文原刊《文星》，卷 10 期 1，第 55 期（臺北，1962），頁 17-29。

討論1950年代之後臺灣自由主義的發展，必須從《自由中國》談起。1950-60年代在臺灣以胡適、雷震（1897-1979）、殷海光等人的「自由中國雜誌社」為中心，結合本土的反對運動，討論憲政改革、反對黨、地方自治等議題，自由理念在思想界得以傳播，至1960年《自由中國》因雷震案被迫停刊。[16]此後自由思想的宣揚由《文星》雜誌來接棒。

在釐清胡適與《文星》雜誌的關係之前，我們須要了解胡適在1949年前後的變化，以及胡適與蔣介石和《自由中國》的關係。[17]1948年底，胡適在蔣介石的協助之下，匆匆離開北平，其後轉赴美國，在美國東岸住了大約九年（1949-1958）。在1949年前後，胡適一直給予蔣介石「道義的支持」，而且心繫臺灣。[18]1949年8月5日美國政府公布《中美關係白皮書》（*United States Relation with China with Special Reference to the Period 1944-1949*），次日中國駐美大使顧維鈞送了一本給胡適。胡適在超過千頁的白皮書上留下詳細的批注。他提到該書所論「大致公允」、「大致不差」，然美國人「忽略了八年抗戰中中共

---

16 請參考薛化元，《『自由中國』與民主憲政 (1949-1960)》（臺北：稻鄉出版社，1996）以及任育德，《雷震與臺灣民主憲政的發展》（臺北：政大歷史系，1999）等作品。

17 有關胡適 1949-1962 年之間生平與思想的一個簡要的勾勒，可參見余英時，〈從《日記》看胡適的一生〉，收入《重尋胡適歷程：胡適生平與思想的再認識》（臺北：聯經出版公司，2004），頁 114-155。

18 胡適，曹伯言整理，《胡適日記全集》（臺北：聯經出版公司，2004），第 9 冊，1960 年 11 月 18 日，頁 668。

的擴大」，不了解「共產黨的本質與陰謀」。[19]後來他撰寫《史達林策略下的中國》並影響到蔣介石的《蘇俄在中國》一書，兩者均是針對「白皮書」的觀點提出辯解。[20]

其實，反省1949年的重大變化是當時知識分子共同的議題。1949年11月由雷震主導的《自由中國》創刊，第一期由旅居美國胡適撰寫〈「自由中國」的宗旨〉列於篇首，他又掛名「發行人」。不過此事未經胡適認可，胡適得知之後，有些不悅，他在寫給雷震的信中表示：「我最不高興的是你用我的姓名為『發行人』。這是作偽，不是發起一個救國運動的好榜樣。我想請你老兄考慮，另請一人為發行人」。[21]1951年8月，胡適又因〈政府不可誘民入罪〉一文，引發軍事機關的關注，「正式辭去『發行人』的銜名」。[22]儘管如此，《自由中國》雜誌社仍堅持要求胡適擔任此職。這是因為雷震等人認為以胡適為招牌，可以有「擋箭牌」、「保護傘」的效果。[23]他們在寫給胡適的信中

19　參見胡適手批《中美關係白皮書》，藏中央研究院近代史研究所胡適紀念館。余英時指出1949 年 8 月「他此時心中最消解不了的便是這部《白皮書》」，余英時，〈從《日記》看胡適的一生〉，頁 125。

20　參見黃克武，〈道不同而相為謀：胡適、蔣介石與1950年代反共抗俄論的形成〉，收入本書。

21　〈胡適致雷震〉（1950 年 1 月 9 日），萬麗鵑編註、潘光哲校閱，《萬山不許一溪奔：胡適雷震往來書信選集》（臺北：中央研究院近代史研究所，2001），頁 9-10。

22　〈胡適致雷震〉（1951 年 8 月 11 日），萬麗鵑編註、潘光哲校閱，《萬山不許一溪奔：胡適雷震往來書信選集》，頁 24。

23　〈雷震致胡適〉（1953 年 3 月 23 日），萬麗鵑編註、潘光哲校閱，《萬山不許一溪奔：胡適雷震往來書信選集》，頁 43。雷震在信中指出胡適辭去發行人之後即招致政治干預，「先生辭去發行人不久，政府對弟採取如此行動。過去大家所顧慮者，自非杞人憂天也」。「保

表示：「中國現階段的民主自由運動——即僅就爭取言論自由這一點來看，非由您積極領導不可」。[24]從1949-1953年之間，胡適在該刊發表約10篇文章，對《自由中國》表達支持之意。1952年12月，胡適在〈《自由中國》雜誌三週年紀念會上致詞〉又坦承感到「慚愧」，期望由實際負責的朋友（指雷震）擔任發行人。[25]至1953年初，《自由中國》發行人才改為以雷震為首的編輯委員會（胡適列名委員）。然而雷震仍表示：「本刊在名義上雖已變更了發行人，在精神上仍是　先生主持的」。[26]胡適多次辭去發行人之職，似乎顯示他雖願意支持自由民主運動延續憲政法統、爭取言論自由與學術獨立，然不願意擔當碰撞權威的「龍頭」、不想和蔣翻臉，也不希望蔣介石感到他們有「顛覆政府」、取而代之的企圖。[27]

護傘」是夏道平的話，見夏道平，《我在《自由中國》》（臺北：遠流出版社，1989），頁12。他說：「我們應該承認是得力於開辦期的一把保護傘和一輛火車頭。保護傘，是聲望高的名義發行人胡適，火車頭是衝勁大的實際主持人雷震」。

24　〈雷震等致胡適〉（1951年9月7日），萬麗鵑編註、潘光哲校閱，《萬山不許一溪奔：胡適雷震往來書信選集》，頁26。自由中國社一直感到特務機關介入言論自由、監視該社行動而產生的壓力。1958年4月12日，雷震記載：「本刊發稿後有十幾個特務到廠要稿子看，他們真是不勝其煩，又不敢得罪他們。特務系統一到如此地步，令人實在可怕。他〔顏良昌〕又說，《自由中國》社他已放進一個特務，社中大小事情，他們都知道，這事我和聶小姐、夏道平談過，三人一致認為是程XX」。雷震撰，《雷震日記》，收入傅正主編，《雷震全集》（臺北：桂冠圖書公司，1990），第39冊，頁264-265。

25　胡適，〈《自由中國》雜誌三週年紀念會上致詞〉，《自由中國》，卷7期12（臺北，1952），頁4-5。

26　〈雷震致胡適〉（1953年2月2日），萬麗鵑編註、潘光哲校閱，《萬山不許一溪奔：胡適雷震往來書信選集》，頁36。

27　這一態度在胡適談反對黨問題表現得很明顯，1958年，胡適在〈從爭取言論自由談到反對

即使在卸去發行人的職務之後，胡適仍支持《自由中國》，1953-1960年間在該刊發表了20多篇文章，也曾捐款贊助。[28]胡適在這些文章中表達出對時局的分析與批判。其中如1955年的〈「寧鳴而死，不默而生」〉（《自由中國》卷12期7）表現出直言敢諫的精神；1956年底的〈述艾森豪總統的兩個小故事給蔣總統祝壽〉（刊《自由中國》卷15期9「祝壽專號」）亦表現出對蔣的批判。此外在1959-1960年，他也明白表示反對蔣介石三度連任總統。[29]

1957年底在《文星》創刊之時，胡適也面臨了一個人生的轉折。胡適在仔細考量之後，決定接受蔣介石之任命擔任中央研究院院長，

黨）一文中指出，不用「反對黨」一詞，以免「不明道理的人，以為有搗亂、有顛覆政府的意味」，他提出「組織一個不希望取得政權的『在』野黨」……也許五年十年甚至二十年都在野也無妨」。胡適講、楊欣泉記，〈從爭取言論自由談到反對黨〉，《自由中國》，卷18期11（臺北，1958），頁9-10。

28 〈胡適致雷震〉（1956年4月1日），萬麗鵑編註、潘光哲校閱，《萬山不許一溪奔》，頁92。胡適說：「我寄上支票二百美金，作為捐款，稍稍替本社分一點負擔，請你不要推卸。」

29 有關《自由中國》「祝壽專號」中對蔣之直諫以及胡適對蔣三連任之態度可參見拙著，〈蔣中正、陳誠與胡適：以「三連任」問題為中心（1956-1960）〉，收入本書。根據郭廷以在日記中的記載，胡適在公私場合均對國民黨與蔣介石連任有所抨擊，蔣經國對此頗不諒解，「經國約晤，知明年總統連任已成定局，對胡適之頗有不諒之處」（1959年11月16日）；「東亞學術研究計畫委員會開會，……晚，宴各大學校長、教育部人員及胡適之、朱騮先先生……。胡先生酒後對國民黨及蔣總統大事抨擊，似涵養不足，政治偏見太深。據聞月餘前胡先生擬向蔣總統建議四事，勸和平讓出政權，確定繼承人，明白表示支持，蔣總統未接見」（1960年1月2日）。見郭廷以，《郭量宇先生日記殘稿》（臺北：中央研究院近代史研究所，2012），頁149、159。上文中所說的四件事見胡適1960年2月7日日記中《自立晚報》的剪報。胡適，曹伯言整理，《胡適日記全集》，第9冊，頁581。

並於1958年4月自美國返臺就職。這涉及1949年至1956年之間胡適與蔣介石之間在思想上交往，以及蔣對胡的經濟資助。[30]此一角色，或許使他與反對威權統治之自由主義運動刻意地保持一定之距離。這樣的謹慎態度與傅正（1927-1991）等《自由中國》核心分子，在1958年時對胡適的觀察是一致的。傅正認為胡適不肯「冒這種風險」來組反對黨、「不足以寄託擔當扭轉大局的希望」。傅正寫下他與友人的共同看法：「胡博士要在學術上有甚麼驚人的成就恐怕很難。而要想胡博士在政治上領導反對黨則更難」。[31]殷海光也出於相同的原因，對胡適有所不滿，他說「早年的胡適確有些光輝，晚年的胡適簡直沉淪為一個世俗的人了。他生怕大家不再捧他，唯恐忤逆現實的權勢，思想則步步向後溜」。[32]殷海光又說：

> 胡適則始終跟實際的政治權勢糾纏不清，所以難免作權勢的工具……當著一個權勢結構和意底勞結除訴諸武力以外絕對不能訴諸理智來改變，加入幾個忠心分子當官兒，怎能改變？

---

30 見黃克武，〈道不同而相為謀：胡適、蔣介石與1950年代反共抗俄論的形成〉（收入本書）。

31 詳見潘光哲編，《傅正《自由中國》時期日記選編》（臺北：中央研究院近代史研究所，2011），頁74、85。

32 黎漢基，《殷海光思想研究》（臺北：正中書局，2000），頁214-260。引文出自〈殷海光致陳平景〉（1966年2月16日），潘光哲編輯，《殷海光書信錄》（臺北：臺灣大學出版中心，2011），頁287。胡適則說殷海光「態度不夠……他是一個書獃子」（1960年11月17日）。胡頌平編著，《胡適之先生晚年談話錄》（臺北：聯經出版公司，1984），頁87。

胡適的淺識薄見，實在自誤又誤人。在我同胡適私人接觸時，我的內心立刻產生二人相距千里之感。[33]

傅正與殷海光都對胡適與現實的糾結，以及不肯勇於抗爭之氣概有所批評。這也透露出胡適在雷震案發生前後所表現出的基本態度，亦即願意堅持理想而抗爭，卻同時也願意為顧全大局而妥協，不走向與當權的決裂。這樣的態度使《自由中國》之中的激進者（傅正、殷海光，也包括雷震）感到不滿。

　　胡適雖不願直接衝撞政治權威，然在言論市場上仍有不少的支持者。1958年之後他所代表的政治主張與文化關懷，因為《文星》的努力推廣，而發揮了影響力。《文星》雜誌中最積極鼓吹胡適思想的人包括毛子水（1893-1988）、李敖與徐高阮（1914-1969）等人。毛子水為胡適在北大的學生，他在《文星》上撰寫〈胡適之對於我們現代思想的影響〉、〈胡適思想對現代中國青年的影響〉、〈胡適傳〉等文，指出胡適提倡白話文與「新文化運動」，對學術思想界與青年人「治學方面」有重大的影響。[34]李敖認為胡適的貢獻不在學術，而在自由民主思想的傳播（所謂「播種者」的角色）；徐高阮則認為他代表中

33　〈殷海光致何有暉〉（1969年2月9日），潘光哲編輯，《殷海光書信錄》，頁38-39。

34　毛子水，〈胡適之對於我們現代思想的影響〉，《文星》，卷2期1，第7期（臺北，1958），頁8-9；毛子水，〈胡適思想對現代中國青年的影響〉，《文星》，卷7期2，第38期（臺北，1960），頁4-5；毛子水，〈胡適傳〉，《文星》，卷11期5，第65期（臺北，1962），頁19-27。

國近代思想史上的一個趨向，即是在肯定傳統文化之精華的前提下，學習西方近代文明。[35]這三個方面正是胡適一生思想的重點。1962年後《文星》由李敖接棒，轉向較激烈的政治批判，該雜誌成為五四精神傳統與《自由中國》的繼承者。這一轉型無疑地深受胡適思想之激勵。從《自由中國》到《文星》雜誌所形成的思想傳統，在戒嚴時代發揮了傳播自由主義理念的「思想的動員」之作用，以筆桿子的力量推動了臺灣民主化的發展。

三、胡適對《文星》雜誌之態度：吝於回應

從以上的描述，我們可以了解胡適對《自由中國》一直大力支持。1958年《自由中國》刊出「反對黨問題」的討論之後，甚至有不少人希望胡適能「在海內外徵求同志」，「把他發起的自由中國社，改為中國自由黨」。[36]這無疑是《文星》雜誌在創刊之初，該刊之創辦者積極聯絡胡適，尋求援助的重要背景。

《文星》雜誌與《自由中國》有兩年左右的重疊時間。該刊由

35　徐高阮，〈胡適之與「全盤西化」——一頁思想的歷史〉，《文星》，卷9期4，第52期（臺北，1962），頁5-8；徐高阮，《胡適和一個思想的趨向》（臺北：地平線出版社，1974）。徐高阮當時為中央研究院歷史語言研究所副研究員。有關徐高阮的生平以及他與後來針對胡秋原、徐復觀等人提出「費正清集團」的「賣國控訴」，或所謂《陽明》雜誌事件，可參見黃克武訪問、潘彥蓉紀錄，《李亦園先生訪問紀錄》（臺北：中央研究院近代史研究所，2005），頁111-114；葉乃治，〈1960年代臺灣的賣國控訴：以徐高阮的論述為探討核心〉（臺北：臺灣師範大學歷史學系碩士論文，2000），頁11-27。

36　黎復，〈反對黨勢在必組〉，《自由中國》，卷19期4（臺北，1958），頁16-18。

1957年11月至1965年12月，共8年，發行了98期，其間可分為兩個不同的階段。前48期是以林海音（1918-2001）、何凡（本名夏承楹，1910-2002）、陳立峰（筆名小魯，？-1963）為首的開拓期；之後由陳立峰任主編，加入李敖，直到1962年8月1日刊登〈啟事〉說明：原發行人葉明勳與主編陳立峰亦自該月份同時離職。後50期則是以李敖、陸嘯釗為主導的階段，一直到該刊物與《自由中國》一樣，遭到被禁的命運為止。前後的分期標示著《文星》迥異的兩種面貌，前48期屬溫和路線，後50期則採激進風格，正好顯示出兩世代主編的不同風貌。這也表現在該雜誌從一個「生活的、文學的、藝術的」雜誌，轉向討論新聞、學術、宗教自由，並進而觸及文化與政治、法律等的敏感議題。[37]

　　《文星》雜誌的創立有很複雜的時代背景，並與黨國體制之間有所糾葛。[38]這一現象，或許可以從該雜誌的發行人葉明勳（1913-2009）的角色表現出來。葉明勳是該雜誌社社長蕭孟能之父蕭同茲（1895-1973）在黨營中央通訊社的同事。蕭同茲與葉明勳均為國民黨的骨幹

37　參見黃克武，〈戒嚴體制下的自由之聲：《文星》雜誌的介紹與分析〉，頁145-154。

38　戒嚴時期臺灣許多知識分子所創辦的刊物，包括《自由中國》、《大學雜誌》等都與國民黨有關，此外香港的《民主評論》也同樣受到國民黨之資助。李金銓指出，國民黨的新聞政策是在鎮壓與籠絡之間的收編模式，或是鎮壓或是拔擢。依順者可享有經濟利益，越矩者則遭到壓制。轉引自林淇瀁，〈由「侍從」在側到「異議」於外：論《自由中國》與國民黨黨國機器的合與分〉，收入李金銓編，《文人論政：民國知識分子與報刊》（臺北：政大出版社，2008），頁373。

人物。[39]由此可見該雜誌的創辦人、經營者與國民黨關係之密切。

　　不過《文星》的編輯者既然以傳播新思想為職志，因此對從民初五四運動以來，執國內思想界之牛耳的自由主義大師胡適，一直寄予厚望，希望能得到他的支持。1957年底《文星》出刊之後到1958年4月8日胡適返臺之前，該社都定期將刊物寄給住在紐約的胡適。[40]因為胡適並未回信，同時在胡適的日記之中也沒有提到這一件事，我們不確知他是否收到這幾期的雜誌。[41]一直到胡適返國之後，文星雜誌社仍然很熱烈地與胡適聯繫。1958年4月24日，也是胡適返臺約兩週之後，由葉明勳、蕭孟能與夏承楹三人聯名寫一封信給胡適，[42]說明該刊之編輯宗旨，「我們又深信智慧是創造人生的，知識是指導人生的，因此，我們希望這本刊物成為啟發智慧和供給知識的泉源，來豐富青年人的生活，指引青年人的前途」，[43]並希望胡適能惠賜稿件，以示支

39　有關蕭同茲之生平可參見：馮志翔，《蕭同茲傳》（臺北：傳記文學出版社，1975）；葉明勳，〈蕭同茲傳〉，《國史擬傳》，第 6 輯（臺北：國史館，1996），頁 317-328。

40　〈文星雜誌社致胡適函〉（1958 年 4 月 24 日），臺北：胡適紀念館藏，《南港檔》，館藏號：HS-NK01-302-001。

41　胡適日記中只提到一次的《文星》，是在 1962 年 2 月 5 日，提及：「徐君最近在《文星》雜誌上發表了一篇討論關於我與『西化』問題的文字，寫的很細密平和」。胡適、曹伯言整理，《胡適日記全集》，第 9 冊，頁 816。該文為徐高阮所寫的〈胡適之與「全盤西化」——一頁思想的歷史〉（1962 年 2 月 1 日出版），下文將作討論。

42　在這封自我介紹信裡對主要成員的簡介如下：發行人葉明勳曾任中央通訊社臺北分社主任、《中華日報》社社長、現任臺灣省政府顧問；社長蕭孟能為文星書店經理；主編夏承楹（何凡）為《國語日報》總主筆、作家、國語推行委員會委員。〈文星雜誌社致胡適函〉（1958年 4 月 24 日），臺北：胡適紀念館藏，《南港檔》，館藏號：HS-NK01-302-001。

43　〈文星雜誌社致胡適函〉（1958 年 4 月 24 日），臺北：胡適紀念館藏，《南港檔》，館藏

持。同時，他們也再度寄了已出刊的6期雜誌給胡適。然而，胡適對此封充滿期待的來信仍無回應。

從1958年4月到12月，《文星》雜誌每次出刊之後，都定期寄到南港中央研究院給擔任院長的胡適，可是八個多月以來胡適也不曾有所回應。1958年12月3日，文星雜誌社同仁或許按耐不住，再次以掛號信發出一封信函。信中提及七個多月前的一封信（4月24日），也說明該社曾持續地將雜誌寄到（紐約與）南港中研院給胡先生。同時，他們擔心或許雜誌寄丟了，因此再次地把已出刊的14期雜誌（1、2卷合訂本與13、14期）一併寄贈胡適。最後並說：「假如能獲得您的垂注並且給予指導，我們就雀躍萬丈了」！[44]胡適收到這一封信之後終於有所回應，12月6日由秘書胡頌平草擬了一封很簡短的信回覆，表示前後來信與贈書均已收到，故致函「我特別向諸位先生道謝。匆復。敬請 大安」。[45]

由上述的信件往返可以顯示，文星雜誌社一直很熱烈地想與胡適取得聯繫，然甫自美返國擔任中研院院長的胡適，顯然對該刊之態度十分冷淡，吝於回應。當然如果我們考察一下1958年4月到12月之間，胡適的確十分忙碌。他在6月、9月、10月，三度赴美，同時研

　　號：HS-NK01-302-001。

44　〈文星雜誌社致胡適函〉（1958 年 12 月 3 日），臺北：胡適紀念館藏，《南港檔》，館藏
　　號：HS-NK01-302-003。

45　〈胡適復文星雜誌社函〉（1958 年 12 月 6 日），臺北：胡適紀念館藏，《南港檔》，館藏
　　號：HS-NK01-302-004。

究、行政與邀約演講等使他的行程幾乎日日滿檔。他甚至忙到沒有時間寫日記，1958年4月之後，他只留下了幾天的紀錄。不過，工作忙碌不足以完全說明胡適對《文星》的冷淡，胡適吝於回應，很可能與1958年後出任中央研究院院長，以及他對政治權威之態度有關。

1959至1960年，胡適檔案之中都沒有看到任何有關《文星》雜誌的記載。胡適再次與文星雜誌社聯繫要到1961年，因為該年年初胡適在病中讀到葉明勳之妻子嚴停雲（筆名華嚴，1926-）在《大華晚報》上連載的小說，十分喜歡，胡適因而向文星書店預約嚴停雲所著《智慧的燈》5部，來分贈友人。[46]這也因為嚴停雲為嚴復的孫女，胡適又與他的姊姊嚴倚雲（1912-1991，胡適在北大的學生）熟識的關係。[47]胡適並於1961年10月18日致函葉明勳與嚴停雲。[48]嚴停雲於1961年10月20日立即回信，並告知近況與希望親往拜謁，葉明勳也在同封信中

---

46 其中有一本，胡適在簽名之後由姚從吾轉交，送給李敖（上有題字「送給李敖 適之」、「作者華嚴女士是嚴幾道先生的孫女，是葉明勳先生的夫人」），後李敖以一百萬元賣給葉明勳、華嚴夫婦，義助慰安婦（後來他們又將該書捐給胡適紀念館）。北京大學圖書館暨臺灣中央研究院近代史研究所胡適紀念館編纂，《胡適藏書目錄》（桂林：廣西師範大學出版社，2013），冊2，頁1039。李敖，《李敖快意恩仇錄》（北京：中國友誼出版公司，1999），頁130-131。

47 嚴倚雲為北大教育系畢業。1947年赴美，1956年獲康奈爾大學語言學博士學位。1950年曾致函胡適，表示來美之事受到胡適照顧，敬致謝意，並述及學業與申請獎助金請胡適為她撰寫推薦信。〈嚴倚雲致胡適函〉（1950年1月11日），臺北：胡適紀念館藏，《南港檔》，館藏號：HS-NK02-013-001。

48 〈胡適致葉明勳、嚴停雲函〉（1961年10月18日），臺北：胡適紀念館藏，《南港檔》，檔號：HS-NK01-165-004。同日胡適也將《智慧的燈》寄給李敖，並附一信。胡頌平編，《胡適之先生年譜長編初稿補編》（臺北：聯經出版公司，2015），頁553。

向胡適致意，並寄贈葉氏的〈光復以來的臺灣報業〉一文：

> 適之先生：……明勳高舉著您的信直來床沿，快樂興奮之
> 餘，頭疼腰痠全部忘記。七月初，文星書店職員告訴我您預約
> 了五部《智慧的燈》，在幾乎不敢相信的驚喜心情中，我就想
> 執筆給您寫信。那時您已回南港，報紙刊載您患腸炎，需要靜
> 養。這使我不曾寄出已寫好的信。第一因為怕打擾您，其次為
> 了擔心自己有向長輩獻殷勤以討取讚美詞的嫌疑。還有一個原
> 因是膽怯，「我真的居然能夠執起筆來寫信給胡先生嗎?」感冒
> 痊癒後，希望明勳領我到南港拜謁先生夫人，能夠得先生金言
> 指導，當是晚輩的光榮和幸福。倚雲婚後一切都好，只是太
> 忙，忙得和機器一樣。[49]

10月28日，葉明勳與嚴停雲夫婦去南港看望了胡適，並在會面時談到
李敖，以及因匪諜案被捕的李敖的高中老師嚴僑（1920-1974）等事
情。[50]

49　〈嚴停雲致胡適函〉（1961年10月20日），臺北：胡適紀念館藏，《南港檔》，館藏號：
　　HS-NK03-006-017。葉明勳文刊於《中央日報》，1957年3月12日。此信之內容亦見胡頌
　　平編著，《胡適之先生晚年談話錄》（臺北：聯經出版公司，1985），頁244-245。
50　李敖，《李敖回憶錄》（臺北：商周出版，1997），頁160-161。1961年10月29日胡適寫
　　了一封信由姚從吾轉交李敖，告訴他說他的老師嚴僑已經出獄了。胡適方面的紀錄「下午，
　　葉明勳、嚴停雲夫婦來訪，談了一點多鐘」。胡頌平編，《胡適之先生年譜長編初稿補編》，
　　頁557。

至1961年底與1962年初，胡適才比較主動地注意到此一雜誌。這是因為胡適1961年11月6日的講詞〈科學發展所需要的社會改革〉之內容，在報章上被摘述，該文譯文在《文星》雜誌（卷9期2，1961年2月1日）發表後，引發爭議，受到徐復觀（1903-1982）與廖維藩（1898-1968）等人之嚴厲指責。下文將較深入地討論此一事件。文星雜誌社於1962年1月7日由蕭孟能、陳立峰、胡汝森三人聯名寫了一封信，託徐高阮帶給胡適，希望他能對外界的指責提出答辯。[51]此時胡適身體已經有一些狀況，由胡頌平代替回了一封信，表示徐高阮轉來諸位給胡適先生的信已收到：

> 　　胡先生在休養期間，徐復觀的文章沒有看見，廖維藩的質詢詞好像也沒有看見。《文星》發表的李敖、居浩然、胡秋原的三篇文章都看見了。胡先生說，他不想寫什麼文字，醫生也不許他寫；將來就是看了廖維藩、徐復觀的文章，也不會寫什麼答辯的文字。胡先生要我謝謝您們幾位的好意。[52]

　　胡適此時對《文星》雜誌之關注，也因為他成為1962年1月號《文星》雜誌之封面人物，該專號的標題是「名滿天下謗亦隨之的胡適博

51　〈蕭孟能、陳立峯、胡汝森致胡適函〉（1962年1月7日），臺北：胡適紀念館藏，《南港檔》，館藏號：HS-NK05-131-008。

52　〈胡頌平復徐高阮函稿〉（1962年1月14日），臺北：胡適紀念館藏，《南港檔》，館藏號：HS-NK05-069-007。

士」，刊登了上述李敖、居浩然（1917-1983）與胡秋原（1910-2004）的3篇文章。這在《文星》雜誌歷史上很特別，《文星》雜誌的封面人物大多數都是外國人，以中國人為封面的只有4期，而胡適是其中之一。[53]在該期專號卷首的〈編輯室報告〉中編者說明為何以胡適為封面人物：

> 我們為什麼要介紹胡適？因為他是「現代化」的播種者。幾十年來他一直為建設中國的新文化而盡力……很多人尊敬胡適，但不知為什麼要尊敬他？很多人攻擊胡適，但又不知為什麼攻擊他？「胡適思想」不能見容於共黨大陸，在臺灣也同樣受到若干人的非議，這是為什麼？他對我們這個社會，究竟貢獻了些什麼？破壞了些什麼？這一連串的問題，都是青年人所想要知道的。[54]

這一期專號登載了李敖的文章〈播種者胡適〉，該文並不肯定胡適在學術研究上的地位，而是將胡適的貢獻定位在宣揚文學革命、民主憲政、學術獨立、科學發展之上，是一位「保守的自由主義者」。[55]此外

53　《文星》雜誌近百期的封面人物僅有四位中國人，分別是梅貽琦（期43，1961）、胡適（期51，1962）、蔣廷黻（期72，1963）、李濟（期73，1963）。

54　〈編輯室報告〉，《文星》，卷9期3，第51期（臺北，1962），頁2。

55　「播種者」的稱號，據李敖表示是採自北大學生在1948年獻給胡適的一面旗子上的用語，見〈李敖致胡適函〉（1961年7月4日），臺北：胡適紀念館藏，《南港檔》，館藏號：

還有居浩然的〈恭賀新禧〉，討論胡適的〈科學發展所需要的社會改革〉，並同意胡適的結論「要接受科學，必須在知識上社會制度上先起革命」；以及胡秋原2萬7千字的長文〈超越傳統派西化派俄化派而前進〉，「對中國近五十年來的文化發展過程有了一個概述，而其中甚多地方批評到胡適博士」。[56]

胡頌平記載胡適看到專號之後覺得李敖與胡秋原的文章不夠精確、嚴謹：

> 這一期《文星雜誌》的封面是用先生的照片，其中有一篇李敖的〈播種者胡適〉，先生看見了。胡頌平問李敖的文章怎樣？先生說：「在我的年紀看起來，總感得不夠……他喜歡借題發揮。他對科學會不夠了解，何必談它。你要記得，作文章切莫要借題發揮」！（1962年1月2日）[57]

> 某君（即胡秋原）寫的兩萬七千多字的長文，我也看了，

HS-NK03-006-014。1962 年 2 月 25 日，胡適過世之後《自立晚報》曾轉載該文。

56 〈編輯室報告〉，《文星》，卷 9 期 3，第 51 期（臺北，1962），頁 2。

57 胡頌平編著，《胡適之先生晚年談話錄》，頁 280。胡適不滿的地方可能是李敖在文中說：「四十年來竟把文史學風帶到這種迂腐不堪的境地，脫不開乾嘉餘孽的把戲，甩不開漢宋兩學的對壘，竟還披著『科學方法』的虎皮，領著『長期「科學」委員會』的補助，這是多麼不相稱的事」，見李敖，〈播種者胡適〉，《文星》，卷 9 期 3，第 51 期（臺北，1962），頁 6。李敖對胡適批評他「借題發揮」一事有所辯解。他說：「他能夠看出來我寫文章的『喜歡借題發揮』，是他的高明處，但他把『喜歡借題發揮』看成一種大忌，卻是他的大錯特錯」。李敖，《李敖快意恩仇錄》，頁 130-131。由此可見胡適強調考證工夫與事實描述之精確，李敖則強調義理發揮與他所說的「堅守經世致用」。

還是看不懂。……某君是研究近代史的人；他不知道，他該來問我。他又說：「……非胡先生之道不為道，非胡先生之學不為學，非胡先生之方法不為方法。」這成什麼話。他輕視考證，我倒想寫信勸他試作考據的工作。……批評也有批評的風度，但不能輕薄。（1962年1月2日）[58]

我本來想寫封很客氣的信給胡某的。他的文章太輕薄了。你要知道，寫文章的態度要嚴正，切不可流於輕薄。李某喜欲借題發揮，如他寫的「卻在吳稚暉筆下國故的臭東西上認真」，和「他們只會送他蟠龍的大瓶」這兩段，把許多人都罵進去了，也沒有道理。我想寫封信給他。（1962年1月12日）[59]

由此可見胡適對胡秋原、李敖兩人文章有所不滿。胡適認為李敖的問題是「借題發揮」，不當地批評他以考據來「整理國故」；胡秋原的問題則是歷史敘述不夠精確，而且妄下判斷，做出「輕薄」的批評。

不久胡適即過世，《文星》雜誌隨即推出紀念專號。由此可見從1957年底至1962年初，也就是胡適晚年返臺出任中研院院長至過世之間的4年多的時間之內，胡適對《文星》雜誌多次的熱情來信，都吝於回應；後來雖有所回應，卻都持負面觀感。這與胡適一向樂於助

---

58 胡頌平編著，《胡適之先生晚年談話錄》，頁281。
59 胡頌平編著，《胡適之先生年譜長編初稿》（臺北：聯經出版公司，1984），冊10，頁3858-3859。

人、提攜後輩不遺餘力、致力推介新思想的作風很不相同。

四、《文星雜誌》中的胡適

　　相對於胡適的冷漠，《文星》雜誌一直力捧胡適。其中1961年12月刊登胡適的一篇講稿，對思想界造成很大的衝擊，揭開「中西文化論戰」，成為60年代臺灣思想史上的重要事件。這是《文星》雜誌之中少數由胡適署名的一篇文章。

　　這一篇文章其實不是胡適專門為《文星》雜誌所撰寫的文字，而是一篇英文的演講稿的翻譯。該文是胡適1961年11月6日在美國國家開發總署主辦的亞東地區科學教育會議的英文演講詞 "Social Changes Necessary for the Growth of Science"（〈科學發展所需要的社會變遷〉）。演講次日，《徵信新聞報》（《中國時報》前身）就翻譯引述部分文字於報紙之上，此外《中國郵報》、《聯合報》也刊登了節譯稿。[60]不過報紙上對該文的摘譯錯誤頗多，因此由毛子水與姚從吾找了李敖與徐高阮兩人，將之譯為中文，再經胡適修改，全文刊登於1961年12月1日的《文星》雜誌。[61]編者在篇首表示：胡適「要人打破所謂東西方

60　報紙自行翻譯引述的標題是：「胡適在亞東科教會演說 強調科學並非唯物 具有真理想和靈性 東方發展科學應作智慧上改進 中韓泰越四國代表與會」，文中主張我們須從這種不正當的驕傲中鑽出來，學著去承認在東方的文明中具有很少的靈性。《徵信新聞報》，1961年11月7日，第二版。

61　〈徐高阮致胡適函〉（1961年11月22日），臺北：胡適紀念館藏，《南港檔》，館藏號：HS-NK01-018-014。該文在1961年12月1日的第50期登出，其內容經過胡適批改與認可。其中除了作了一些文句的潤飾之外，胡適將標題從原來的「科學發展所需要的社會變遷」

有『精神文明』『物質文明』之對立的成見，要人重新準備誠心而熱烈的接受西方近代的新文明」。在這一篇文章中胡適首先強調科學不是物質文明，科學之中其實包含了精神文明的面向，其次現在是人們應該面對中國傳統文化之中，不是沒有就是少有靈性的問題。胡適說「現在正是我們東方人應當開始承認那些老文明中很少精神價值或完全沒有精神價值的時候」，上述觀點引起軒然大波。

其中最激烈的反應來自徐復觀。他在1961年12月20日於香港出版的《民主評論》中發表激烈文章痛罵胡適，認為這樣的說法是「東方人的恥辱」，也是「中國人的恥辱」：

> 今天在報紙上看到胡博士在東亞科教會的演說，他以一切下流的辭句，來誣衊中國文化，誣衊東方文化，我應當向中國人，向東方人宣佈出來，胡博士擔任中央研究院院長，是中國人的恥辱，是東方人的恥辱。我之所以如此說，並不是因為他不懂文學，不懂史學，不懂哲學，不懂中國的，更不懂西方的；不懂過去的，更不懂現代的。而是因為他過了七十之年，感到對人類任何學問都沾不到邊，於是由過分的自卑心理，發而為狂悖的言論，想用誣衊中國文化、東方文化的方法，以掩飾自己的無知，向西方人賣俏，因為得點殘羹冷汁，來維持早

改為「科學發展所需要的社會改革」。胡適校正之原稿見：臺北：胡適紀念館藏，《南港檔》，館藏號：HS-NK05-185-036。

經摔到廁所裡去了的招牌，這未免太臉厚心黑了。[62]

1962年1月5日，胡頌平看到該文，因為內容過於激烈而幾近「謾罵」，他說「這種醜媳婦罵街的口吻……就沒有讓先生知道」。[63]但胡適後來仍得知該文，只是表示「徐復觀的文章，我真的看不下去了」。[64]

　　不久胡適在《中央日報》上又看到幾種雜誌的目錄，知道「其中有幾篇都是罵我的文章」。他的感想是「這裡糊塗人還是那麼多」。這些雜誌包括《學宗》、《革命思想》等。[65]另外如《政治評論》、《中外建設》上也有也有詆毀胡適的文字。[66]1月17日他又在《徵信新聞報》

62　徐復觀，〈中國人的恥辱，東方人的恥辱〉，《民主評論》，卷12期24（香港，1961），頁617-619。楊金榮將徐復觀這一篇文章定位為「文化保守勢力」，並引用張忠棟的說法，認為徐復觀近乎謾罵的批評有「接受津貼，和政治權勢聯手打擊胡適」之嫌。楊金榮，《角色與命運：胡適晚年的自由主義困境》，頁344。有關胡適與徐復觀之交往，請參見黎漢基的〈徐復觀與胡適〉，《胡適與現代中國的理想追尋——紀念胡適先生120歲誕辰國際學術討論會論文集》，頁74-101。

63　胡頌平編著，《胡適之先生晚年談話錄》，頁284-285、293。胡頌平又將1958年4月22日徐復觀給胡適的信附在其後作為對照「先生個人之學養，與日俱深；即國人對世界文化之感染，亦未嘗無若干進步。先生在學術上所以領導群倫者，不僅為個人在學術上之成就，而尤為知識分子精神上之象徵」。胡頌平編，《胡適之先生年譜長編初稿補編》，頁609-610。

64　胡適得知該文是在1962年1月12日，他看到《民族晚報》上所刊登的〈徐復觀大張撻伐〉的短評，因而問胡頌平。胡頌平回答：「那是不值得一看的……有些人想用批評先生來提高自己的身分，實在可笑之至」，胡頌平編著，《胡適之先生年譜長編初稿》，冊10，頁3858。

65　《中央日報》，1962年1月15日。

66　胡頌平編著，《胡適之先生年譜長編初稿》，冊10，頁3860。《政治評論》於1961年底至1962年（7卷8期至9卷7期）出版了大量有關東西文化的文章，作者包括任卓宣（葉青）、

上看到「立委邱有珍發表公開信向胡適博士質疑」。[67]另一位抨擊胡適的立法委員是廖維藩（1898-1968）。他不但在雜誌上撰寫〈胡適先生思想淵源及其對中國文化教育之影響〉（刊《革命思想》11卷6期），[68]也在立法院第28會期第20次會議質詢此事，其標題為「本院委員廖維藩為中央研究院胡適院長在國際科學會議發表侮辱中華民族之言論特向政府提出質詢」。廖維藩認為胡適主張者乃「無病呻吟之全盤西化論」；「胡院長在演講中，對於中國文化傳統極盡錯估污衊之能事」、「對於科學技術之觀念，亦極盡矛盾之能事」。[69]廖維藩的質詢稿登載在1961年12月4日的《民族晚報》之上，胡適看到之後說：「荒謬絕倫，連常識也沒有」。[70]

　　由此可見胡適的論點讓許多人產生反感的原因在於胡適身為中央研究院的院長一方面提倡科學發展，覺得科學發展不但是物質的也是精神的，但是他又說我們應該是承認中國文化裡面少有靈性的部分，

鄭學稼、周若木、杜果人、趙慎安等。

67　胡頌平編著，《胡適之先生晚年談話錄》，1962 年 1 月 24 日，頁 289。邱有珍將這封公開信寄給胡適「賜教」。胡頌平編著，《胡適之先生年譜長編初稿》，冊 10，頁 3869。

68　《革命思想》，卷 11 期 6（臺北，1961），頁 21-24。此刊由「國父遺教研究會」主辦，參與者都是三民主義的信仰者與研究者，發行人是張鐵君、社長是朱斅春，編輯委員有任卓宣、胡一貫、周世輔、梁寒操等人。

69　立法院秘書處編，《立法院公報》，第 28 會期，第 10 期（臺北，1961），頁 49-52。

70　胡頌平編著，《胡適之先生年譜長編初稿》，冊 10，頁 3825。當時也有人支持胡適，如《大華晚報》在同一天（1961 年 12 月 4 日）有一篇〈質詢之質詢〉的社論，主張立法委員不應干涉胡適的言論思想自由。同上，頁 3825-3826。此外也有年輕人寫匿名信給胡適來支持他，希望「敬愛的老先生，請您不要灰心啊！」。同上，頁 3860-3861。

這也顯示他認為中國傳統之中不具有發展科學所需要的精神價值。

在這場爭論之中，《文星》雜誌不只是提供一個議題討論的平臺，而是較為傾向支持胡適的立場。如上文所述，1962年1月的第51期，就以胡適為封面人物。該期之中李敖所寫的〈播種者胡適〉一文引起極大迴響，用李敖的話來說是：「引起各界的重視」，[71]並「帶來了大是非和大麻煩，進而釀成了一次大筆仗」。李敖說這一篇文章被外界視為是衛護胡適的文章，國民黨的刊物甚至推斷，「李敖與胡適之先生有深厚的世交關係」，或說李敖是「被胡適全心全力支持的西化太保」；另一方面李敖又說：這一篇文章三面不討好，「罵胡的人會說我捧胡，捧胡的人會說我罵胡，胡適本人也會對我不開心」。由此顯示李敖文章之爭議性，後來中西文化問題論戰的出現也與此文有關。[72]

那時候胡適的身體已經很不好了（1961年1月26日，胡適即因胸悶、氣喘，住進臺大醫院共45天），[73]讀完該文之後，他親筆寫了一封信給李敖。這封信一直沒有寄出去，而藏在中央研究院胡適紀念館。錢思亮（1908-1983）在該信上用一個迴紋針夾了一個批註，他說這是一封胡先生沒有寫完的信，請妥為保存，因為這是胡先生人格偉大最好的一個證明。這一封信共4頁，是胡適看過了李敖寫〈播種者胡適〉一文後的一些想法。胡適說我要幫你「澆幾滴冷水」，你不要把我抬

71　李敖，《李敖回憶錄》，頁171。

72　李敖，《李敖回憶錄》，頁274-275。

73　胡適，曹伯言整理，《胡適日記全集》，第9冊，1962年1月10日，頁813。

那麼高，接著他又說，文中有一些地方有事實上的錯誤。[74]這封信一直沒有寄出來，直到中研院近史所研究員陶英惠擔任胡適紀念館主任的時候（陶英惠與李敖是臺大歷史系的同學），應李敖之邀，在1998年將這封信影印送給李敖。李敖終於看到了胡適生前寫給他卻沒有寄出的最後一封信。在回憶錄中，李敖不但收錄了這一封信的全文，還說：

> 這封信是他死前不久寫的，那時他72歲。這封信，寫得又認真、又婉轉、又誠懇，足見此公高明光大的一面。不過他不知道我寫出的每一件，都是有所本的，都是印在別人的書裡的，不是我捏造的。只是有所本的資訊有問題，我也就跟著「不夠正確」了。[75]

為了證明該文的內容確是有根據的，他詳列證據，指出有幾處胡適所指出的錯誤，他並沒錯，而是胡適記錯了，他說「胡適老了，他完全忘記了」。[76]此外，李敖的文章也引起葉青（任卓宣）與鄭學稼的批

---

74 〈胡適致李敖函稿〉（1962 年 2 月），臺北：胡適紀念館藏，《南港檔》，館藏號：HS-NK05-024-004。

75 李敖，《李敖快意恩仇錄》，頁 131-134。有關〈播種者胡適〉中李敖所引用的文獻，他在〈我與胡適的「微妙關係」〉一文中在與鄭學稼辯論時曾列出來。參見李敖，《胡適與我》（臺北：李敖出版社，1990），頁 276-278。

76 李敖，《李敖快意恩仇錄》，頁 133-134。

評，討論胡適的學問究竟有多大，認為李敖把胡適捧得太過分了，簡直是「瞎捧」。[77]

除了李敖之外，另一位為胡適辯護的人是當時任職於中研院史語所的徐高阮。[78]他在《文星》52期（第9卷第4期，1962年2月1日）發表了〈胡適之與「全盤西化」——一頁思想的歷史〉。徐高阮指出胡適不主張「全盤西化」，而是主張「充分世界化」。胡適認識到歷史的「繁複多方」，所以他的觀點與主張「全盤西化」的社會學家陳序經（1903-1967）很不相同。胡適讀了之後覺得寫的很「細密平和」。[79]後來徐高阮將他對胡適思想的詮釋總結為上述《胡適與一個思想的趨向》一書。他認為胡適與曾國藩、康有為、孫中山有類似的想法，認為中西文明沒有根本的不同、孔子思想與西方近代新文明極為配合、中國的衰弱是近代歷史條件所造成的（包括精神的頹敗）、應積極採取西方近代文明的長處。相對來說，另一個更有勢力的趨向則認為東西文明有根本的差別、東方思想有根本的因素阻止科學的發達。[80]徐高阮

---

77 有關李敖文章所掀起有關胡適的討論，參見陳才生，《李敖這個人》（北京：新華出版社，2004），頁211-212。任卓宣從1930年代就開始批判胡適，參見葉青，《胡適批判》上、下冊（上海：辛墾書店，1933、1934）。該書批判層面甚廣，包括哲學、科學、思想、政治、文學、歷史等方面。

78 徐高阮本來與李敖是好友，後來兩人鬧翻了，徐公布了一封李敖寫給胡適的信，談到嚴復的孫子嚴僑，因而使李敖涉及匪諜案。陳才生，《李敖這個人》，頁282-285。有關李敖對徐高阮的評價見李敖，〈千秋萬歲名，寂寞身後事〉，李敖，《胡適與我》，頁146-147。

79 胡適，曹伯言整理，《胡適日記全集》，第9冊，1962年2月5日，頁816。

80 徐高阮，《胡適與一個思想的趨向》，頁2-3。

從這一個角度解釋的胡適思想似乎得到了胡適的認可。他所提出的詮釋和李敖所謂啟蒙思想的播種者（而非學術專業的努力），成為《文星》之上支持胡適思想的代表性的詮釋。[81]

　　1962年2月24日胡適突然因心臟病過世，3月號的《文星》第53期立刻刊出了一個胡適紀念專號。[82]此一專號在臺灣思想史上有其特殊的意義。胡適生前（與死後）中西文化論戰的兩派激烈爭論、水火不容，然而一旦胡適過世，卻讓當時激烈論爭的兩派人物達成了一個共識，此一共識點就在胡適所宣揚的自由民主理念。在胡適死前支持胡適思想的人主要是李敖等所謂「西化派」的人物，認為「胡適……在肯定個人價值與英美式民主方面」以及避免「思想自由被國民黨與共產黨左右『雙殺』」，「是頭腦比較清楚的」。[83]胡適過世之後，支持傳統文化一派的人包括胡秋原、鄭學稼、徐復觀等人，都寫文章表達悼念之意。文中表達出：胡適死了，胡適思想仍然活著，並認為這一位倒在戰場上的老將軍，代表了中國的良心。

　　胡秋原所寫的紀念文字就表達出這樣的想法。他的標題是：〈倒在戰場上的老將軍，敬弔胡適老先生〉。由此可見即使是一直批評胡

81　《文星》的編者受到徐高阮的影響，刊出胡適寫於1935年的舊文〈充分世界化與全盤西化〉，《文星》，卷10期3，第57期（臺北，1962），頁24-25。編者並表示「這樣，才免得因為名詞之爭而造成對胡先生見解的誤會」。

82　「追思胡適之先生專號」，《文星》，卷9期5，第53期（臺北，1962）。據蕭孟能回憶，這一期刊物曾再版3次，每一版有5000冊，共發行4版，計有二萬冊之多。陳正然，〈臺灣五〇年代知識分子的文化運動——以「文星」為例〉，頁81。

83　李敖，《李敖快意恩仇錄》，頁134。

適、反對西化的胡秋原，還是對於胡適在文化思想上的貢獻，以及奮戰至死的精神，給予充分的肯定。《文星》雜誌也刊登出該社為胡適所寫的一個輓聯，這個輓聯非常精準地反映出《文星》雜誌渴望繼承胡適思想，該輓聯為：「科學民主是復興國家不二法門，願此後能實現此一理想，言論自由為促成進步必須手段，望大家莫忘這句名言」。這顯示出《文星》雜誌希望繼承的是，胡適以來民主與科學的傳統以及言論自由精神。該社將此一輓聯置於胡秋原文章的下角，以此憑弔偉人之凋零，也頗具有象徵的意義。

胡適死後，江冬秀（1890-1975）又因為版權官司控告《文星》雜誌，雙方打了很多年官司。主要是文星書店繼續出版《胡適選集》，使江冬秀很不高興，所以她跟當時的遠東圖書公司聯合起來控告蕭孟能「侵害胡適之著作權」。蕭孟能最後刊登啟示，聲明不再刊印《胡適選集》。江冬秀勝訴之後寫了一封公開信（1971年9月30日），其大意為：蕭孟能非法盜印胡適有著作權的著作，歷時4年又10個月終於結案了。謹向海內外關心的朋友們致謝，并告慰朋友們，在有生之年將胡適散在海外的著作和文稿儘量集齊刊印，以完成應盡之責任。[84]胡適與《文星》雜誌的關係在他死後也因版權爭議而斷絕了。

胡適對《文星》雜誌最大的影響無疑地是點起中西文化論戰之戰

84　關於江冬秀控告蕭孟能的檔案，請參見臺北：胡適紀念館藏，《南港檔》，館藏號：
　　HS-NK05-372-014、HS-NK05-372-015、HS-NK05-372-016、HS-NK05-372-017、HS-NK05-372-018。

火。從胡適的〈科學發展所需要的社會改革〉與李敖的〈播種者胡適〉等文刊出之後，論戰文章一篇接著一篇刊出，由此可以看到傳統派與西化派的爭論過程。其中包括李敖寫的〈給談中西文化的人看看病〉，接著是徐復觀的回覆，這時後來任職中研院臺史所的黃富三也加入，然後徐復觀又答黃富三，接著李敖再為〈播種者胡適〉翻舊帳，雙方就這樣一路論戰下來，成為當時臺灣文壇的一大盛事，也是臺灣60年代以後對中西文化討論的一個高潮。上述的兩派人士無法彼此說服，此一現象反映出臺灣文化的一個特點，即是五四與反五四的一個思想張力。這個張力是臺灣當代文化具有豐富創造性的一個重要根源，也就是說在西化、反西化，傳統、反傳統的激盪之中，當代臺灣文化才展現出既能批判傳統、又能以「繼往開來」之精神開創未來的新面貌。

五、結論

本文嘗試釐清胡適與《文星》雜誌之間的關係，來了解1950-60年代臺灣思想界。簡單地說，《文星》雜誌一直希望得到胡適的支持，不過胡適或許因為返國之後工作忙碌，或許因為擔任中研院院長，並與蔣介石有較密切的關係，一直與《文星》保持距離。這種被動之姿態與《自由中國》時期胡適雖不願領頭，卻主動參與的做法形成鮮明對比。這也是胡適從1958年返國之後，受到《自由中國》骨幹人物如傅正等人批評的原因。1958年4月9日胡適回國的第二天，傅正在日記上寫到：

胡適終於在昨天回到臺灣了，看各報的報導情形，似乎大不如前兩次回來時那麼熱烈，胡先生自己似乎也相當的沉悶。據《聯合報》的報導，胡先生自從下機後，便絕口不談政治，而且希望記者不要把問題扯到政治上，但在合眾社記者逼著問他這是否表示否認由他出面組黨，他認為可以這麼說。其實，胡先生之為人，自為者多，為人者少，只是遭遇這樣一個時代，使他左右逢源而已！這種人在學術上固然能夠開風氣之先，但人格上並不夠完滿。他之不可能出來組織反對黨，是我早就料定了的，但假使反對黨已打開了相當好的局面，那時若再拉他出面領導時，倒可能會出來的。這些年來，因為是《自由中國》鼓吹反對黨最力，所以一談到組織反對黨，大家都認為非胡先生出來領導不可，這固然是由於他的偶像作用已經造成，同時也由於大家未免太重視偶像。老實說，一個理想的反對黨，並不是以某一個偶像來號召，而是要以具體的政治主張和行動來號召。假使有志於反對黨活動的人，把一切希望寄託在一二人身上，那前途就太可悲了！當然，胡先生既已有他的偶像作用，假使他真願為反對黨而努力，不惜犧牲自己，以求能對苦難的中國人有所貢獻，站在有志於反對黨活動的人，固然是求之不得。但胡先生如果真不出我所料，而不肯冒這種風險，人各有志，也沒有什麼值得大驚小怪的。總之，一切還要靠每個有志於組織反對黨的人，去腳踏實地的一步一步努力，

把一切希望寄託在自己的努力上，才是道理。[85]

　　傅正的日記很清楚地反映出戒嚴體制之下的臺灣在第一線的自由主義者對胡適返國之後的觀察，此種「不肯冒這種風險」、不當烈士的態度正是1958-1962年之間胡適立場的絕佳寫照。胡適過世之後，有志組織反對黨的人所採取的方向也正是傅正所說的「把一切希望寄托在自己的努力上」。傅正的意見並不是獨一無二的，最支持、崇拜胡適的李敖，對胡適晚年思想也有類似的感受。他說：「在左右澎湃的浪潮下，他的聲音，已經淪為浪花餘沫，被夾擊得沒有多少還手之力。而他本人，也變得老憊而世故，與五四時代的胡適，不能倫比。這是胡適的悲劇，也是中國自由主義者的悲劇」。[86]不過胡適晚年變得更為慎重、世故，不願與政府當局正面衝突，不願意擔當碰撞權威的「龍頭」，也不希望蔣介石感到有「顛覆政府」的威脅，是否就像激進的傅正、殷海光、李敖等人所說是一件沉淪、可悲之事，仍有辯論的餘地。如果從《蔣中正日記》中有關雷震案的相關紀錄與後來的發展來看，胡適對於蔣的判斷是十分精確的。[87]這樣看來，胡適的慎重或許

85　潘光哲編，《傅正《自由中國》時期日記選編》，頁 67-68。

86　李敖，《李敖快意恩仇錄》，頁 135。

87　蔣介石在 1960 年 5 月 20 日就任第三任總統之後及著手處理《自由中國》的案子。《蔣中正日記》有以下的記載。1960 年 7 月 18 日「召見谷、鄭、唐、張商討《自由中國》刊與雷震叛徒之處置的法律問題」；1960 年 7 月 23 日「正午商討《自由中國》刊物與雷震、傅正處置問題」、「雷震反動挑撥臺民與政府惡劣關係，如不速即處置，即將噬臍莫及，不能不作最後決心矣」（上星期反省錄）；1960 年 7 月 26 日「雷逆逮捕後應警告反動人士者：

是為了維繫臺灣自由主義香火不得已而採取的一個方式。

其實，這一階段胡適的主要貢獻不在行動，而在思想。在《文星》雜誌中的胡適形象主要是由毛子水、李敖與徐高阮等人積極營造的結果。他的思想造成兩方面的影響，首先是胡適自由主義的批判精神，由李敖等人繼承，促成了《文星》雜誌後期風格的轉向，並對自由思想在臺灣知識界的傳布造成深遠的影響。就臺灣自由民主運動來說，從胡適到李敖等兩代「外省知識分子」的努力，是一個不容忽略的貢獻。其次，胡適的文章引發「中西文化論戰」，激發了臺灣思想界的活力。此一論戰繼承了民初以來五四思想與反五四思想之激辯，其思想張力形成臺灣文化的一個重要特色，即是不但繼承傳統，也批判傳統；不但肯定倫理，也要吸收民主與科學。胡適過世之後，中西文化論戰之雙方均撰文憑弔、肯定其貢獻，並非偶然。胡適的思想在他死後繼續在臺灣思想界發酵、茁壯、成長。

徐復觀在胡適先生過世後，以〈一個偉大書生的悲劇〉為題哀悼他，他寫到：「胡先生在五四運動時代，有兵有將，即是：有青年，有朋友。民國十四、五年以後，卻有將無兵；即是有朋友而無青年。

甲、民主自由之基礎在守法與愛國。乙、不得煽動民心，擾亂社會秩序。丙、不得違紀亂法，造謠惑眾，動搖反共基地。丁、不得抄襲匪共故計，破壞政府復國反共措施、法令，而為匪共侵臺鋪路；不得挑撥全體同胞團結精神與情感，假借民主，效尤共匪，實行顛覆政府之故計。其他皆可以民主精神，尊重其一切自由權利」。由此可見早在七月底，蔣已決心要逮捕「叛徒雷震」（雷震於9月4日被逮捕）。胡適雖努力營救，然已無法挽回。胡適在1960年11月18日的日記中詳細地敘述了他與蔣介石見面、討論雷震案的經過。胡適，曹伯言整理，《胡適日記全集》，第9冊，頁665-669。

今日在臺灣，則既無兵，又無將，即是既無青年，又無真正的朋友」。在此情境之下，徐復觀一方面後悔曾經「在文化問題上，依然由我對他作了一次的嚴酷的譴責，這實在是萬分的不幸」，另一方面他又強調：

> 自由民主，是超學術上的是非的；所以主張大家不應以學術的是非爭論，影響到自由民主的團結。……今日在臺灣，不必在學術上的異同計錙銖，計恩怨；應當從民主自由上來一個團結運動。……我深切了解在真正地自由民主未實現以前，所有的書生，都是悲劇的命運……我相信胡先生在九泉之下，會引領望著這種悲劇的澈底結束。[88]

《文星》雜誌社同仁則在該刊同期上表示：「科學民主是復興國家不二法門，願此後能實現此一理想；言論自由為促成進步必須手段，望大家莫忘這句名言」。這一情境或許能部分地反映1960年代初期知識分子的困境與期望。不過此一時期的努力並未隨著胡適的過世而銷聲匿跡，反而持續發展，為1970-80年代之後臺灣民主化奠定了重要的基礎。

---

88 徐復觀，〈一個偉大書生的悲劇：哀悼胡適之先生〉，《文星》，卷9期5，第53期（臺北，1962），頁6。

6

意識形態與學術思想的糾結

1950年代港臺朝野
的五四論述*

20世紀初期的五四運動是現代中國的一個轉捩點，1920年代以後國人對此有所深論；這些討論不但是對文化的反省，也具有政治意圖。針對此一現象，有些學者從「紀念政治」的角度討論五四的「意識形態化」，認為「五四論述」的意旨並非重述過去，而是通過使自己信奉的價值在中國現代史起點上的核心地位，以歷史解釋為未來中國的走向確定一個思想指南。以近代中國的四大思潮來說，國共兩黨分別將五四「三民主義化」與「新民主主義化」。自由主義者則一貫堅持民主、科學的五四理想，並於1949年後在港臺致力於民主政治的實踐。至於50年代以後的新儒家一直對五四反傳統給予負面評估。他們和自由主義者同樣認為國共兩黨背離五四理想，又特別指出五四為中共崛起、壯大的文化溫床，導致國府遷臺之挫敗。1949年之後，蔣介石（與中國國民黨）對於五四的看法主要即結合了自由主義者與新儒家的觀點，提出救國、倫理、民主與科學的口號，倡導「中華文化復興運動」。本文的焦點是1950年代，港臺的自由派知識人與新儒家如何以五四為議題來批判國共兩黨，以及遷臺後國民黨的五四論述如何結合自由主義與新儒家之觀點而有所取捨。這些討論顯示在自由主義者與新儒家的思想交鋒與國共對峙之下，作為文化符號的「五四」日益呈現出複雜多元的面貌。近年來對於五四意識形態化的反省，也

*　　本文原刊《思想史》，期9（臺北，2019），頁217-264。英文的摘錄版見：Max K. W. Huang, "The Political Commentary on May Fourth in 1950s Hong Kong and Taiwan," *Chinese Studies in History*, Vol. 52, Nos. 3-4(2019), pp. 239-255.

正是五四走向學術研究的一個契機。

一、前言：從五四的「意識形態化」談起

　　長久以來「五四」被視為現代中國政治、社會、文學、思想、藝術乃至日常生活的一個轉捩點。此處所說的「五四」不但指1919年4月開始，因北洋政府未能妥善處理巴黎和會後的山東問題所發生的「五四事件」；也包括在此之前所開始的「五四新文化運動」。[1]這也是周策縱所說的狹義五四（政治社會運動）與廣義五四（思想革命）之別。[2]簡單地說，從五四時代開始，中國知識分子以現代民族主義（愛國精神）為中心，追求「德先生」（民主）、「賽先生」（科學），並反思傳統，企圖融貫中西，開創一個新文明的時代。

　　五四的歷史意義在於它同時具有政治與文化的意涵。從晚清開始，受到洋務運動與戊戌變法失敗的刺激，知識分子對政治議題的討論逐漸地從器物、制度的革新深入到文化的層面，認為只有創造一個以民主、科學，以及批判傳統為核心價值的新文化，才能創造富強的新中國。陳獨秀是一個很好的例子，他在〈吾人最後之覺悟〉一文將

1　一般以 1915 年 9 月 15 日，陳獨秀主編《青年雜誌》在上海法租界出版創刊號為起點，提倡新文學、新思想，不過「新文化運動」之名，及其推展要在 1919 年 9 月之後，而「五四新文化運動」一詞更晚要到 1927 年才出現。參見陳建守，〈作為集合事件的「五四運動」：五四的概念化與歷史書寫〉，收入黃克武編，《重估傳統‧再造文明：知識分子與五四新文化運動》（臺北：秀威資訊，2019），頁 424-455。

2　Chow Tse-tsung, *The May Fourth Movement: Intellectual Revolution in Modern China* (Stanford: Stanford University Press, 1960).

倫理問題作為解決政治問題的根本，陳獨秀的結論是「共和立憲制以獨立平等自由為原則，與綱常階級制為絕對不可相容之物」、「倫理的覺悟，為吾人最後覺悟之最後覺悟」。[3] 換言之，解決文化問題方能解決政治問題。

在文化與政治的糾結之下，五四不但是一個單純的歷史事件，也是一個關係到自身的歷史地位與未來中國之走向的風向球。近年來學界對於五四的研究有一個很重要的觀察，亦即20世紀20年代以來，中國有關五四的討論具有「意識形態化」的特點。顧昕所撰寫的《中國啟蒙的歷史圖景》（1992）一書是一個很好的例子。[4] 顧氏主要以中國大陸1980年代以來在報章、期刊上對五四運動的討論，檢討「五四」被當代人們「意識形態化」的過程。顧氏分析的起點是學術思想與意識形態之間的分際，他反對後現代主義者將所有的學術思想都視為意識形態，以為「學術思想」與「意識形態」兩者「顯然是不同的」。學術思想旨在說明實然，同時要避免規範性的評估與指導；意識形態則是規範性的，是一種「信仰體係」或「生活指南」。因此意識形態常將事實或規範性的陳述結合起來形成一個明確而易於了解的體系，並以一些口號來顯示其意旨。此一體系又是權威性與強制性的，可以

---

3 陳獨秀，〈吾人最後之覺悟〉，《青年雜誌》，第 1 卷第 6 號（上海，1919），頁 4。

4 顧昕，《中國啟蒙的歷史圖景》（香港：牛津大學出版社，1992）。參見黃克武，〈「五四話語」之反省的再反省：當代大陸思潮與顧昕的《中國啟蒙的歷史圖景》〉，《近代中國史研究通訊》，期 17（臺北，1994），頁 44-55。（收入本書）

為人類的行為或政策提供合法性的依據。[5]此一觀點與余英時在〈意識形態與學術思想〉一文所述的有類似之處。余英時指出學術思想意指「對一切『現象』或『實在』進行原則性、基本性與系統性的研究」，並在歷史上形成「思統」與「學統」，而保證其獨立性與客觀性。至於意識形態有兩種：一種為特殊的意識形態，是「個別的人關於政治社會問題所持的主張，故不免因自身利益而對真實有所掩飾與歪曲（包括有意的和無意的）」；一種是整體的，指不限階級的群體意識，它反映一個時代的「世界觀」。[6]

顧氏認為人們對於五四的討論反映出一種特殊的意識形態，其特點為：1.泛道德主義。2.目的論的歷史觀。3.認為歷史發展配合科學的普遍規律。4.烏托邦式的理想主義。5.整體主義與一元論式的進路。在此一思維模式的影響下，中國大陸五四話語之中的「民主」、「科學」、「自由」、「平等」、「法治」、「商品經濟」、「學術」或「現代化」等詞，或是其中之一，或是結合數項，被認為是達到此一最終理想的「根本方法」，中國當代不少的知識分子樂觀地相信只要在這些方面有所成功，其它的困難會迎刃而解。顧氏的看法與張灝、金耀基對五四所提出的觀點相互配合，張灝指出五四思想有烏托邦式的絕對化心態，「結果『德先生』與『賽先生』變成了『德菩薩』與『賽菩薩』」。

5　顧昕，《中國啟蒙的歷史圖景》，頁7。

6　余英時，〈意識形態與學術思想〉，收入氏著《中國思想傳統的現代詮釋》（臺北：聯經出版公司，1987），頁53-73。

金耀基也指出五四對民主與科學的理解是浪漫化與意理化的。[7]

　　顧氏全書的論旨可以用他在結論的一段話來說明，「本書的研究表明，五四話語的意旨遠非整理和重述過去。通過使自己信奉的價值或目的在中國現代史的起點上佔據核心地位，每一位歷史學家以過去歷史的正確解釋者的身分，為未來中國的方向確定了思想的指南。這種指南據說是符合歷史必然性的」。[8]

　　顧昕的觀點與周策縱、余英時、歐陽哲生、簡明海與尤小立等人從歷史的角度對五四所做的研究相呼應。

　　周策縱指出不同的人物因立場各異，對於五四運動的本質、成效與誰是領導者有所爭論。首先從文化的觀點來看，自由主義者認為五四類似於歐洲「文藝復興」，也有人拿五四與18世紀法國「啟蒙運動」相提並論；周策縱指出兩者的比喻雖有一些類似處，卻忽略了雙方的差異。例如五四肯定白話文與新文學與文藝復興類似，然而對傳統文化提出嚴厲批評，則與主張「古文明再生」的文藝復興有所不同。再者，啟蒙運動的理性與懷疑精神、反偶像崇拜與「五四」類似，但西方的啟蒙運動是「新興的中產階級推翻封建制度的貴族」；中國是各種社會力量對抗舊勢力，而其中並無此類的中產階級。再者，誰領導五四一課題尤其反映國共兩黨的區別。共產黨認為自身為首要領導

7　張灝，〈五四運動的批判與肯定〉，收入氏著，《幽暗意識與民主傳統》（臺北：聯經出版公司，1989），頁 145；金耀基，〈五四新傳統的批判與繼承：對民主與科學的再思〉，收入氏著，《中國社會與文化》（香港：牛津大學出版社，1992），頁 196。

8　顧昕，《中國啟蒙的歷史圖景》，頁 7。

者，而將五四作為其反帝、反封建的政治路線的起點，是「新民主主義」的源頭，並將五四訂為「青年節」；國民黨也以為蔡元培、羅家倫、段錫朋是五四領導人、肯定五四愛國精神、批判學生運動，並將五四訂為「文藝節」。[9]周策縱的書大概最早注意到人們對五四的不同的闡釋與評價，後來又有學者在此基礎之上再做進一步的討論。[10]

余英時的〈文藝復興乎？啟蒙運動乎？一個史學家對五四運動的反思〉一文並沒有使用「意識形態化」的觀念，但他提出五四「既非文藝復興又非啟蒙運動」的觀點則嘗試從反面的角度來彰顯對五四從事「學術思想」研究的可能性。此文解釋五四運動如何地先後被「比附」為西方的「文藝復興」與「啟蒙運動」，後來「文藝復興」又讓位於「啟蒙運動」。簡單地說作者認為「文藝復興」之比附是將五四作為一種自由主義式的詮釋；而「啟蒙運動」之比附則是將五四做為一種馬克思主義之詮釋。[11]對作者來說，五四是一個文化矛盾的年代，並非單一又連貫的運動，概括論斷十分危險。

9　Chow Tse-Tsung, *The May Fourth Movement: Intellectual Revolution in Modern China*, pp. 3-4, 338-368.

10　例如 Milena Doleželová-Velingerová and Oldřich Král eds., *The Appropriation of Cultural Capital: China's May Fourth Project* (Cambridge, Mass.: Harvard University Asia Center, 2001). 其中也包括下文所提及的余英時，〈文藝復興乎？啟蒙運動乎？一個史學家對五四運動的反思〉的英文版 "Neither Renaissance nor Enlightenment: A Historian's Reflections on the May Fourth Movement"，見頁 299-326。

11　余英時，〈文藝復興乎？啟蒙運動乎？一個史學家對五四運動的反思〉，收入《重尋胡適歷程：胡適生平與思想的再認識》（臺北：聯經出版公司，2004），頁 265-296。

歐陽哲生的〈紀念「五四」的政治文化探幽——1949年以前各大黨派報刊紀念五四運動的歷史圖景〉指出五四運動之所以成為一個值得紀念的日子，是因為各黨派無不從五四運動發掘其可資利用的資源。紀念「五四」演變成為各黨派的政治宣傳和造勢。[12]

　　根據該文梁啟超主導的研究系在新文化運動中發揮重要作用，[13]五四運動爆發後，《晨報》持贊助態度，不僅持續報導了五四運動的進展，而且刊登了與五四運動相關的重要檔和評論文字，如羅家倫〈北京全體學界通告〉（5月5日）、許德珩〈北京學生界宣言〉（5月6日）、涵廬〈市民運動的研究〉（5月6日）、顧孟餘（兆熊）〈1919年5月4日北京學生之示威運動與國民之精神的潮流〉（5月9日）、北京學生聯合會〈北京學生界罷課宣言〉（5月20日）等，可謂五四運動的傳聲筒；另一方面研究系的報刊《晨報》從1920-1925年間成為一個平臺，提供各界從文化的角度討論五四運動，是在紀念五四的媒體中較不具意識形態色彩的一個媒體。

　　歐陽哲生認為國共兩黨有所不同，兩黨與五四的關係錯綜複雜，而對五四有非常政治化的解讀。一方面因為五四運動與青年學生、知

12　參見歐陽哲生，《五四運動的歷史詮釋》（臺北：秀威資訊，2011）。歐陽哲生，〈紀念「五四」的政治文化探幽——1949 年以前各大黨派報刊紀念五四運動的歷史圖景〉，刊登於《中共黨史研究》，2019 年第 4 期（北京，2019），頁 10-32。亦收入黃克武編，《重估傳統‧再造文明：知識分子與五四新文化運動》，頁 360-411。

13　研究系在五四時期之角色亦參見李達嘉，〈五四運動的發動：研究系和北京名流的角色〉，收入李達嘉編，《近代史釋論：多元思考與探索》（臺北：東華書局，2017），頁 119-180。

識分子密切的歷史關係，通過紀念「五四」，希望拉近或重建與他們的關係，整合這部分社會資源；另一方面又因「五四」包含與國共兩黨理念不相容的某些思想因素，對「五四」須作必要的處理，剔除與其不一致之處。經過長期的對立、磨合，雙方似乎都互相認識了對方，意識到各自主義的「勢力範圍」，找到了「五四」在其各自理論體系（三民主義、新民主主義）中的位置。國共兩黨在「五四」紀念中不斷角力，紀念「五四」也就成為國共兩黨持續調整自我的思想槓桿。由於堅持的「主義」不同，國民黨紀念五四運動是從三民主義出發，共產黨紀念五四運動是為引導青年走上新民主主義革命道路。從這個角度來看，紀念五四運動在1919到1949年間是一場「主義」之爭。

簡明海的《五四意識在臺灣》則關注五四對臺灣的影響。[14]本書描述1920年代至20世紀末五四運動在臺灣所引發的政治、文化變遷。作者透過思想、人物與論著等層面考察以民主、科學為中心五四精神在日治時期與1949年之後在臺灣的傳播。在戰後部分，作者特別分析國民黨與自由主義者的五四論述。他認為國民黨從1934年「新生活運動」到1966年「中華文化復興運動」都針對五四「反傳統」思想與中共的革命運動。[15]至於以《自由中國》為代表的自由主義者如雷震、

---

14 簡明海，《五四意識在臺灣》（臺北：民國歷史文化學社，2019）。本書為作者在政治大學歷史系的博士論文（2009）修改而成。

15 簡明海，《五四意識在臺灣》，頁 250-251。

殷海光則以繼承五四傳統自居，奉胡適為精神領袖。他們宣揚五四所揭櫫的「民主、科學」精神、思考如何落實五四理想，在現實上以自由憲政理念對抗共產黨的一黨專政與臺灣國民黨的威權體制，主張尊重人權、強調個人自由，因而形成了一種自由主義的批判傳統。後來自由主義陣營雖因1960年「雷震案」而受挫，不過其後的《文星》雜誌與黨外運動則接續了此一香火，使五四在當代臺灣仍持續地發揮其影響。

相對而言1949年之後中國大陸的五四觀則比較一致而單調。尤小立認為中共對五四的立場與49年之前相比沒有太大的改變。一方面跟隨著1930年代末、40年代初毛澤東將「五四」作為「新民主主義革命的開端」，「五四」成為中共歷史合法性的基礎之一。[16]另一方面五四作為新文化運動則逐漸消隱，最終被同化在中共的「五四」敘事之中。1949年後，特別是1954-1955年間的「胡適思想批判」運動，不僅將胡適排除在五四新文化運動領袖譜系之外，代之以政治領域的李大釗、毛澤東和文化領域的魯迅，而且全盤地消解了與新文化運動相關的科學、民主、個人主義和世界主義等核心要素。[17]

上述的先行討論並沒有特別注意到1949年之後港臺朝野「五四論

16　請參見陳永發，〈毛澤東如何綁架五四歷史？〉，《思想史》，期9（臺北，2019），頁2-33。

17　尤小立，〈書寫與塑造：1949後「五四」政治話語及政治形象在大陸的確立：以「胡適思想批判」運動為中心的討論〉，《國立政治大學歷史學報》，期42（臺北，2014），頁187-188。

述」的地位，[18]以及港臺知識分子針對五四思想之間產生的互動，並對蔣介石的文化觀念產生影響。本文的焦點是1949至1960年代之間，香港與臺灣的政論雜誌之中對於五四的討論。這些雜誌幾乎都受到美國與臺灣的資助，是美蘇冷戰架構之下「文化冷戰」的一環，[19]表現出1949年國府撤退到臺灣之後，知識分子對於歷史文化的反省，以及自由主義者、新儒家與國民黨政權之間因「反共」而產生「合縱連橫」的複雜關係。筆者認為在自由主義、新儒家與威權主義者的三方互動之中出現了五四「學術化」的契機。

二、港臺自由派知識人的「五四論述」

1949年後，有一批人不願意留在中國大陸，他們或是跟隨蔣介石去臺灣，或是遠走海外。有些人則去了香港，成為「流亡知識人」，使香港成為一個「沒有民主，但有自由」的反共基地。香港的這批反共人士在美國與李宗仁支持下，組成國共之間的「第三勢力」，秉持「國家獨立」、「政治民主」、「經濟平等」、「文化自由」的「民主社會主義」。[20]其中有一部分人較傾向英美自由主義，也有一些人較為肯定

---

18 直接討論五四在香港的書是陳學然，《五四在香港：殖民情境、民族主義及本土意識》（香港：中華書局，2014）。此書討論的時間較長，直至當代。其中有一節談冷戰時期香港「五四」紀念，討論左翼報刊、「文化民族保守主義者」（以唐君毅、《中國學生週報》為主）的五四論述，不過並未特別關注「第三勢力」的政論雜誌。

19 有關「文化冷戰」可參考貴志俊彥、土屋由香、林鴻亦編，李啟章等譯，《美國在亞洲的文化冷戰》（臺北：稻香出版社，2002）。

20 例如有張君勱、孫寶毅、翁青萍、羅夢冊等人，他們的觀點參見容啟聰，〈民主社會主義

國家主義（如中國青年黨人）。他們內部雖有一些分歧，然而也有不少的共識。本文根據余英時的觀點，稱之為「自由派知識人」；誠如余英時所述，香港的環境使他們可以追尋自己的精神價值：

> 我在香港的五年（一九五〇——一九五五）一直生活在流亡知識人的小世界中，和香港作為英國殖民地的工商社會根本沒有接觸的機會……這其實是中國自由派知識人匯聚而成的社群，生活並活躍在一個最自由的社會中……人人都享有言論、結社、出版等的自由……使他們可以無所顧忌地追尋自己的精神價值。更值得指出的是：當時流亡在港的自由派知識人數以萬計，雖然背景互異，但在堅持中國必須走向民主、自由的道路，則是一致的。[21]

在1949年至1960年代之間，這些「自由派知識人」在政治上秉持自由民主理念、反蘇而親美，他們左批中共的「黨天下」、右批蔣介石的「家天下」，同時也較為批判傳統。[22]為了宣揚其政治理念，他們

在冷戰香港：從理論闡述到參與本地政治〉，《中國文化研究所學報》，第 67 期（香港，2018），頁 229-251。

21 余英時，《余英時回憶錄》（臺北：允晨文化出版公司，2018），頁 124。

22 有關「家天下」與「黨天下」的說法參見〈發刊詞〉，《民主勢力》，第 1 卷第 1 期（東京，1952），頁 2。文中表示：「中國祇有兩種勢力，正在掌握著政權，鞭策統治著人民。一種是：獨裁包辦『家天下』；一種是：專制極權『黨天下』的勢力；他們都是在壓迫摧殘民主勢力」。

辦了不少的雜誌，如《自由陣線》、《獨立論壇》、《祖國》、《大道》、《中國之聲》、《聯合評論》等。其中顧孟餘（1889-1972）所主持的《中國之聲》，成舍我（1898-1991）、陳克文（1898-1986）所主持的《自由人》，左舜生（1893-1969）所辦的《聯合評論》是當時香港比較重要的自由派政論雜誌。

《中國之聲》創刊於1951年10月11日，先後由張國燾、李微塵及林伯雅主編，宗旨為「反共反獨裁」。此一刊物延續了兩年多，至1953年12月底停刊。在該刊創刊號的〈徵稿簡則〉中表示：「本刊旨在宣達人民的正義呼聲。凡本民主自由的立場對中國實況，作客觀詳實之報導；對國內外政治、經濟、社會、文化等問題，做深刻公正之探討者……均所歡迎」。[23]

《自由人》三日刊於1951年3月7日正式創刊，由程滄波、王雲五、成舍我、胡秋原及左舜生等30餘人發起成立，其中不少人均與國民黨關係密切。此刊由國民黨營的《香港時報》督印，而臺灣透過此一方式加以贊助。《自由人》的主要撰稿人是雷嘯岑、左舜生等。雷嘯岑說：「《自由人》的作者確實很自由，各人所寫的文字題材雖相同，而見解不必一致，祇要不違背民主憲政與反共抗俄的大前提，儘可各抒己見，言人人殊，真有百家爭鳴，百花齊放的景象」。[24]1952年

23　〈徵稿簡則〉，《中國之聲》，期1（香港，1951），封面底。
24　馬五，《我的生活史》（臺北：自由太平文化事業公司，1965），頁161。陳正茂，〈第三種聲音——《自由人》三日刊始末〉，《臺北城市科技大學通識學報》，期3（臺北，2014），頁243。

成舍我辭總編輯，9月由陳克文接總編輯、社長與兼負籌措經費之責。1955年該刊因轉載《自由中國》的文章，遭臺灣政府抵制，撤銷津貼。1955年《自由人》獲美國的自由亞洲基金援助續辦，批蔣更甚。陳克文支撐至1959年9月12日出滿第889期停刊。

《聯合評論》週刊創刊於1958年8月15日，督印人為黃宇人；總編輯為青年黨的左舜生，前後發行約6年餘。該刊立論宗旨，強調「將不逾越憲法的範圍，所追求的目標第一是民主，第二是民主，第三還是民主！」。[25]換言之，「憲政與民主」即為《聯合評論》的兩大基調。

這些在香港傾向自由、民主的雜誌之中有關「五四」的論述有以下幾個特點：

第一、以反共為主旨，批評中共以「新民主主義」為中心的五四觀，認為五四並非受「蘇俄革命影響」，更並非如毛澤東所謂是「無產階級世界革命」的一部分。1949年後中共所作所為實際上背叛了五四所追求的民主、科學與愛國的理想。他們呼籲發揚五四精神必須加強「反共抗俄」，打倒「受蘇聯控制、公然背叛『五四精神』的中共政權」。[26]

左舜生在1951年5月所撰寫紀念五四運動32週年的〈追懷「五四」〉一文批判中共背叛了自由、民主、人權、愛國等「五四精神」：

25　〈發刊詞〉，《聯合評論》，1958 年 8 月 15 日，第 1 版。此一刊物曾再版，參見《聯合評論》（臺北：秀威資訊，2009）。

26　左舜生，〈時局漫談：想到三十三年前的五四〉，《自由人》，1952 年 5 月 3 日，第 1 版。

共產黨今日在大陸的一切行為，是五四精神的一大反動，他們排斥民主，根絕自由，對人權則極盡蹂躪之能事，既不承認除馬恩列史之外，還有所謂學術思想，更與俄帝重訂若干不平等的條約，馴至使國家成了俄帝的附庸，人民變了奴隸的奴隸。我想，凡是受過五四精神的洗禮，或受過五四精神感召的人們，對當前的這種情況是斷然不能忍受的。[27]

左舜生於1961年5月，在紀念五四42週年時，又撰文表達此一反共的五四觀。[28]他批評毛澤東在〈新民主主義論〉之中的觀點：

> 毛澤東追述這事件說：「五四運動是在當時世界革命號召下，是在列寧號召之下發生的。五四運動是當時無產階級世界革命的一部分。……」（見毛所著〈新民主主義論〉），這完全是閉著眼睛瞎吹，其實俄國革命還不到兩年，他們國內還是一塌糊塗，他們還憑什麼資格號召？憑什麼力量號召？……中國共產黨還沒有懷胎……他們說這類的話，當然只是以肉麻當有趣。[29]

27　左舜生，〈追懷「五四」〉，《自由人》，期18，1951年5月5日，第1版。

28　左舜生，〈紀念「五四」四十二週年〉，《聯合評論》，1961年5月5日，第1版。

29　胡適在1959年7月16日在夏威夷大學的演講〈杜威在中國〉有一個完全相同的觀點「共產黨徒偏要說五四運動是無產階級世界革命的一部分，而且是由中共策動和領導的，這全然是個謊言。事實上1919年的時候，中國還沒有一個共產黨徒」。胡適，〈杜威在中國〉，

其次，他認為共產黨不相信民主與科學，其崛起的背景是蘇俄，因此「世界革命」與五四新思潮「全不相干」：

> 所謂新思潮僅僅包含「民主」與「科學」兩義，與所謂世界革命全不相干。今天毛澤東既不相信「民主」，也不相信「科學」，因此我們可以說，共產黨後來的活動，也與這一期的新思潮全不相干。[30]

江楓的〈五四的叛徒——共產黨〉一文也直接針對此一課題，而有類似的觀點。作者同意五四與中共有一些關係，例如五四的領導人物陳獨秀、李大釗都是中共創黨的風雲人物，而「五四後期的新文化運動也是共產主義的文化先鋒」。不過後來共產黨卻背叛了五四打倒舊權威、追求民主、科學與國家獨立自主的精神：

> 五四打倒了舊權威，而毛澤東他們轉過頭來又投向一個新的權威；五四運動的目標是民主與科學，可是共產黨主張專政，而且實行專政，這是與民主正相反的；共產黨提倡狂熱的教條主義，這又是與科學精神正相反……五四運動是以愛國為

收入胡適著、潘光哲主編，《胡適全集：胡適時論集》（臺北：中央研究院近代研究所，2018），8，頁115。

30　左舜生，〈紀念「五四」四十二週年〉，《聯合評論》，1961年5月5日，第1版。

出發點，可是共產黨主張的甚麼新愛國主義，所主張的一面倒賣國主義，正是與愛國主義絕對相反的！[31]

上述觀點均指出五四在起源與發展上與中共無關，而中共背叛了五四精神。

第二、強調五四後期的發展「種下了共產黨這株毒苗」，造成中共的坐大：有些作者認為五四陣營內部有觀點上的分歧而導致中共的崛起。徐偉晴的〈五四與青年運動〉一文認為五四開始時為學生運動，後來分裂為「民主主義」與「共產主義」兩支。「胡適、傅斯年所領導的自由主義路線，方向不錯，惜有氣無力」；「陳獨秀、李大釗等所領導的共產主義路線，發展蓬勃，種下今日災難之根源」。五四內部之中民主主義一支發展較緩，「而共產主義一枝因為抗戰與國民黨的腐敗而壯大，操縱了有理想有熱情的青年們所發動的反國民黨運動」，「猛著先鞭，迅速擴張」：

五四運動後期種下了共產黨這株毒苗；抗日運動對這株毒苗給予了發展壯大的機會；而國民黨統治集團的專制腐化更助長了比它更反動的共產黨之發展壯大；抗戰結束，國民黨統治者的醜惡面目逐漸暴露無遺。中華民族的精英，在內憂的緊逼

---

31 江楓，〈五四的叛徒——共產黨〉，《中國之聲》，期31（香港，1952），頁12。江楓的背景不詳，可能為筆名。

下，對民族的罪人掀起一場偉大的反抗運動。但，令人痛心的事實是，共產黨操縱了這次青年運動！有理想的青年所發動的反國民黨運動，在中共的騙惑與麻醉下分化了，變質了……這次青年運動的主流卻被共產黨牽引到歧途，成為極權賣國者的政治資本。[32]

他的結論是：中國人民應「繼承五四精神，堅守民主理念……推翻極權賣國的統治集團，建立民主、公平、自由的新中國」。[33]

第三、批判國民黨對「五四」的態度。左舜生說國民黨受五四影響很大，它能「打倒軍閥，統一全國，便受五四之賜」，但是「現在國民黨的當權者一提到『五四』便咬牙切齒的痛恨，真可說昏瞶糊塗，落伍到不可救藥」。國民黨對五四的反感是因為學生運動追求民主，與蔣一黨專政的觀念不同，「蔣團長仍不喜歡五四，據說，因一談五四勢必提到民主，他不願青年學生談民主」。[34]另外也因為有國民黨人誤會「五四運動是左傾運動」。[35]不過國民黨仍「不能不在五四這一天有所表示」，他們的作法是首先將五四納入「三民主義的國民革命」，其次則是則是藉著五四來反共，認為「五四精神必將克服共產

32　徐偉晴，〈五四與青年運動〉，《中國之聲》，期31（香港，1952），頁12。

33　徐偉晴，〈五四與青年運動〉，《中國之聲》，期31，頁12。

34　志清，〈五四紀念在臺北〉，《聯合評論》，1960年5月13日，第4版。

35　周公言，〈五四運動的本質是甚麼?〉，《自由報》，1969年7月2日，第1版。

極權主義」。[36]國民黨以五四來反共，因而必須在某種程度上肯定「民主與自由」的觀點則受到香港自由派知識人的肯定。

第四、對胡適的兩種看法，一方面寄望胡適、另一方面也批判胡適。陳紀瀅在1958年4月胡適返臺就任中研院院長之後，寫了〈寄望於胡適之先生者〉，他認為胡先生以無黨派的身分參與政治評論，是「文人論政」，他與實際政治糾葛不多。「我們自由中國，國際地位日益艱難的今日，胡適先生這面文化大旗，插在那裡，那裡就發光芒，那裡就會增強反共文化的力量」。[37]五四運動41週年（1960）時胡適在臺北發表演講，引發了人們對五四的思考。[38]孟戈在〈五四雜感〉一文肯定胡適對五四的反省，「我現在談到這些時，臉上流汗，心中慚愧」，他要大家思考「民主在那裡？科學在那裡？新文學又在那裡？」，胡適又說五四的成效不彰，「一方面由於大家努力不夠，另一方面是執政黨努力不夠」。這些反思受到孟戈的肯定。[39]除了呼應胡適自身的反省之外，香港的政論雜誌作者對胡適在臺灣的一些表現也感到不滿，其中從民主憲政的觀點對於胡適沒有極力阻止蔣介石「三連

36　志清，〈五四紀念在臺北〉，《聯合評論》，1960 年 5 月 13 日，第 4 版。

37　陳紀瀅，〈寄望於胡適之先生者〉，《自由人》，1958 年 4 月 19 日，第 3 版。陳紀瀅（1908-1997），河北安國人，臺灣作家，反共小說的代表人物之一，也是國民黨的重要幹部，1948 年被選為立法委員。

38　胡適，〈五四運動是青年愛國的運動〉（1960 年 5 月 4 日），收入胡適著、潘光哲主編，《胡適全集：胡適時論集》，8，頁 158-168。

39　孟戈，〈五四雜感〉，《聯合評論》，1960 年 5 月 13 日，第 2 版。

任」總統一事，尤其予以大力批評，[40]換言之，胡適對臺灣在實現民主、憲政上的缺失，也要負責。志清指出：

> 他本來反對修憲和反對蔣再連任，但「國大」開會，他又參加投票了。雖然人們相信投的一定是一張空白票；可是從此即未聞他的反對之聲了。他問民主在那裡，足見他的內心是如何的痛苦呵。[41]

後來胡適對《自由中國》、《文星》雜誌的態度，以及在吳國楨、雷震案發生時的因應方法，也深受港臺自由主義者的批評，認為他在面獨裁時軟弱與妥協，而與當權者糾纏不清。[42]

胡適死後所刊登的文章多半較為肯定胡適的貢獻，曾任教於香港

---

40 有關蔣介石第三次連任總統的爭議，以及胡適之角色，參見黃克武，〈蔣中正、陳誠與胡適：以「三連任」問題為中心（1956-1960）〉，收入黃克武主編，《1960年代的臺灣》（臺北：國立中正紀念堂管理處，2017），頁59-170。（收入本書）

41 志清，〈五四紀念在臺北〉，《聯合評論》，1960年5月13日，第4版。

42 殷海光與傅正都對胡適與現實的糾結以及不肯勇於抗爭之氣概有所批評。這也是胡適在雷震案發生前後所表現出的基本態度，亦即願意堅持理想而抗爭，卻同時也願意為顧全大局而妥協，不與當權決裂。任育德，《胡適晚年學思與行止研究》（臺北：稻香出版社，2018）。黃克武，〈一位「保守的自由主義者」：胡適與《文星雜誌》〉，收入潘光哲編，《胡適與現代中國的理想追尋──紀念胡適先生120歲誕辰國際學術討論會論文集》（臺北：秀威資訊，2013），頁332-359。（收入本書）有關胡適、殷海光對吳國楨案的反應，參見金恆煒，《面對獨裁：胡適與殷海光的兩種態度》（臺北：允晨文化出版公司，2017），頁80-161。

崇基學院的哲學家謝扶雅（1892-1991）在〈五四追憶胡適〉一文為胡適申冤。他認為胡適在堅持民主、科學、白話文、思想獨立等方面有其貢獻，是摧毀權威主義、教條主義和獨裁主義的武器，「而臺北竟有人主張把這個給中共清算批判四五百萬字的胡適空投到大陸去，更可謂匪夷所思」。但同時他也批評胡適所介紹的西學太狹窄，對於美國、德國、法國思想的譯介有所不足。[43]

簡單地說，香港自由派知識人的政論雜誌對五四的基本看法是肯定五四的基調，「肯定進步、新生與民主」，要跟著五四的方向走。[44]秉持此一原則，對於中共對五四的看法，與國民黨乃至自由主義者如胡適背離五四精神的部分，則予以批判。

臺灣的反共自由主義者對五四的看法，與上述香港自由派政論雜誌大致上很類似，而且雙方互通訊息、彼此投稿，也轉載文章，其中《自由人》與《自由中國》兩雜誌的編輯委員有重疊，在思想傾向、財務等方面關係尤其密切。臺灣自由主義者的政論雜誌，以胡適、雷震、殷海光為首的《自由中國》、蕭孟能、李敖主編的《文星》等為代表，這些刊物承續著自五四運動以來自由主義者啟蒙大眾的任務，對於後來的臺灣自由民主的發展產生重大的影響。這些刊物對五四的

---

43 謝扶雅，〈五四追思胡適〉，《聯合評論》，1962 年 5 月 4 日，第 1 版。謝精通康德哲學與基督教神學。

44 許冠三，〈跟著「五四」的方向走〉，《自由人》，1958 年 5 月 6 日，第 1 版。許冠三為東北大學畢業，1950 年應謝承平之邀來港，主持自由出版社，「他的學術水平和文筆都高一等」。余英時，《余英時回憶錄》，頁 139。

看法如下：

第一、延續了五四的思想傳承，宣揚民主與科學，並企望民主憲政之實現。殷海光在1960年撰文紀念五四時說：

> 實行民主學習科學是中國人可行的陽關大道。早在四十多年前的五四運動裡，胡適之等先生致力提倡的就是這個坦易的道理……今後欲救中國於深淵，並沒有其他奇徑可走，還是只有實行民主採納科學。五四又過了四十一年了。在這個特別值得紀念的節日，我們將我們的見解重新提出，讓大家有個真切努力的方向。我們尤其希望年青的一代，再不要做衝陣的火牛，再不要做撲燈之蛾，拿定主意，堅強地進步，讓一個合理的社會經由民主與科學的程序在我們手裏實現！[45]

李敖所主編的《文星》雜誌則跟著胡適、殷海光等人的腳步，這兩個刊物對後來的民主運動有直接的影響。[46]

第二、在政治上以五四來批判國共兩黨。臺灣自由主義雜誌對五四的宣揚與「反共」相結合，他們主張以自由民主來實現實質的反共。同時，臺灣自由主義者的五四論述，與他們對國共兩黨的一黨專

---

45 殷海光，〈社論：五四是我們的燈塔！〉，《自由中國》，卷 22 期 9（臺北，1960），頁273。

46 黃克武，〈戒嚴體制下的自由之聲：《文星》雜誌的介紹與分析〉，刊於《知識饗宴系列 8》（臺北：中央研究院，2012），頁 137-164。

政的批判也相結合，並且隨著時勢的推移，對於國民黨的針砭日趨激烈。以《自由中國》來說，該刊在創辦之初，與蔣介石關係良好，然而隨着韓戰爆發，蔣介石重獲美國支持，國民黨在實施黨的改造之後，威權體制更加鞏固。《自由中國》的方向也逐漸從批判共產主義轉向批評國民黨政府政策弊病，而和執政當局關係逐漸惡化。《自由中國》批評黨國干擾學校教育、反對蔣氏三連任、主張司法獨立、地方自治、成立反對黨等，後來導致1960年的雷震案，臺灣自由主義者受到重挫。

第三、臺灣自由主義者與香港自由派知識人略有不同的是，他們更強烈地秉持反傳統的立場，將儒家傳統視為中國現代化的障礙，因而延續了五四時期傳統與西化的論戰。從《自由中國》18卷19期殷海光所寫之社論，〈跟著五四的腳步前進〉一文，可見《自由中國》知識分子所以重新解釋「五四新文化」，乃是基於對這幾年來「反五四思想的言論，以及強調文化傳統作品」、「提倡中國本位文化」的反感，是看到「近年來若干人士播弄的烏煙瘴氣，較之葉德輝、徐桐、倭仁所為者毫無遜色。中國今日之需要科學與民主，比四十年前更為迫切」。[47]在臺灣傳統文化論者主要有兩類，一為傳統主義者與受此影響的國民黨人（如支持孔孟學會之人，此一學會在1960年1月由教育部長梅貽琦發起組織），一為50年代開始的港臺新儒家（下詳）。這兩

---

47 殷海光，〈社論：跟著五四的腳步前進〉，《自由中國》，卷18期9（臺北，1958），頁272。

者都是臺灣自由主義者所要批判的對象。

　　以上是港臺傾向自由主義者所表達出對五四的看法，這些觀點與新儒家的看法有重疊，也有歧異。

三、港臺新儒家的五四論述

　　當代新儒家指五四運動以來，目睹全盤西化的思潮在中國的影響力日益擴大，一批學者堅信中國傳統文化對中國未來仍有價值，以此為基本觀點來謀求中國現代化的一個學術思想流派。廣義的新儒家包括唐君毅、牟宗三、徐復觀、錢穆等人。他們以《民主評論》為中心，形成了一個宣揚新儒家理念的文化陣地。1958年元月由唐君毅起草，經張君勱、牟宗三、徐復觀修正，後以四人名義聯署發表〈為中國文化敬告世界人士宣言：我們對中國學術研究及中國文化與世界文化前途之共同認識〉於《民主評論》之上，此文被視為「當代新儒家」的宣言。[48]在思想史上，新儒家被定位為文化保守主義者，他們的觀點與五四以來的自由主義者（以及上文所述廣義的自由派知識人）有所不同。首先，自由主義者跟西方現代化理論支持者一樣，把儒家傳統視為一種強調「禮教」的權威主義，並與專制掛勾。可是新儒家卻

48　有關《民主評論》的創立及其主旨，請見余英時，〈序──《民主評論》新儒家的精神取向：從牟宗三的「現世關懷」談起〉，彭國翔，《智者的現世關懷──牟宗三的政治與社會思想》（臺北：聯經出版公司，2016），頁15-16。亦參見王志勇，〈流亡港臺傳統派知識分子「文化中國」意識探論──以《民主評論》為中心（1949-1966）〉，武漢：華中師範大學博士論文，2017年5月。

指出儒家具有對個人尊嚴與自主的尊重，以及「從道不從君」的道德理想。因此他們強調傳統文化並非中國現代化的障礙，而是具有可以促進現代化的成分。其次、新儒家肯定民主與科學。就中國文化的現實境遇與發展方向來說，新儒家的觀點與五四時期宣揚民主、科學的觀點之間其實是有共識的，誠如鄭家棟所指出：

> 以唐、牟、徐為代表的一代新儒家與「五四」傳統之間沒有實質性的分歧，因為他們同樣認為民主與科學為中國文化的現實發展之所首要和必須。牟先生所提出的問題是：民主與科學的背後是有某種精神在支援的，重要是如何把精神接引過來，否則的話，所謂發展民主與科學也只能是一句空話。[49]

第三，新儒家對於白話文運動也是十分肯定的。這樣一來，新儒家與自由主義者的主要分歧在於如何看待傳統、如何看待西方。

有關唐君毅、牟宗三等對五四的看法，陳學然、楊祖漢等人已有詳細的分析。[50]1949年唐君毅、牟宗三帶著「花果飄零」的憂患意識、強烈的民族文化情懷與儒家道統守護者的身分來到香港。他們對傳統文化的信心與使命感促使他們反省五四以來中國文化的發展。唐、牟

49　鄭家棟，《牟宗三》（臺北：東大圖書公司，2000），頁 80。

50　陳學然，《五四在香港——殖民情境、民族主義及本土意識》（香港：中華書局，2014），頁 258-269。楊祖漢，〈新儒家對五四運動的反省〉。網路資源 http://www.wangngai.org.hk/docs/a17.html（2019 年 4 月 25 日檢閱）。

的五四觀有以下幾個特點：

第一、他們肯定五四愛國運動所具有的愛國心與自覺心，以及對
於民主、科學的追求。其中民主的追求尤其重要。唐君毅說五四運動
表現出知識分子要求主宰政治、改革社會而追求民主的朝氣。五四運
動是反對喪權辱國的條約之政治運動，表示中國知識分子感到「政治
必須民主，才能免於喪權辱國之事」。五四運動之後至今「成為一求
政治民主之潮流，此對中國過去的歷史而言，畢竟是一劃時代的
事」。[51]

第二、他們認為西方對於民主、科學之肯定背後有一種超越功利
動機的「一段真精神在推動」，亦即有宗教、道德的背景。對他們而
言，中國民主與科學的生根，亦需肯定儒釋道三教「使中國人的精神
不黏著於現實，不受限於感性之生理本能，而隨時理性化其自己」。
總之，唐、牟對五四的基本看法是繼承五四，並超越五四。針對五四
的缺失，他們提出一個「貫通中西」，而環繞著民主、科學與宗教道
德的「安定人生建立制度的思想系統」。牟宗三認為其中應包含三事：

> 一是疏導出民主政治的基本精神，以建立政治方面的常
> 軌。二是疏導出科學的基本精神，以建立知識方面的學問統

---

51 唐君毅，〈六十年來中國青年精神之發展〉（1955），唐君毅、徐復觀、牟宗三等著，《生
命的奮進：唐君毅、徐復觀、牟宗三、梁漱溟四大學問家的青少年時代》（臺北：時報文化，
1985），頁 77-78。

緒。三是疏導出道德宗教之轉為文制的基本精神，以建立日常
生活方面的常軌。[52]

唐君毅與牟宗三與蔣介石一樣肯定倫理、宗教的重要性，他們反覆述
說「在科學以外，必須承認有道德宗教的聖賢學問」，在這方面必須
依賴中國傳統的「生命的學問」。[53]

　　第三、他們認為五四運動的缺點在消極的破壞，而缺乏積極的建
設：他說新文化運動的精神「所重只在批判懷疑，打倒禮教與孔家
店，並提倡文學革命等」。「但是民主精神不表現於立憲的政治制度之
運用，則不能有積極的政治成果。只是一反對當時政府之政治口號而
已」，而自由精神「不表現於具體人權之爭取，求訂之於制度，由法
律以保障之，則終歸於一種精神之放縱，與個人之浪漫情調而已，亦
不能有成果」。至於科學方面，大陸淪陷前之科學家缺乏整體的文化
意識，與健全的政治意識，只知「羨慕西方」，與追求個人成就，「後
來多贊成共產黨」。五四時代培養出來的人「不免傾向一道地的個人
主義……拿來批判、懷疑、打倒他個人以外的一切，由孔子、禮教、

52　牟宗三，〈說「懷鄉」〉（1953），唐君毅、徐復觀、牟宗三等著，《生命的奮進：唐君毅、
　　徐復觀、牟宗三、梁漱溟四大學問家的青少年時代》，頁151-152。
53　牟宗三，〈關於「生命」的學問──論五十年來的中國思想〉（1961），唐君毅、徐復觀、
　　牟宗三等著，《生命的奮進：唐君毅、徐復觀、牟宗三、梁漱溟四大學問家的青少年時代》，
　　頁179-186。

社會風俗、傳統文化……這確是一件很糟的事」。[54]

　　第四、有關五四與20世紀以來政治勢力發展的關係，他們認為五四的起源與國共並無直接關係，然而五四的精神卻導致中共的興起。唐君毅在他所撰寫的〈六十年來中國青年精神之發展〉（1955）之中認為五四的精神是青年的愛國意識，所謂國共的領導並不重要，「都是枝葉」、「實際上誰都不配居領導之功」。唐君毅說：

> 五四運動只代表一時代的青年精神。當時全國學生之響應北平學生之活動，只是一愛國意識。百年來的中國人，一直的願望，本來就是要復興中國。故無論說誰領導都不重要。因為誰都可以領導，而實際上誰都不配居領導之功。這只是一時代之青年精神，自己在領導自己。[55]

　　但另一方面，五四運動卻成為催生了共產黨的一場運動。唐君毅將五四與中共連結在一起的方式與上述自由派知識人不同，是從文化而非政治角度立論。他強調五四從愛國、自主的運動，到後來演變為清算傳統文化的潮流，對中國文化「偏激鄙薄」，如陳獨秀、魯迅及把青年人導向信仰唯物論和走向馬、恩、列的思想道路。他把這一個

54　唐君毅，〈六十年來中國青年精神之發展〉（1955），唐君毅、徐復觀、牟宗三等著，《生命的奮進：唐君毅、徐復觀、牟宗三、梁漱溟四大學問家的青少年時代》，頁84-86。

55　唐君毅，〈六十年來中國青年精神之發展〉（1955），唐君毅、徐復觀、牟宗三等著，《生命的奮進：唐君毅、徐復觀、牟宗三、梁漱溟四大學問家的青少年時代》，頁78-79。

運動稱為「文化學術上之沒遮攔精神」,「一廂情願,傾心相許,而不惜貶斥自己之文化歷史」,最終「造成赤流氾濫於中國」。[56]

錢穆的看法與唐君毅、牟宗三兩人類似,但更為肯定傳統,也更批判自由主義。錢穆在年輕的時候曾熱情地擁抱新文化運動,「於當時新文化運動,一字、一句、一言、一辭,亦曾悉心以求」,後來「尋之古籍」,才對新文化運動有不同的想法。[57]他對五四的看法是:

第一、肯定傳統文化之價值,而反對五四反傳統思想:錢穆肯定儒家傳統倫理道德為現代社會之所需。他引《論語》「弟子入則孝,出則弟,謹而信,汎愛眾,而親仁」。及子夏曰:「賢賢易色,事父母能竭其力,事君能致其身。與朋友交,言而有信」兩章,作為做人處事最高的原則。他認為中國青年自五四以來,追求「平等」、「自由」、「獨立」、「奮鬥」、「戀愛」、「權利」、「非孝」等價值,是走錯了方向,誤入歧途。[58]錢穆認為新文化運動誤認舊傳統與新文化為水火不容,「一方面高倡打倒孔家店,一面又叫全盤西化」。這是因為新文化運動者對舊文化認識不真。他指出中國傳統非封建社會、也決非君主專制。中國人應對中國文化有一深切之認識,而非從西方歷史來認識中國。[59]

---

56 陳學然,《五四在香港——殖民情境、民族主義及本土意識》,頁259-260。

57 有關錢穆對新文化運動的接受,參見瞿駿,〈覓路的小鎮青年:錢穆與五四運動再探〉,《近代史研究》,2019年第2期(北京),頁25-40。

58 錢穆,〈中國文化與中國青年〉,《文化與教育》(臺北:東大圖書出版公司,1976),頁1-8。

59 錢穆,《從中國歷史來看中國民族性及中國文化》(臺北:聯經出版公司,1979),頁3-4。

第二、五四的反傳統與全盤西化論為共產主義布置溫床：[60]錢穆在《從中國歷史來看中國民族性及中國文化》的序中說：

> 自新文化運動中轉出共產運動，至其尊奉馬、恩、列、史建國，則與洪、楊之尊天父、天兄何異？惟宗教尚屬世界性，尊奉馬列則顯屬西化。至其得操政權以來，亦已三十年，摧殘破壞可謂已不遺餘力。[61]

1951年，錢穆發表〈回念五四〉：

> 今天的中共，若平心把此三十年來的歷史回頭細看，不能不說他們仍在依照五四前後新文化運動的大體目標而前進。至少可以這樣說，若使沒有當時一番新文化運動，共產主義在中國，斷不致蔓延得這樣快。[62]

1975年，錢穆更明確的指出了新文化運動帶來了共產主義的氾濫：

> 新文化運動之後，繼之有共產主義之狷狂。共產主義得在

60 錢穆，〈回念五四〉，《歷史與文化論叢》（臺北：東大圖書出版公司，1979），頁63。
61 錢穆，《從中國歷史來看中國民族性及中國文化》，頁3-4。
62 錢穆，〈回念五四〉，《歷史與文化論叢》，頁387。

中國生根發脈，不得不謂其先起之新文化運動有以啟其機。此
即從陳獨秀一人之先後轉變，可以作證。

在錢穆看來，「共產主義之潛滋暗長」是現代中國真正的「心腹之
患」，其為禍之烈，有甚於「軍閥之割據和日寇之入侵」。[63]錢穆將「國
運之頹」，歸罪於共產黨之氾濫，而共產黨之所以披靡一時，又肇因
於新文化運動。[64]

　　第三、批判胡適：胡適左批馬克思主義、右批傳統文化，他在
〈介紹我自己的思想〉一文中說「被孔丘、朱熹牽著鼻子走，固然不
算高明；被馬克思、列寧、史達林牽著鼻子走，也算不得好漢」。誠
如周質平所指出的，胡適與錢穆思想形成兩方面的對比。首先在反共
方面兩人有共識，但胡適的反共出自對自由民主之堅持；錢穆的反共
則出於對中國舊傳統文化的熱愛（反對中共對傳統文化之破壞）。其
次在對傳統態度上，兩人觀點有所分歧，胡適批判傳統，錢穆維護傳
統。[65]

　　以上描述了唐君毅、牟宗三、錢穆等新儒家對五四的看法。[66]他

63　錢穆，〈蔣總統與中國文化〉，《聯合報》，1975 年 4 月 12 日，第 2 版。

64　周質平，〈「打鬼」與「招魂」：胡適錢穆的共識和分歧〉，收入黃克武編，《重估傳統‧
　　再造文明：知識分子與五四新文化運動》，頁 111。

65　周質平，〈「打鬼」與「招魂」：胡適錢穆的共識和分歧〉，黃克武編，《重估傳統‧再造
　　文明：知識分子與五四新文化運動》，頁 91-93。

66　本文未能討論徐復觀對五四的看法。有關此一議題請參見劉緒義，〈現代新儒家對 "五四"
　　反傳統的反思──以徐復觀為例〉，《華中科技大學學報（社科版）》，2006 年第 2 期（武

們的觀點在反共，以及強調民主、科學的重要性兩方面與自由主義者是有共識的，他們也同意五四促成中共之崛起；但是對於傳統與現代化的關係，以及宗教倫理價值在現代社會之中的角色則與自由主義者不同，而錢穆尤其反對胡適等人對傳統文化的批判。新儒家的觀點與蔣介石的看法頗為契合，但蔣也同意一部分自由主義者之觀點。

四、蔣介石的五四論述及其轉折

　　蔣介石對五四的看法分成幾個階段。首先，他在年青時曾受到新思潮的影響，是《新青年》、《新潮》與《東方雜誌》等刊物的讀者。1919年至1920年，他多次記載閱讀《新青年》，讀了「易卜生專號」。五四運動爆發之後，他受到強烈的震動，稱讚五四運動的愛國精神，認為中國人民表現出的鬥爭精神與愛國熱情是中華民國復興的希望，1919年9月24日的日記記載：

> 　　至今尚有各界代表群集總統府門前，要求力爭山東各權利。各處排日風潮，皆未稍息。此乃中國國民第一次之示威運動，可謂破天荒之壯舉。吾於是卜吾國民氣未餒，民心不死，中華民國當有復興之一日也。[67]

漢），頁1-6。
67　蔣中正，《蔣中正日記》，1919年9月24日。

這種對五四愛國精神的肯定一直延續到北伐成功。

　　國民政府成立之後，他對青年運動開始有不同的看法，由正面轉向負面。他指出這主要因為革命的階段不同、對象不同（以往是打倒勾結帝國主義的北洋軍閥的時代）。[68]1930年10月中央大學學潮，「校務延弛，學風囂張」，以致貽害青年。學生「受共黨之搧惑及奸人之利用」，「罷課遊行，以肆要挾」。[69]蔣開始主張限制青年運動，希望青年努力求知，不要造成社會的動盪。這種態度至抗戰開始之後，變得更為強烈。他說「現在抗戰尚未勝利，敵人尚待驅除，如果有誰在政府對外抗戰的時期起來擾亂社會的治安，破壞政府的威信，那就是阻撓革命，破壞抗戰，就是漢奸，就是出賣國家的罪人！政府對於漢奸和罪人，當然要依法制裁，毫不姑息！這種極簡單而明顯的道理，一經說出，一般學生和文化界教育界的人士，一定可以明瞭，不致為共產黨所迷惑！」。[70]

　　1938年5月4日，他在日記中寫道：「學生不准許參加任何政治團

68　蔣介石說：「五四時代的政府是北京政府，因為北京政府是反革命的，腐敗泄沓，對內抑制革命的力量，對外喪權奪國，簽訂不平等條約，所以本黨要領導教育界人士和學校青年，起而反抗，竭其全力與之鬥爭！現在的政府是國民政府，國民政府是革命的政府，是領導全國同胞，對敵抗戰，廢除不平等條約，爭取國家民族的自由的」。蔣中正，〈對於青年團一屆三次全會之感想〉，秦孝儀主編，《總統蔣公思想言論總集》（臺北：中國國民黨中央委員會黨史委員會，1984），卷21，頁89。

69　呂芳上主編，《蔣中正先生年譜長編》（臺北：國史館、國立中正紀念堂管理處、財團法人中正文教基金會，2014），冊3，頁294。

70　蔣中正，〈對於青年團一屆三次全會之感想〉，秦孝儀主編，《總統蔣公思想言論總集》，卷21，頁89。

體，頒行禁律，無論任何團體，如有此學生運動，應作內亂罪處置」，同時他也着手組織青年團，希望更有效地管控、動員青年。[71]

抗戰時蔣介石不但反對學生運動，也批評五四新文化運動。1941年，他批評五四愛國運動與新文化運動，只有五分鐘熱度，缺乏哲學基礎，以致除了白話文之外，其他如民主、科學方面均成效不彰：

> 從五四運動以來，我們青年愛國運動與新文化運動，有一個最大的缺點，就是不實在，不澈底，大家都是僅憑一時的熱情，動一下子就算了事！所謂「只有五分鐘的熱度」，中國過去一切事情，都是如此，這就是因為我們沒有中心的思想與理論來領導，更沒有根本哲學作基礎，所以不能持久一貫的努力！結果，在時效方面，不過是曇花一現，而流弊所及，反而使一般青年彷徨無主，害了國家，也害了自己！可知無論我們從事何種運動，如果沒有一貫的哲學思想作中心，就必不能有正確的方向，必不能夠持久貫徹，發生偉大的功效。

他更質疑五四新文化運動的內容：

> 所謂新文化運動，究竟是指什麼？就當時一般實際情形來觀察，我們實在看不出他具體的內容。是不是提倡白話文就是

71　蔣中正，《蔣中正日記》，1938 年 5 月 4 日。

新文化運動？是不是零星介紹一些西洋文藝就是新文化運動？是不是推翻禮教，否定本國歷史就是新文化運動？是不是祗求解放自身，不顧國家社會，就是新文化運動？是不是打破一切紀律，擴張個人自由，就是新文化運動？是不是盲目崇拜外國，毫無抉擇的介紹和接受外來文化，就是新文化運動？如果是這樣，那我們所要的新文化，實在是太幼稚、太便易，而且是太危險了！老實說：當時除了白話文對於文學與思想工具略有所貢獻以外，其他簡直無所謂新文化。[72]

抗戰期間他對五四學生運動與新文化運動的看法不曾改變。1943年，他在接替顧孟餘出任中央大學校長之後，看到中大校園內匪諜滲透、校園內紀律不佳，對五四運動更為不滿，稱之為「亡國的五四運動」：

委員長對現行教育深為不滿，尤不滿於「五四運動」，嘗稱之為「亡國的五四運動」，並謂「五四運動」較之軍閥尤甚，每談及教育現狀，莫不痛惜。[73]

---

72 蔣中正，〈哲學與教育對於青年的關係〉，收入秦孝儀主編，《總統蔣公思想言論總集》，卷 18，頁 276-279。

73 鄭天挺，《鄭天挺西南聯大日記》（北京：中華書局，2018），下冊，頁 760。

抗戰勝利後出現國共內戰，他又看到「共匪」鼓動學潮，反對內戰，因而對青年運動更加防範。

　　蔣介石對五四的態度也影響國民黨人對五四的看法。1949年之前，在國共鬥爭的背景下，國共對於五四話語權有不同的態度。共產黨積極掌握五四話語，並將之納入自身思想體系，作為舊民主義革命與新民主主義革命的分水嶺。國民黨在北伐成功之前肯定五四的愛國精神，然而其後出於對青年運動的負面觀感，則一直想要放棄五四話語權。簡單地說，國民黨人對五四並無一致之觀點。1943年王世杰的日記有一段話可以反映，不少的國民黨人認為五四並非由國民黨所領導的一個運動，王世杰對此有所感慨，他提到：

　　　　晚間北大同學約請在渝北大舊教師假中央黨部客廳聚餐，到者如顧孟餘、沈尹默、馬衡、王撫五、蔣夢麟諸人，均于二十餘年或三十年前開始在北大教課。青年團代表大會日前開會，有人主張以「五四」為青年節日；有人反對，謂「五四」運動非本黨所領導。予戲謂在會之羅志希、周枚蓀、段書貽諸人曰：「五四運動，實際上出自本黨總理中山先生之策動，本黨老黨員蔡孑民先生之領導。君等今日或為中央委員，或為中央團部幹事監察，在五四當時固皆運動中之急先鋒也」。[74]

74　王世杰著，林美莉編輯校訂，《王世杰日記》（臺北：中央研究院近代史研究所，2012），1943年4月10日，上冊，頁499。

王世杰的話主要是因為1938年7月9日，三民主義青年團在武昌成立後不久曾將「五四」定為青年節。1943年三月，三青團在重慶舉行第一次全國代表大會，決定每年陽曆3月29日為「青年節」，以紀念黃花崗起義殉難的七十二烈士。這樣「五四」作為青年節就被廢除掉了。1944年「中華全國文藝界抗敵協會」第六屆年會又將5月4日定為「文藝節」，並於1945年5月4日舉行慶祝活動，此舉得到國民黨的認可。[75]由此可見國民黨只承認五四在文藝上的意義，而要切斷它與青年之關係。相對來說，中共一直抓緊五四與青年的聯繫，從1939年，五四運動二十週年時，即將五四定為「青年節」。國共兩黨對五四態度明顯不同，一消極、一積極；一重文藝、一重青年。

　　1949年之後，國民黨人大致維持上述的立場。蔣介石也基本上延續前期對青年學生運動、新文化運動的負面觀感。然而1949年國府遷臺，蔣對此深切反省。遷臺之後，他密切地觀察海內外知識分子的政治言論。筆者認為，蔣一方面在政治上必須聯合海內外的反共勢力，另一方面在思想上，他必須同時接納胡適所代表的自由民主理念，與新儒家所肯定的中國文化的精神價值。在此一情勢之，蔣的「五四論述」結合了上述自由主義者與新儒家的部分觀點，而有一番新的面貌。

　　在這方面我們不容易在蔣的史料中找到直接的證據，然而有兩點

75　歐陽哲生，〈紀念「五四」的政治文化探幽──1949 年以前各大黨派報刊紀念五四運動的歷史圖景〉，頁 376。

思想上的因素很值得注意，首先，他和新儒家與自由主義者一樣，強調五四導致中共的坐大，並成為1949年國民黨在中國大陸挫敗的一個原因。其次，他同意新儒家對五四的批評，指出民主、科學是不足夠的，應加上倫理，而其重要性在民主、科學之上。蔣介石因此將倫理、民主與科學三者與三民主義配合，使之成為「三民主義的本質」，而完成三民主義理論的建構。此一理論是臺灣在兩蔣統治時代文化、教育政策的理論基礎。1966年開始的「中華文化復興運動」之主旨即在實踐「倫理、民主與科學」。[76]以下詳述蔣氏在這兩方面的看法。

　　蔣檢討失去大陸的各種原因，指出奸匪教師與職業學生煽動、破壞是一個十分重要的原因。他說五四的民主與科學與反傳統的觀念「結果適以促成我們被打出大陸」。[77]1958年4月10日，蔣介石與胡適兩人在中研院院長就職典禮上的一個爭執可以反映出蔣的看法。這一件事情的經過在《中央日報》或《胡適之先生年譜長編初稿》（以下簡稱《長編》）之中都看不出來（胡適日記則未記載）。《中央日報》的標題是：「總統期勉中研院同仁發揚民族倫理道德，復興中華歷史文化，提高人性尊嚴與發展學術研究，建立以科學倫理民主為基礎的民

76　呂芳上主編，《蔣中正先生年譜長編》，冊12，頁438。

77　徐永昌，《徐永昌日記》（臺北：中央研究院近代史研究所，1991），1952年6月3日，冊11，頁35。蔣介石在總統府月會之中說「談到五四運動之民主、科學口號，其結果適以促成我們被打出大陸。末稱一個民族不自尊重其固有道德文化，猶之舍棄自己之田畝，四書五經中若干末節乃適應當時社會秩序，若如千年來以四書五經為不祥之物，則未免喪心病狂，言下不勝憤慨。」

族文化,擔負起反共抗俄復國建國任務」。根據該報,當天胡適院長致詞畢,即恭請總統訓示,「總統致訓約五十分鐘,以恢復我國固有倫理道德,發展科學及學術研究,期勉全體院士及學術界人士。總統訓示後,胡適院長曾致詞答謝,表示將向著反共復國的目標而努力」。[78]雙方互動似乎十分和諧。

然而在蔣介石的日記之中呈現的情景卻不然。他於4月9日晚上就在構思隔日的致詞要點,他在日記中規劃「對中央研究院胡適院長就職時講詞要旨」、「說明西學為用、中學為體之張之洞思想,應作哲學(文化)為體、科學為用的解釋」。[79]不過10日當天蔣並沒有談到原先想說的「體用」問題。他說了其他的一些話,導致胡適當面的反駁,而讓蔣十分不快。4月10日的日記記載:

> 今天實為我平生所遭遇的第二最大的橫逆之來,第一次乃是民國十五年冬—十六年初在武漢受鮑爾廷宴會中之侮辱,今天在中央研究院聽胡適就職典禮中之答辭的侮辱亦可說是求全之毀,我不知其人之狂妄荒謬至此,真是一個妄人,就又增我一次交友不義之經驗,而我之輕交過譽、待人過厚,反為人所輕侮,應切戒之,惟余仍恐其心理病態已深,不久於人世為慮

78　《中央日報》,1958年4月11日,第1版。
79　蔣中正,《蔣中正日記》,1958年4月9日。

也。[80]

當天究竟發生什麼事情讓蔣回家之後勃然大怒，甚至無法入眠？蔣在日記裡記載：

> 朝課後，手擬講稿要旨，十時到南港中央研究院參加院長就職典禮致詞約半小時，聞胡答辭為憾，但對其仍以禮遇不予計較，惟參加安陽文物之出品甚為欣慰。午課後閱報……入浴晚課，膳後車遊回寢，因胡事終日抑鬱，服藥後方安眠。[81]

兩天之後，蔣又更詳細地記載當天發生的事情：

> 胡適就職典禮中，余無意中提起其民國八、九年間彼所參加領導之新文化運動，特別提及其打倒孔家店一點，又將民國卅八、九年以後，共匪清算胡適之相比較，余實有尊重之意，而反促觸其怒（殊為可嘆），甚至在典禮中特提余為錯誤者二次，余並不介意，但事後甚覺奇怪。[82]

80　蔣中正，《蔣中正日記》，1958 年 4 月 10 日。
81　蔣中正，《蔣中正日記》，1958 年 4 月 10 日。
82　蔣中正，《蔣中正日記》，1958 年 4 月 12 日。

對照《長編》之中有關胡適的答辭，只看到胡適表示他並非要對總統的話加「以答辯」，但他覺得「剛才總統對我個人的看法不免有點錯誤」，[83]然後他花了很長的時間說明共產黨為何要清算胡適。從胡適答辭之記錄，仍然看不出來胡適與蔣介石的爭執為何。

我們對照其他幾個史料可以發現爭執點在於，蔣在致詞時提到五四打倒孔家店，以及五四運動與中共的關係。第一個史料是中研院民族所李亦園的回憶：

> 在歷任院長中，李亦園說他最佩服胡適，胡適在四十七年四月十日接任院長當天，蔣故總統中正說：「五四運動造成共產黨坐大，最後政府只好退來臺灣」。胡適竟當場指正說：「總統，你錯了，五四運動是民國八年的事，共產黨坐大，是十幾年後的事，跟五四運動無關。」胡適這番話讓當時在場所有人「臉色發白」。老總統當場沒有說什麼，只是直到逝世，都未再到中研院。[84]

第二個史料是史語所陳仲玉的回憶，他當時在就職典禮的現場，並因工作要求，聽了中國廣播公司的全程錄音：

---

83 胡頌平編著，《胡適之先生年譜長編初稿》（臺北：聯經出版公司，1984），1958 年 4 月 10 日，冊 7，頁 2663-2668。

84 孟祥傑，〈老院士講古：胡適一句「總統你錯了」不少人臉發白〉，《聯合報》，2004 年 10 月 17 日，第 A6 版。

我現在想起來，錄音帶裡有蔣總統講的滿長一段話，而且大家都覺得他是沒有稿子的。我不是記得很清楚談話細節，只記得他提到胡院長提倡五四運動、五四的價值、打倒孔家店等等。蔣總統一開始稱讚胡院長的人格高尚，後來講到自由主義在五四運動要打倒孔家店，他年輕時也滿同意的，但後來中國大陸共產黨的興起，可能跟自由主義有關。[85]

　　第三個史料是近史所呂實強的回憶，他當時也在場。根據他的記憶，胡適反駁蔣的地方在於：他認為五四運動中的自由主義者要打倒孔家店，是要打倒其中權威性、神秘性之處，這是對傳統的反省，並無不當。[86]

　　無論如何，上述三人的回憶都顯示，胡適認為五四運動並未受中共操縱，自由主義也不是中共坐大與國民黨政府敗退到臺灣的一個原因。[87]他也似乎要表示中共批胡有其思想上的因素，並非蔣所隱含表

85　陳儀深訪問、曾冠傑記錄，〈陳仲玉先生訪問記錄〉，收入《中研院在南港口述歷史訪問記錄》（臺北：中央研究院近代史研究所，2019），頁34-35。

86　胡適當天有關打倒孔家店的回應，可以參見呂實強，《如歌的行板──回顧平生八十年》（臺北：中央研究院近代史研究所，2007），頁213。

87　胡適一直認為五四運動與中共無關。胡適在1960年5月4日的日記之中有一則剪報，報導他在北大同學紀念五四的演講：「胡適在這次演講中，並指出四十一年前五月四日發生的青年愛國運動，並不是共產黨鼓動的。他說：『五四』發生在民國八年，共黨在中國成立是在民國十年七月。他並說：共黨曾說「五四」那天，學生們是聽了陳獨秀的演講後才出發示威的，是不對的。陳獨秀並沒有演講，學生的愛國運動爆發後，陳獨秀才知道。他說：『在座的毛子水和羅家倫，當時都在場，可以證明。』」胡適著、曹伯言整理，《胡適日

示為「自作自受」的結果。不過對蔣來說，他認為兩者之間是有因果關係的。

　　其實蔣早在1951年9月3日的訓詞之中就曾談到五四所提倡的民主、科學造成人們精神的空虛，使中共的唯物論乘機而起：

> 　　大家都知道，從前五四運動是以民主與科學為口號的……當時我們雖以民主與科學推翻了北洋軍閥和封建勢力，但是以後就沒有真實的民主與科學運動繼起，來充實這個民主與科學的內容，以鞏固我們國民革命的基礎。因之，我們所談的民主只是沒有分際的民主，所談的科學亦只是沒有實質的科學，於是民主與科學失其精神的依據，乃至為共匪的唯物論乘機利用，所以後來就越發走了樣，竟以虛假的民主來斲喪國民的民族精神，以偽裝的科學來麻醉青年的思想，戕賊國民的人性，共匪就利用這民主與科學兩個口號來作其出賣我國家、消滅我種族的工具，能不為之警惕戒懼？[88]

對蔣來說五四所主張民主與科學的缺失就在於它們「是一個沒有靈魂的口號」，[89]缺乏以傳統文化為基礎的倫理與救國為其精神之依據：

記全集》（臺北：聯經出版公司，2004），第 9 冊，頁 642-643。

88　蔣中正，〈教育與革命建國的關係〉，收入秦孝儀主編，《總統蔣公思想言論總集》，卷 24，頁 212-213。

89　蔣中正，〈解決共產主義思想與方法的根本問題〉，收入秦孝儀主編，《總統蔣公思想言

所以我們今後革命，除了這「民主」與「科學」二個口號之外，還需要增加一個「救國」的口號，來替代民族主義，就是「民主」、「科學」與「救國」三個口號，以補充五四運動不足的缺點。所以我們今後教育更要強調民族主義「救國」的口號，來發揮民族獨立的精神，加強國民愛國的道德。我剛才講過，四維八德，是我們中國自古以來傳統的精神和立國的基礎，「四維不張，國乃滅亡」；所以我們要復興民族，首先就要確立教育制度，改革教育風氣，更要實踐尊師重道的良法美意。必須恢復我們固有的道德，發揚我們傳統的精神，切合於反共抗俄的需要，而能為大家共同所遵循，然後民主與科學才有所憑藉，而能健全的發展。[90]

至此蔣介石在五四運動的民主與科學的基礎之上建立起「三民主義的本質——倫理、民主、科學」的理論架構。其後蔣則致力於三民主義的理論體系之論述，先後完成了〈三民主義的本質〉（1952）、〈民生主義育樂兩篇補述〉（1953）等作品，訂正《科學的學庸》（1962-63）。[91]1966年，因中共發動文化大革命，在文化上「批孔」、「破四

論總集》，卷 26，頁 249-251。

90 蔣中正，〈教育與革命建國的關係〉，收入秦孝儀主編，《總統蔣公思想言論總集》，卷 24，頁 212-213。

91 蔣中正，〈三民主義的本質〉，收入秦孝儀主編，《總統蔣公思想言論總集》，卷 3，頁 157-181。蔣中正，〈民生主義育樂兩篇補述〉，《總統蔣公思想言論總集》，卷 3，頁

舊」，摧毀傳統文物。1967年7月28日上午，中華文化復興運動推行委員會於陽明山中山樓舉行發起人大會，並宣告正式成立。大會通過敦請蔣介石擔任會長，孫科、王雲五、陳立夫等三人為副會長，錢穆、孔德成等18人為常務委員，嚴家淦等76人為推行委員，並聘請谷鳳翔為秘書長，謝然之、陳裕清、胡一貫為副秘書長，專責推展中華文化復興工作。「中華文化復興運動」的主旨為了對抗中共文革，並同時反省五四新文化運動，而具體的作法則是實踐倫理、民主、科學，以重建一個修明倫理、伸張民主、發展科學的現代社會。[92]

五、結論

在一般人的認知中「五四」是指1919年因巴黎和會中的山東問題所引發的學生愛國運動；後來又擴大其意涵，包括了自1915年開始主張新文學、新文化的部分，亦即「五四新文化運動」。然而此後以「五四」為名所展開的紀念活動或批判性、反省性的言論也都算是五四運動的延續，反映出國人長期以來追求民主與科學來促成中國富強的努力。民主與科學在中國無疑仍為「未竟之業」。百年之後如何來思考此一歷史的進程呢？歷史的省思又如何能有助於未來的發展呢？

本文從描述20世紀的「紀念政治」、檢討五四的「意識形態化」開始，指出五四之後的紀念活動幾乎都與現實政治糾纏不清，不但是

191-260。蔣中正，《科學的學庸》，《總統蔣公思想言論總集》，卷6，頁1-151。

92　呂芳上主編，《蔣中正先生年譜長編》，冊12，頁438、569。

為了解釋歷史，也企圖改造歷史。其中國共兩黨的五四解釋與其政治勢力與媒體掌控相互配合，前者將五四「三民主義化」、後者將五四「新民主主義化」。與此同時則削弱五四之中與自身相矛盾的部分。自由主義者也同樣以五四來闡釋其理想，並對抗國共的一黨專政，然而自由主義在理念上與五四之「初衷」是較為配合的。他們企圖將五四導引為文化議題，並希望以「民間社會」中的討論，深化人們對於問題的認識，以改造文化來改變政治。

其中較引發爭議的是如何為傳統定位，以及傳統究竟有利於現代化還是有害於現代化？這一議題在五四時期就已經是一個受到各方熱烈爭辯的議題。如果我們將五四視為一個多元的歷史進程，且具有內在的「張力」，那麼它不但包括胡適、陳獨秀、傅斯年等以《新青年》、《新潮》為中心的反傳統主義者，也包括了嚴復、梁啟超（研究系）、杜亞泉、學衡派等中西文化調和論。前者即筆者所謂五四運動中「轉化傳統」、後者為「調適傳統」。此二者之對立直接涉及1949年之後，自由主義者與新儒家對五四問題的爭論。

本文順此脈絡聚焦於探討1949年之後，港臺政論雜誌中的「五四」，及其對國共兩黨的批判。這些雜誌大致包括了自由派知識人與新儒家二種立場。他們都不滿國共兩黨，也因而不同意兩黨對五四的「主義化」的詮釋。不過目睹1949年後中共席捲大陸的巨變，他們都選擇與蔣介石主導的國民黨政權建立某種程度的合作關係。

就五四議題來說，三者最大的公約數是反共，同意在接納自由、民主、科學的前提下共同反對中共的極權統治。故三者都批評中共背

叛了五四的精神：不民主、不科學又倒向蘇聯；也同意五四之後的發展造成中共的坐大而有今日山河變色、退守臺灣之困境。只是自由主義者更強調中共利用抗日以及國民黨的腐敗，迷惑青年、下層群眾而獲得成功。新儒家與蔣則關注反傳統運動造成思想的空虛與對民族文化喪失信心，成為中共坐大的文化因素。

這一差異顯示了自由主義者以「五四之子」自居，而新儒則是在肯定民主科學與愛國等主張之下，反思傳統的內涵除了自由主義者所批評的部分之外，是否也有更重要的「精神價值」，而這個面向與中國現代化的追求是否不相矛盾的呢？五四中「調適傳統」則透過梁啟超、錢穆（也包括賀麟、馮友蘭等人）等人的作品從1940年代開始對蔣介石產生影響。[93]

蔣介石在1949年之前即對青年運動、學生運動中熱情有餘、反思不足有所體認。1949年前的學潮與其後中共席捲大陸則是他一生最大的挫敗。1949年後他深知在美蘇冷戰架構之下，站在美國的陣營，支持民主、科學才能保證臺灣的安全。自由主義者也因此成為蔣最重要的盟友，也因為如此，他對胡適百般容忍，即使當面觸怒也不形於色。只是聯美、保臺與反共復國為其底線，也是最重要的使命，[94]他

---

93 有關這些人作品對蔣介石的影響，仍有待研究，其中梁啟超的部分參見黃克武，〈蔣介石與梁啟超〉，呂芳上主編，《蔣中正日記與民國史研究》（臺北：世界大同出版有限公司，2011），頁121-138。賀麟與錢穆的部分則參見黃克武，〈蔣介石與賀麟〉，《中央研究院近代史研究所集刊》，期67（臺北，2010），頁17-58。
94 參見陳立文，〈1950-60年代蔣中正保臺、反攻與聯美的三角形戰鬥策略──以蔣中正日記

不願再因容忍自由民主、個人主義而重蹈失去政權的覆轍，致使臺灣淪入中共之手。這是雷震案的根本原因，也造成蔣與自由派的絕裂。

至於新儒家雖然在政治上對蔣也很不滿意，但在文化立場上對於蔣支持儒家傳統、宗教價值，以復興中華文化來對抗大陸文革的一面則是十分肯定的。蔣與新儒家也共同認為民主、科學背後有一精神基礎，在西方是宗教，以及市民精神（civility），而在中國應以倫理（包括愛國）作為現代社會的精神基礎。兩蔣統治時期在學校實施儒家經典教育、倫理道德教育、民族精神教育，這樣的作法與五四的調適傳統、新儒家對中國文化「花果飄零」的深刻感受密切相關。

無論如何港臺在1949年之後，在反共前提下，國民黨、自由主義者與新儒家的言論所打造的思想世界，一方面加強了對實現民主、學習科學的信心，另一方面由於新儒家對傳統之中「精神價值」闡述，以及蔣氏統治下教育體制的傳播，讓人們認識到儒家除了有「禮教桎梏」的一面，也有道尊於勢、求諸己等強調個人尊嚴的「自由傳統」。[95]這是「反傳統」與反「反傳統」的思想激盪。余英時也是一個很好的例子。他一方在五四傳統的影響下，堅信自由、民主、科學之價值，又在錢穆、胡適、殷海光等（與西方學術傳統如文化人類學）的影響下思索傳統與現代的複雜關係，而質疑「反傳統」。[96]這樣的經

為中心的探討〉，收入黃克武編，《1960年代的臺灣》（臺北：中正紀念堂，2017），頁489-534。

95　狄百瑞著，李弘祺等譯，《中國的自由傳統》（香港：中文大學出版社，1983）。

96　余英時，《余英時回憶錄》，頁121-122。

驗與想法在港臺知識界並非特例。總之，新儒家、國民黨與自由主義者之間的辯論加深了人們對傳統與現代化關係的認識。拙見以為這些思想上的衝撞所產生的自覺與反省，可能是五四精神遺產之中最寶貴的一種思想「啟蒙」（enlightenment），也是促使五四論述從意識形態化轉向學術研究的一個重要的契機。

7

蔣中正、陳誠與胡適

以「三連任」問題為中心
（1956-1960）*

一、前言

　　蔣中正在1948年5月出任中華民國行憲後第一任總統、1949年初因國共內戰而下野，年底國府即遷臺。蔣氏於1950年3月1日於盟軍准許之下，在臺灣根據憲法第49條「復行視事」，[1]1954年又順利當選第二任總統，至1960年3月蔣再度連任。蔣氏「三連任」被視為是「強人威權體制的鞏固與強化」，破壞了中華民國的憲政體制，此後他又連任兩次（1966、1972年）。從1949至1975年蔣氏過世的一段時間，臺灣因面臨中共犯臺的軍事壓力，施行動員戡亂時期的戒嚴統治，人們在思想與政治方面都充滿了壓抑感。這與蔣氏長期採取的威權統治有直接的關連，而威權政治建立的轉捩點即是三連任。本文以蔣中正總統任期的「三連任」問題為中心，探討蔣中正、陳誠與胡適等自由主義知識分子之間的互動，以及此一事件對知識分子命運與臺灣政治發展的影響。本文所討論的時段，大約起自1956年10月（《自由中國》祝壽專號）海內外知識分子對中華民國總統「三連任」問題的討論開

---

*　　本文原收入黃克武主編，《1960年代的臺灣》（臺北：國立中正紀念堂管理處，2017），頁59-170。

1　　《中華民國憲法》第49條規定：「總統缺位時，由副總統繼任，至總統任期屆滿為止。總統、副總統均缺位時，由行政院院長代行其職權，並依本憲法第三十條之規定，召集國民大會臨時會，補選總統、副總統，其任期以補足原任總統未滿之任期為止。總統因故不能視事時，由副總統代行其職權。總統、副總統均不能視事時，由行政院院長代行其職權。」蔣氏下野時引用此條，復行視事亦根據此條。較有爭議的是當時臺灣的主權並未歸屬於中華民國，至1952年4月28日中華民國與日本簽訂「中日和約」，中華民國對臺灣的主權問題才得以確定。

始，至1959年5月底中國民黨八屆二中全會後，反對與勸進的兩種聲音達到最高峰，而蔣亦下定決心爭取連任，至1960年3月國民大會開會確定連任而塵埃落定。蔣在爭議之中順利當選連任，並於5月20日就任，至當年9月，他下令逮捕雷震，10月判以重刑。此後他採取更強硬的作風，與知識分子關係逐漸疏遠，至1966年「中華文化復興運動」開始之後，蔣氏方又藉著對抗中共的文化大革命，以文化復興為口號，重新凝聚知識分子對政府的向心力。

在1949年後遷臺的中華民國歷史上，無論就威權統治的鞏固或民主憲政的追求來說，蔣中正的「三連任」都是一個轉捩點。在三連任之前，港臺與海外知識分子對蔣雖有所不滿，然在面對中共強大的軍事壓力下，多數人都像胡適一樣，願意給予蔣以「道義上的支持」，希望在大陸赤化而被關入「鐵幕」之時，能守住「自由中國」。在思想上來說，這些人除了三民主義的信仰者之外，還包括錢穆、唐君毅、牟宗三、徐復觀等廣義的新儒家，以及以胡適、雷震、殷海光、傅正為代表的自由主義者（兩者分別以《民主評論》、《自由中國》兩雜誌為言論陣地）。[2]在順利完成三連任之後，蔣氏建立了穩固的強人統治，一方面藉雷震案整肅自由主義知識分子，另一方面則順利地安排蔣經國的接班。1975年蔣過世之時，無疑地對於自己未能「光復大

2　余英時，〈序：《民主評論》新儒家的精神取向—從牟宗三的「現世關懷」談起〉，彭國翔，《智者的現世關懷：牟宗三的政治與社會思想》（臺北：聯經出版公司，2016），頁11-35。

陸國土」深感遺憾，然臺灣的政經局面大致上都依照他所規畫的方向發展。

　　由此可見「三連任」事件的重要性。過去學界對於「三連任」也有一些研究，不過限於材料，以往的作品幾乎都是從知識分子反對蔣氏三連任之言論與行動來考察。此外有一些作品也討論到蔣對此事的反應。有關胡適反對1960年蔣中正「三連任」的研究成果可以以楊金榮、陳儀深、任育德等人的作品為代表。楊金榮討論胡適晚年的專書，將此事放在胡適作為「政治邊際人」與蔣中正產生的「角色的緊張」來觀察。他指出胡適一方面一貫地反對蔣氏的獨裁，「無法不說話」；另一方面雷震、傅正等人又希望胡適出面領導組織反對黨，而胡適卻深表疑慮。書中詳細地描寫胡適於1959年11月如何透過張群勸蔣氏不要連任，而蔣則透過王雲五（1888-1979）轉告胡適希望他能「相忍為國」，不要「說三道四」。書中所描寫的蔣氏是「為了達到做終身『總統』的企圖，再一次置『憲法』於不顧，繼續謀求『連任』，並且鼓動一批幫閒之徒上演『勸進』鬧劇」（頁361）。書中所描寫的胡適則是極力勸阻蔣的三連任，而最後在嚴酷的現實面前又退縮妥協。[3]

　　陳儀深的文章有類似的觀點。他利用胡適、雷震的史料指出：胡適對三連任有一個「從反對到妥協」的過程，作者認為「一九六〇年

3　楊金榮，《角色與命運：胡適晚年的自由主義困境》（北京：三聯書店，2003），頁360-368。

二月國民大會欲選蔣介石三連任，胡適與《自由中國》明顯站在反對立場，觸怒當道。同年九月雷震案爆發，胡適營救不果，胡蔣關係降到冰點。自由主義者似乎只能在威權統治的夾縫中順勢發揮一點勸諫作用，談不上逆勢而為」。[4]

　　任育德在《雷震與臺灣民主憲政的發展》之中即開始注意到三連任的問題，該書著重於雷震、左舜生等港臺知識人對蔣氏違憲、破壞法統之舉的批判。[5]在〈胡適晚年與蔣介石的互動（1948-1962）〉，任育德又再深入討論此一課題。他利用《蔣中正日記》，以及國史館藏的《蔣中正總統文物》，以及其他近年來出版的各種日記、回憶錄等材料，更細緻地描寫了胡適於1958-1960年間反對三連任的行動，其中涉及的人物除了胡蔣之外還包括陳誠、黃少谷、張群、梅貽琦、王世杰、羅家倫、陳雪屏、齊世英等人。此文的另一特點在於，利用《蔣中正日記》詳細描述了蔣對胡適反三連任之情緒反應，如蔣寫到「其以何資格言此，若無我黨與政府在臺行使職權，則不知彼將在何處流亡矣」；「無恥政客，自抬身份，莫名其妙，不知他人對之如何討厭也，可憐其甚。」任育德也注意到蔣認為「美國等外在勢力」意圖操控此事，而胡適具有「美國背景」。此文在史料運用上已超越前人，讓吾人對此事有更深入的認識。[6]

4　陳儀深，〈一九五〇年代的胡適與蔣介石〉，《思與言》，第 47 卷第 2 期（臺北，2009），頁 187-216。

5　任育德，《雷震與臺灣民主憲政的發展》（臺北：政治大歷史系，1999），頁 201-214。

6　任育德，〈胡適晚年與蔣介石的互動（1948-1962）〉，《國史館館刊》，第 30 期（臺北，

除了討論蔣胡關係的文章之外，另一類討論三連任的文章將焦點放「違憲」問題，亦即在蔣中正連任與憲政問題的矛盾之上。根據中華民國憲法第47條，「總統、副總統之任期為六年，連選得連任一次」，根據此一規定，三連任乃違憲之舉。這些著作之中一個最典型的看法是蔣中正為遂行其權力欲望，故不擇手段地尋求連任，「毫無去職之心」，因而與堅持民主與憲政的知識分子形成嚴重的衝突。例如湯景泰、陳紅民等人的著作均強調此一看法。[7]陳紅民等人的著作也詳細地討論了連任問題所導致的憲政難題，其一是如何修改有關法律，使明顯的違法行為合法化；其二是國民大會代表總額的計算方法。這兩點都牽涉到維繫「法統」的問題。對於第二個問題，蔣中正是透過「大法官會議」做出解釋：「憲法所稱國民代表大會總額，在當前情形，應以依法選出而能應召集會之國民大會代表人數為計算標準」。第一個問題則更費周章，有兩種主要的方案。第一種解決方式是修改憲法，使其連任合法化，不過蔣為維繫法統，以全中國的總統自居，因而不願修憲。另外一個方式是修改《動員戡亂時期臨時條款》。後來蔣採取了第二種辦法。國民大會通過新增了一條「動員戡亂時期總統副總統得連選連任，不受憲法第四十七條連任一次之限

2011），頁103-143。後收入任育德，《胡適晚年行止研究（1948-1962）》（新北市：稻香出版社，2018），頁249-299。

7　湯景泰，〈寧鳴而死，不默而生：胡適的報刊言論寫作研究〉（上海：復旦大學中國語言文學系博士論文，2008），頁195。陳紅民、趙興勝、韓文寧著，《蔣介石的後半生》（杭州：浙江大學出版社，2010），頁347。

制」。3月21日蔣以1481票當選（1,576人投票，得票率93.97%），5月20日宣誓就職。

此外楊金榮的書則注意到，1960年總統選舉時國民大會表決方式採取記名還是無記名的爭論。胡適堅持採「無記名」以避免投票時受到「威脅」，以保障投票自由；有些國大代表提出反駁，認為記名投票是對民主政治的負責（如張其昀、黃季陸），蔣支持記名投票。後來國大決議採取無記名投票，這也是投票結果之中蔣得到少數反對票的原因。[8]

上述二手研究已大致勾勒出知識分子反對三連任與蔣氏順利連任的經過，然而這些作品沒有運用各種新出版的史料。2015年之後有幾種重要的材料問世：一為2015年6月出版的胡頌平編，《胡適之先生年譜長編初稿補編》；[9]二為2015年7月出版的《陳誠先生日記》；[10]三為2015年12月出版、呂芳上主編的《蔣中正先生年譜長編》（收錄大量《蔣中正日記》的內容）；[11]四為中國國民黨黨史館於2015年底開放閱

8　楊金榮，《角色與命運：胡適晚年的自由主義困境》，頁363-364。余英時也談到胡、蔣的衝突在於胡適堅持「憲法的法統」與無記名投票的方式，與蔣的考慮有所不同。他認為胡適在投票時沒有支持蔣，「我可以不必大膽地假設，這一票決沒有投給蔣介石」。余英時，〈從日記看胡適的一生〉，收入《重尋胡適的歷程：胡適生平與思想的再認識[增訂版]》（臺北：中央研究院、聯經出版公司，2014），頁150。

9　胡頌平編，《胡適之先生年譜長編初稿補編》（臺北：聯經出版公司，2015）。

10　陳誠著，林秋敏、葉惠芬、蘇聖雄編輯校訂，《陳誠先生日記》（臺北：國史館、中央研究院近代史研究所，2015）。以下簡稱《陳誠日記》。

11　呂芳上主編，《蔣中正先生年譜長編》（臺北：國史館、中正紀念堂、中正文教基金會，2015）。

覽的《張群日記》（未刊手稿）。再者，1990年出版的《雷震日記》、2006年出版的《梅貽琦日記》與2020年公布的《蔣經國日記》之中仍有一些材料有尚未被充分利用。[12]這些材料又透露了許多以往所不知道的歷史面向，本文將利用這些史料來補充說明三連任爭議的來龍去脈，以及在此過程中政治領袖與知識分子之互動。

從蔣氏的日記可見蔣中正並不是一開始就想連任，而是有一個從不願意連任到同意接受連任的心路歷程，此一轉變尤其涉及他對陳誠接班問題的態度、陳誠與蔣經國之爭，以及胡適、陳雪屏等北大派在其中所扮演的角色等複雜因素。本文嘗試利用上述史料，來描寫蔣態度的轉變，再分析造成轉變的幾個重要因素，而將焦點放在「三連任」過程中蔣中正與自由主義知識分子的角力、陳誠與蔣經國的權力鬥爭，以及胡適等人在其中所扮演的角色。至於海外的因素，如美國朝野對三連任的態度、「友聯集團」與《自由中國》等接受美國「自由亞洲協會」（Committee for a Free Asia）資助，以及香港第三勢力如左舜生、李璜、張君勱、張發奎等人對三連任之討論等，則擬於日後再另文處理。對於蔣氏三連任議題的分析，可以讓我們更進一步認識臺灣威權政治的運作機制，以及胡適、雷震等知識分子在民主轉型的過

---

12 雷震撰，《雷震日記》，收入傅正主編，《雷震全集》（臺北：桂冠圖書公司，1990）。楊儒賓、陳華主編，《梅貽琦日記》，收入《梅貽琦文集》（新竹：清華大學出版社，2006）。黃清龍，《蔣經國日記揭密：全球獨家透視強人內心世界與臺灣關鍵命運》（臺北：時報文化，2020）。林孝庭，《蔣經國的臺灣時代——中華民國與冷戰下的臺灣》（臺北：遠足文化，2021）。

程所面臨的艱辛處境。

二、蔣中正的心路歷程：對「三連任」的看法及其轉變

「三連任」的議題源自國內外媒體的討論。大約從1956年10月31日出版的《自由中國》的祝壽專號，開始有文章關注此一議題。在該期社論〈壽總統蔣公〉中表示：

> 　　根據憲法規定，總統的任期為六年，連選得連任一次。蔣公的第二屆任期，到今天已過了二年四個月又二十天，任期屆滿還有三年七個月又十天，到那時候，蔣公已經是七十四歲。我們不能預料，在三年半以後，反攻復國的大業能夠完成到如何程度，世界局勢與國家處境，又是怎樣一個情形。我們所能想見的，到那時候，蔣公雖可以政黨領袖的身分，繼續對國家盡其貢獻，但這究竟祇能採取一種間接的方式，國家究竟也不能長期仰仗蔣公一人的照顧。

文中明言希望蔣公仿效美國總統華盛頓（George Washington, 1732-1799），在兩屆任期結束後，自願放棄權力不再謀求續任，而奠立民主憲政與政黨政治的基礎。[13]此外，1958年3月美國國務院助理國務卿

13　社論，〈壽總統蔣公〉，《自由中國》，第 15 卷第 9 期（臺北，1956），頁 3-4。

勞勃森（Walter S. Robertson, 1893-1970，任期1953-1959）在美國眾院外交委員會已經討論到「蔣總統不再繼續擔任中華民國政府元首時」，他預測將由陳誠擔任總統，以及討論美國支持中華民國的政策「不會改變」等議題。[14]蔣中正應該注意到這些國內外有關連任議題的訊息，然而他對此事的嚴肅思考要從1958年初期才開始。在舊曆新年期間，他前往日月潭渡假。2月26日，在日記中他曾想到如兩年之內反攻尚未開始，國民大會人數不足而無法開會時，他考慮「移繳總統職權於副總統繼任，而自我出國遊歷，實行退出政治的計畫」（1958年2月26日）。[15]大約3個月之後，他又想起這一件事。1958年5月20日為總統就職紀念日，當天蔣在日記中一方面想起10年前在南京任總統的往事，覺得自己備嘗「忍辱負重之苦味」，另外則與國民大會秘書長洪蘭友（1900-1958）討論第三任總統選舉事，[16]他想到兩年後國大代表人數可能不過半數，無法合法地選第三任總統，對此蔣表示「不願修改憲法以戀棧此一公僕之職也」：

　　　本（廿）日是十年前在南京就任總統職的紀念日，曾憶當
　　時國家紛亂與桂系李宗仁之驕橫無恥情勢，在萬分悲慘與強勉

14　鍾慶仁，〈修憲與連任〉，《新聞天地》，569 號（香港，1959），頁 8。

15　本文所徵引之《蔣中正日記》皆出自美國史丹福大學胡佛研究所藏的版本，之後內文中引用該日記時僅註明日期，不另加註。

16　洪蘭友為國大秘書長，雷震說他「一生喜歡排場……以圓滑為尚，各方不得罪人」，《雷震日記》，1958 年 10 月 2 日，頁 377。

中舉行此一典禮，豈啻啼笑皆非而已，所謂忍辱負重之苦味倍嘗亦不能形容其心境耳。朝課後，記事，入府……與蘭友談國民代表大會人數，現在過半數之額只多十四名，尚有二年時間，屆時恐難湊足其過半數之名額，如此選舉第三任總統將無法實施矣，余決不願修改憲法以戀棧此一公僕之職也。（1958年5月20日）

這一則是蔣在日記之中首度表達不願修改憲法而連任第三任總統的心願。10天以後，在桃園角板山靜思時，蔣又再次表示兩年之後將「下野修養」，協助「後續者」：

近日甚思能在二年如期下野修養，以我餘年為黨國貢獻所能，以扶助後續者完成我黨革命使命，消滅共匪完成統一也。惟一念及在此二年之中，本國與世界形勢是否能如現狀維持過去，得能償我宿願，殊所難料為慮。（1958年5月30日）

同一天，蔣開始批評胡適假自由民主之名，置國家前途於不顧，並與蔣經國討論「胡適組黨及其勾結美國之情形」：

以今日一班政客如胡適等無道義、無人格，只賣其自由民主的假名，以提高其地位達其慾望，對國家前途與事實概置之不顧，令人悲歎，但全國人民與絕大多數仁人義士仍是良知未

失，救國甚誠，余豈能為此少數政客而灰心。(1958年5月30日)

6月3日，蔣又在日記之中再談到胡適等投機政客的「毀蔣運動」，決定「不予理睬」，其中他也特別談到他自己與國民黨都沒有想過要「修憲連任」，胡適等人的攻擊乃「無中生有」之謠言：

> 胡適態度最近更為猖狂無法理喻，只有不加理會但亦不必與之作對，因為小人自有小人對頭也。對於其所言反對修憲與連任總統之謠諑，乃是一般投機政客有意污衊之毀蔣運動，不僅余本人即本黨亦從未有此意向，希其審慎勿受愚弄。(1958年6月3日)

至1958年底蔣仍堅持表示不願連任，他考慮在卸任之後或者以黨魁身分指導國事，或者由副總統代理，以為後人建立「規範」。這樣的想法其實與胡適等《自由中國》社同仁的期望是相符合的，蔣寫到：

> 晨醒考慮任期滿後繼任人選，及本身對政治之責任問題：甲、無論國大人數及正式會議是否開成，余決心不再連任，而以黨魁職責指導反攻復國事業，以建立今後政治之基礎，予後人以規範。如國大無法開成，則亦以交副總統，以代理總統名

義，繼其任也，此於國事較有益也。（1958年12月2日）

上述不願連任的文字都是蔣中正在日記中想法，外界並不知曉。蔣首次公開表態是在1958年12月23日蒞臨「光復大陸設計委員會」致詞，該會由陳誠擔任主任委員、胡適等人為副主任委員。[17]蔣氏的日記中記載「十時，到中山堂光復大陸設計會大會致詞一小時，先宣布反對修改憲法之提案以正中外之觀聽，因此提案皆以為要延長總統任期而作，或疑為由余默認之意也，其次再正式演講反攻復國之方針與計畫」（1958年12月24日）。他藉此澄清自己並未授意（或默認）國大代表提出修憲而延長總統任期之議案。在12月27日的上星期反省錄，蔣又再次表達經過長期的思考之後，決定反對以修憲方式延長任期，且在卸下總統職務之後，以「革命領袖」來領導反共，如此反而更能不受國大代表之要脅與美國之干涉：

　　廿三日對光復大陸設計會講演反對修改憲法之聲明，乃是對國家與個人前途之成敗關係的決定，亦是對反動派與共匪一個最大的打擊。彼等總以為修憲問題是今後政治上一個死結，

17　首屆的光復大陸設計委員會有五位副主任委員，分別是：胡適、曾寶蓀、左舜生、徐傳霖與徐永昌。當時左舜生在香港，陳誠代蔣中正邀他參與時曾提及可以通訊方式提出意見。有關「光復大陸設計委員會」之組織、職掌與運作方式，參見何智霖編，《陳誠先生書信集：與友人書（下）》（臺北：國史館，2009），頁377；參見楊善堯，〈最後的反攻軍事設計：蔣中正與光復大陸設計委員會〉，黃克武主編，《1960年代的臺灣》，頁441-488。

予我以最難解決的問題，可以藉此任以拷詐要脅，或乘機詭奉圖功的良機。余此一聲明不僅是對黨國一個安定的基石，而且一年半以後如能卸去總統職責，反得以革命領袖地位自動的領導反共軍民，進行反攻復國的工作，再不受美國之干涉與限制，回復我自由行動矣，此乃自去年春季以來不斷考慮所得之結果。（1958年12月27日）

12月31日在本月反省錄中，蔣又再次談到23日反對修憲的言論及其重要性，認為此事具有「楷模」作用，他也知道外界如胡適等人將此解釋為「不再競選總統」（此處指12月24日胡適的談話，下詳），他本身則認為此舉具有「楷模」作用：

在大陸光復設計會反對修憲之聲明後，只有少數反動政客胡適等表現其慶幸之色，以為其不久就可達成其反蔣目標，而且製造謠諑，稱我當時並不再競選總統之表示。此等無恥政客只有狂妄野心，而無政治常識之所為，惟有一笑置之。但此一反對修憲之宣布自信其不僅對於目前反共復國大有裨益，即於將來建國大業以及後世治國修身，亦發生其楷模作用乎。此實余革命歷史之大關節也。（1958年12月31日）

中央社也對蔣在12月23日的演說有所報導，根據1958年12月24日的《中央日報》，蔣當日的講話內容如下：

自去年以來，國民大會有好些代表曾經提出修改憲法的問題，自然，這是各位代表的職權，個人不便有所干預，但我可以代表中國國民黨，代表政府來說，我們不僅是沒有修改憲法的意思，並且反對修改憲法……而憲法則尤為反攻復國的有利武器，所以我們必須要尊重它，才能達到反共復國的目的。[18]

蔣的講話有可能是針對當時李宗黃（1888-1978，雲南籍的國大代表、CC系）等25位國大代表正在簽署「修憲提議」。[19]為了澄清此事，蔣提到不主張修改憲法，不過卻沒有明確地表示不再連任，這可能是他為自己預留的一個模糊的立場。他在日記中說「不再競選總統之表示」是反動政客「製造謠諑」（1958年12月31日「本月反省錄」），可能也與此一心態有關。無論如何這樣的措辭引起了許多討論，其中一種主要的解讀認為蔣藉此表態不再連任，香港的刊物報導：「此間的敏感人士聆聽蔣總統的正式演講後，即刻明瞭蔣總統在總統二屆任期屆滿後，將不再競選總統了……蔣總統這一主張，立刻獲得了國內外人士

18　中央社，〈光復大陸設計委會揭幕禮中 總統昭示反攻計畫 主義為主武力為徒 光復大陸須重建人民精神與物質的生活 憲法為反攻的武器本黨與政府反對修改〉，《中央日報》，1958年12月24日，第1版。

19　《雷震日記》，1958年12月24日，頁424。他提到昨日收到此一提議。李宗黃在國大之中主張以修憲來「鞏固領導中心」，使蔣能合法連任。他曾與16名代表訂有協約，「力主修憲，誓共休戚」，這些代表包括凌鐵庵、姚琮、富盛廉等人。李宗黃，《李宗黃回憶錄》（臺北：中國地方自治學會，1972），第4冊，頁288。蔣在日記中稱李宗黃為「反動叛徒」，《蔣中正日記》，1960年3月1日。

的擁護，蔣總統的尊重民主的立場，在他聲明中充分顯露。」[20]左舜生也有類似的觀點，他說蔣先生的談話之後，那些國民黨內希望修憲「使蔣先生仍得連任第三任總統的人……似乎可以適可而止了」。[21]

臺灣自由主義知識分子的反應可以胡適為代表。胡適當時為中央研究院院長兼光復大陸設計委員會的副主任委員，在12月24日的演說之中他也回應了蔣的講話，他表示舉雙手贊成，竭誠「擁護法統反對修憲」，胡適也特別強調由此顯示蔣表示不再「繼續主持國政」。胡適說：

> 總統曾說，我可以代表中國國民黨、代表政府來說，我們不僅是沒有修改憲法的意思，並且反對修改憲法。讀總統這些話，我非常佩服。總統當然知道，有無數無數國民對他表示尊敬，對他非常崇拜，都希望他繼續主持國政。但是總統知道外面有許多對修改憲法的議論，因此，他昨天演講的話，可以廓清空氣，使人民大眾知道今後努力的方向。[22]

12月25日胡適在光復大陸設計委員會的午餐會再度發表演講，表示蔣氏退位之後可由陳誠繼任。胡適談起陳誠所提到的一句話「有聰明而

20 鍾慶仁，〈修憲與連任〉，《新聞天地》，569 號（香港，1959），頁 8。
21 左舜生，〈讀了蔣先生反對修憲的演詞以後代為補充三點理由〉，《新聞天地》，570 號（香港，1959），頁 8。
22 《胡適日記全集》，第 9 冊，1958 年 12 月 24 日，頁 372-373。

不與別人比聰明，這是做領袖的智慧」，又說「我覺得陳主任委員說這句話有做總統的資格」。[23]上面兩次的講話，明顯地表現出他一方面將蔣氏的話解讀為不再連任，另一方則希望蔣氏退位後由陳誠上臺。胡適的講話引起了許多討論，胡頌平與胡適談到此事時說道：「這幾天來，外間對於先生廿四日在光復大陸設計委員會上演講的反應很多，有的說是捧總統，有的說是給他將了一軍，見仁見智各有不同⋯⋯先生笑著說：我對總統是很恭諛的」。[24]

　　蔣氏至1959年4月底之時仍維持上述的觀點，簡單地說就是反對修憲，卻不明白地表示不再連任。四月底與五月初，他為國大開會與總統選舉的事情感到擔憂，而多日不能成眠。他曾考慮由立法院提出臨時條款之修改，再於國民大會複決，如此可以不修改憲法（1959年4月29日）；[25]他又再次在日記中表示決不願再任總統的想法，不過退

23　陳誠當時在座，並沒有立刻反駁。不過到了1959年5月21日，當蔣氏在國民黨八屆二中全會宣布表示要繼任總統之時，他才警覺胡適當時所說的話給他闖禍了。當天他告訴胡適「你上次在光復大陸設計委員會上說的『夠做總統資格』這句話，給我闖了禍，希望你下次不再闖禍。」「言下帶些埋怨的口吻」。胡適又告訴胡頌平他之所以要支持陳誠當總統是因為1955年時，蔣曾在他面前表示要以陳誠為接班人。「先生又對頌平說：『有一次，是四年前的一次，我和總統談話，總統談起將來可以繼承他的只有陳辭修一個人。』這是總統當年親口對我說的話。我說的話是有根據的；可是現在情形不同了」。胡適著、曹伯言整理，《胡適日記全集》，第9冊，1958年12月25日，頁370-371；《胡適之先生年譜長編初稿補編》，1959年5月23日，頁142。

24　胡頌平編，《胡適之先生年譜長編初稿》，第7冊，1958年12月29日，頁2793。

25　這可能是張群給他的建議。張群的日記記載：「午後三時，約冠生在家商憲法修正程序。以目前現實情況而論，准許修改以由立法院提出國民大會複決為宜，修改憲法之不如補充臨時條款為宜」。《張群日記》，1959年4月27日，中國國民黨黨史館館藏，館藏號：群

職之後他想要擔任的位子從上述「黨魁」、「革命領袖」改為軍事「統帥」：

> 以國代會職權與決議授權統帥問題，余只考慮如何能安定軍心完成反攻復國使命，而決不將如何選舉總統問題在心也，故總統決不願再任，而統帥則不能不任。無論為拯救同胞與領導同胞雪恥復國，皆不能逃避其責任耳。（1959年5月1日）

5月2日的上星期反省錄，他又下定決心不修改憲法，也不眷戀「總統名位」：

> 對憲法與國大選舉問題，以及對反攻復國之軍隊統帥問題與各大政方針大體皆有所決定。而對總統名位實不在我心，故全會中仍應堅持不修改憲法而皆應由國大會中自由決定，且免反動派在此十個月中之造謠生事也。（1959年5月2日）

同時，他也找張群來討論此事，1959年5月1日《張群日記》記載「十一時半總統召見續談憲法修改意見，彼亦反對」。[26]蔣告訴張群他個人的意願是不任第三任總統、只任三軍統帥、三軍總司令；蔣又表示另

　　7/12。

26　《張群日記》，1959年5月1日，藏中國國民黨黨史館，館藏號：群 7/12。

一種延長第二任總統任期之提議也有違其個人意志：

> 　　與岳軍談國代大會職權與決辭總統，而至不得已時，可由
> 國大推選余為三軍統帥專負反攻復國之全責，此乃今日研究之
> 結論也。（1959年5月1日）

> 　　有人提議第二任總統任期應延續至反共復國後，全國選舉
> 第二屆國民代表大會之代表集會選出第三任總統時為止者，依
> 正當法理與事實，此為惟一解決大陸未復前之國政基本辦法，
> 而且比之修改憲法或臨時條款為正當。惟此對余個人不願再任
> 總統，而只任三軍總司令執行反攻復國任務之意志相違也。
> （1959年5月4日）

這些討論與即將召開的國民黨八屆二中全會有關。5月5日，蔣對全會
決定採取以下的方針，其主軸仍是不再繼任總統、願意從軍，同時他
也表示會尊重國大之決定：

> 　　甲、國代大會對國政大計有其自由決定之權力。乙、堅持
> 不應修改憲法，無論憲法如何修改，我決不願再任修憲後之總
> 統。丙、反攻復國之責任余不能逃避，亦決不辭讓，如國大徵
> 召我從軍服務，我必應徵。丁、我與黨、國、民眾、官兵的生
> 命是整個而不可分的，我對他們自不能遺棄不顧，而他們亦決
> 不肯離開我，此為事實無法抹煞者。戊、余決不再任總統之理

由是更易完成反攻復國的任務，亦如我在抗戰時期不任主席，而反得完成最後光榮勝利一樣道理，但望能有林主席者，能赤忱為黨國與我精誠合作，而不受外來之讒邪所挑撥離間，始終合作無間耳。已、此時不宜宣布自我的出處，一切應聽之於國大之決定也。（1959年5月5日）

5月5日與6日，陳誠即約見張群、張厲生、謝冠生（1897-1971）等人討論「研究總統連任關於憲法問題」，認為「總統既不贊成修改（憲法），祇有修改臨時條款」。[27]此時國民黨高層人員似乎已經認定蔣非連任不可，問題是透過怎樣的程序來連任，其中又涉及立法院與國民大會的權限。司法院長謝冠生告訴傅秉常（時為司法院副院長）：「副總統之召集談話，關於第三任問題，表示非總統連任不可，不久便可親出領導此項運動。至於總統本人，據岳軍言，則係不主張修憲，違法選出亦不接受，故只有立法院之一途。至國大代之自己解釋人數，不欲經由立法院，則毛病甚多，將來彼等便自己可以修改憲法」。[28]

　　1959年5月15日國民黨的八屆二中全會開幕，蔣在會中講述了「掌握中興復國之機運」作為開幕訓詞。次日，陳誠在會上做了「政治報告」。陳誠除了廣泛討論大陸與國際之情勢之外，在結束前他強調支

27　《陳誠日記》，頁 1042-1043。

28　傅秉常著、傅錡華、張力校註，《傅秉常日記：民國四十七─五十年》（臺北：中央研究院近代史研究所，2019），1959 年 5 月 11 日，頁 120。

持蔣氏的繼續領導:「本黨和 總裁的領導對於反攻復國的重要性……每次革命局勢之轉危為安,轉敗為勝,又無一不是由於本黨的正確決策與 總裁的堅強領導」。[29]

陳誠的話其實是配合了八屆二中全會內黨員的「勸進」之舉。(後來受到王世杰的責備,下詳)5月18日蔣氏再次於全體會議中致詞,蔣在日記中說他似乎感到在神的「督促」之下,「情不自禁」地表示在三個因素之下,他可以不辭去總統一職;換言之他有可能繼續擔任第二任總統或者連任第三任總統,日記內容如下:

> 本日對全會致詞中「到了國大開會如果三個因素(甲、對敵壯膽。乙、對大陸同胞喪膽。丙、對在臺軍民惶惑)未能消除時則亦不辭」之言乃情不自禁,所出似乎由神督促我出此者,事後思之此語為安定黨國前途與軍民心理計,此時只有如此表示,方為心安理得。至於匪敵與反動派之攻訐在所不計,並此亦為打擊反動派之惟一方法也,革命者態度必須如此,決不能如官僚之徒模稜油滑不定耳。(1959年5月18日)[30]

---

29 社論,〈爭取次一回合的勝利─讀陳副總裁二中全會的政治報告〉,《中央日報》,1959年5月18日,第2版。

30 雷震記載了蔣當天的講話,「昨在草山紀念週,蔣先生說話達二小時,反對修憲,但對總統三任問題,認為如共產黨不稱心、不失大陸人心和此地軍心,他是可以不做的。他認為幾十萬軍人是他帶的,他有責任把他們帶回去。總之,對總統繼任事要明年國大開會時再提」。雷震當晚與王世憲、蔣勻田晚餐,蔣勻田認為「蔣先生不會連三任,今天有責任這種說法,仍是保持其權威起見而故意這樣說的」。雷震則認為蔣的談話會「遭一年海外人

5月21日的反省錄蔣又提到對於連任問題的態度是堅決不修憲，但可以不辭總統，這與八屆二中全會開會前的想法（辭總統、任三軍統帥）已經明顯地有所不同：

> 第二次全會所得而言者：甲、我對不修憲之堅決與總統問題態度之表示，可使海內外軍民心理免除惶惑一點，必比堅辭或模稜之收穫為大。寧可個人受反動派與共匪之攻訐，而不願使時局阢隉不安也。（1959年5月21日）

蔣的訊息很清楚地傳達給在場的聽眾。徐永昌（1887-1959年7月，為國大代表、光復大陸設計研究委員會副主任委員、陸軍一級上將，並曾任國防部長）也參加了這一次紀念週的講話，他在日記中所記的內容十分詳細，可以反映一個聽眾對蔣講話內容之掌握：

> 十時一刻舉行紀念週，總裁致詞……末後提出三點：1、珍重憲法，不輕修改憲法，即不能因一個人的利益修改憲法，又修憲須是合法的國民大會纔能修。2、我不修改憲法，等於我說不連任第三任總統，我不說這話是為不使共產黨高興，我

士之唾罵，難道不損權威麼？」《雷震日記》，1959 年 5 月 19 日，頁91。隔日，雷震、蔣勻田、夏濤聲又去訪問胡適，胡適贊成蔣勻田的解釋，「他說他的態度已表明，不修憲當然包括不連任」，《雷震日記》，1959 年 5 月 20 日，頁92。

一天不說我不做總統，大陸同胞一天不喪氣，因此我祇說不修
改憲法，不說總統問題。此一問題我祇能等到開國民大會時再
說做不做總統，但我一定擔任反共復國之責。3、我帶軍民出
來，我一定帶他們回去，我一定不卸責任，如到晚年我要作總
統，而共黨高興、大陸人民喪氣、臺灣軍民惶恐，此三項情事
仍存在時，我將無論何責皆所不辭。（鼓掌。）[31]

　　新聞界對於蔣「不修憲，但可能連任」的變化也有所關注，5月
20日《中央日報》報導了蔣的講話，標題為「總裁對全會指示，憲法
不容修改，旨在鞏固國本」，然而內容則重申陳誠政治報告的主張「總
裁的領導對於反攻復國有其無比的重要性」[32]。5月19日《自立晚報》
則寫得比較清楚，該報以頭條報導因「海內外熱烈籲請連任」，主張
「在光復大陸之前，蔣總統應繼續為中國政府的行政首長」，對於此一
「日益增漲」之要求，蔣在會中「再度鄭重宣布堅決反對修改憲法，
惟對是否連任總統暫不說明」。《自立晚報》表示此一消息得自「經常
可靠人士」之透露，但未經官方證實。[33]英文的《中國郵報》（*The*

31　徐永昌，《徐永昌日記》（臺北：中央研究院近代史研究所，1991），1959 年 5 月 18 日，
　　第 12 冊，頁 477-478。

32　《中央日報》，1959 年 5 月 20 日，第 1 版。

33　《自立晚報》，1959 年 5 月 19 日，第 1 版。此一報導與《張群日記》記載符合，「上午紀
　　念週總統致詞……表明不能不擔任反共復國任務之立場，是否聯任總統需待至國大開會時
　　而視情勢而作決定」。《張群日記》，1959 年 5 月 18 日，中國國民黨黨史館藏，館藏號：
　　群 7/12。

China Post）也有類似的報導，該報分析：「這次八屆二中全會的內幕，全體委員一致要求總統連任三屆的總統」。[34]無論如何，蔣在1959年5月下旬國民黨二中全會閉幕後，對於連任問題開始有不同看法，他「暫不說明」是否連任，換言之，在可以接受的情況下，他並不排除連任的可能性。[35]

此一轉變主要源於他對反攻復國的強烈使命感、安定軍民心理之企圖，同時也與八屆二中全會中黨內籲請連任的呼聲有直接的關係。在這方面蔣經國於1959年5月20日寫給蔣夫人的信清楚地透露上述蔣「情不自禁」的發言乃源自黨內（包括陳誠在內）希望他連任的「一致主張」：

> 母親大人尊鑒：二中全會已圓滿閉幕。全會一致主張父親於明年連任總統，後因父親指示對此事不宜在此時作決定，固未作決議。惟在陳副總裁政治報告決議中指出，總裁之領導將決定國家民族之前途，只要我海內外同胞有此要求，總裁對於復國建國之艱鉅責任自不容諉卸。[36]

34　《胡適之先生年譜長編初稿補編》，頁140。

35　1959年6月6日，蔣在日記中也表示他看到西德總理艾德諾（Konard Adenauer, 1876-1967，他從1949至1963年擔任總理）對於繼任問題之反覆而導致國家動盪。蔣決定謹慎言行「余決心非至明年國民大會開會時，方得表示是否繼任總統之態度也」。《蔣中正日記》，1959年6月6日，「本週反省錄」。

36　蔣經國，《蔣經國手札（民國三十九年—五十二年）》（臺北：國史館，2015），頁663-664。

蔣經國的信可以反映出國民黨內希望蔣氏連任的聲音，對他們來說唯一的問題是，如何能夠不修改憲法而繼續接受總裁之領導。對蔣來說，他顯然在心中仍存顧慮，不願意經由國民黨內部開會來做成此一決定。1959年5月24日陶希聖（1899-1988）在《中央日報》發表〈二中全會對時局的方針〉也很清楚地表達出此一狀況。他說：

在這臺海第二階段戰爭即將爆發的前夕（按此處指1958年8月23日砲擊金門為第一階段），全會喚起全黨同志團結一致，支持政府，爭取更大的勝利。……在這反攻復國的艱辛道路上，總裁的領導，不僅關係國民革命的進展，並且決定國家民族的前途。全會聽取了總裁關於憲法問題的指示後，認為憲法不容修改，同時，總裁對於反攻復國的艱鉅責任，亦不容諉卸，全會喚起全黨同志親愛精誠，互助合作，奮發革命精神，加強革命組織，在總裁領導之下，向三民主義復國建國的前途前進。[37]

陶希聖的言論可以代表許多支持蔣中正連任的國民黨員的思想傾向。
這時海內外反對三連任的聲音（如左舜生、潘公展等）也逐漸高

---

37 陶希聖，〈二中全會對時局的方針〉，《中央日報》，1959年5月24日，第2版。

漲，[38]蔣一方面與陳建中（1911-2008）[39]、唐縱（1905-1981）討論此
一課題，[40]也密切注意香港《聯合評論》自6月中刊出的多篇反對文
字；另一方面則與司法院長謝冠生討論國民大會、憲法等方面的問
題，[41]「大選問題仍應由國大自身解決，不必經由立法院提臨時條款
為宜」（1959年5月24日），希望能在不違憲的情況下解決連任的問題。

　　1959年6月30日蔣在革命實踐研究院主持會談，討論三連任的選
舉問題，他再申不願當違憲的第三任總統，但可以延長第二任之總統
任期：「上午在研究院會客，見泰國空軍司令後，主持一般會談討論
憲法與第三任總統選舉問題，余作結論如必要余為繼續任總統，則國
大只有不舉行選舉，乃以決議方式第二任總統任期延長至何時為止之
一道，否則國大選舉余為第三任乃為國大違憲，如余接受其第三任總
統亦為違憲，此余所決不能接受者也。如余一生革命最後若為違憲之

38　潘公展（1895-1975）為國民黨內的 CC 系，當時在美國辦報，擔任《華美日報》主筆。他
　　在美國發表反對三連任的看法，因為《公論報》與《自立晚報》等媒體的轉載，很快傳到
　　國內。1959 年 7 月 11 日，朱家驊與傅秉常談及此事：「驊先來午飯，談潘公展在美發表反
　　對總統連任之文章，我以為太過。」《傅秉常日記：民國四十七—五十年》，頁 153。亦見
　　《胡適日記全集》，第 9 冊，1959 年 10 月 21 日的剪報，頁 425-426。

39　陳建中時任國民黨中央黨部第六組主任，是蔣經國的太子系的人馬。參見：「陳建中」，《百
　　度百科》，https://wapbaike.baidu.com/item/%E9%99%88%E5%BB%BA%E4%B8%AD/6503391
　　?uid=E4AF9A12D970A20C8D8B94A5B1DEFBEB&bd_page_type=1&st=3&step=2&net=3&ldr=2
　　&sublemmaid=5971254&bk_fr=polysemy（2016 年 11 月 15 日檢閱）。

40　《蔣中正先生年譜長編》，第 11 冊，1959 年 6 月 22 日、1959 年 6 月 24 日，頁 212-213。

41　《蔣中正先生年譜長編》，第 11 冊，頁 202。張群記載：「下午謝冠生來談本日上午召見
　　談話經過，總統對立委修憲事似仍不贊成」。《張群日記》，1959 年 5 月 24 日，中國國民
　　黨黨史館藏，館藏號：群 7/12。

總統，則將置革命歷史於何地耶？」（1959年6月30日）同一天的反省錄又說，「反動言論」已成「強弩之末」：

> 為國民代表大會與總統連任問題，至本月海內外要求情勢已發展為最高潮，而反動言論左舜生之二三投機分子已成強弩之末。最後余在卅日一般會談中提出主張，或可使黨中意見漸趨一致乎。（1959年6月30日）

國民黨人顯然也瞭解到蔣氏的意圖，《中央日報》於7月1日發表文章反駁左舜生，[42]蔣則邀約胡健中（1902-1993）、陶希聖商討對左舜生之對策。[43]不久國民黨中常委陶希聖就參考報章之討論，提出一個後來被胡適批評為「荒謬絕倫」的辦法。[44]1959年7月4日陶希聖在《中央日報》〈有關修憲及大選問題須待明年二月國民大會決定陶希聖昨在南部談稱〉中，提出「修改臨時條款並不是修改憲法本身。明年

---

42 本報訊，〈左舜生不負責言論 違反民主精神 憲法學家張知本談〉，《中央日報》，1959年7月1日，第1版。中央社，〈對左舜生的言論 國代表示憤激 國代聯誼會昨幹事會 曾討論予以譴責問題〉，《中央日報》，1959年7月1日，第1版。蔣氏對此有所不滿，他在日記中寫到：「聽報，知《中央日報》又對左逆駁斥社論，頗為不解，我黨文人常帶神經病態與敵鬥爭也，可歎。以左之謬論不值駁斥耳」。《蔣中正日記》，1959年7月1日。

43 《蔣中正先生年譜長編》，1959年7月1日，頁215。

44 1966年2月5日，胡適在陳誠官邸的宴會中當面質詢陳誠。其中有一點即是「我（胡適語）有一個『荒謬絕倫』的學生陶希聖，他說修改臨時條款不是修憲」。見《公論報》剪報。〈胡適之不滿陶希聖，夏濤聲責曲解憲法〉，收入胡適著、曹伯言整理，《胡適日記全集》，第9冊，頁594。

的國民大會第三次大會有權這樣辦」，建議以修改《臨時條款》的方式使蔣順利連任，也「間接指斥左舜生等人，要他們勿再多言」。[45]《自由中國》立即針鋒相對發表社論〈好一個舞文弄法的謬論〉，予以駁斥，認為無論從程序或實質兩方面來看，「增加臨時條款，或修改臨時條款，也即是修改憲法」。[46]不過《自由中國》的論點並沒有被接受。[47]

1959年12月23日蔣再度至光復大陸設計委員會致詞，他在日記中寫到，「朝課後，修正對光復設計會講稿，并增加三民主義思想教育之設計應注意之一段，即對其他思想並存不悖一段，以免左派政客之挑踢（剔）矣。十時到會致詞」（1959年12月23日）。在致詞的最後蔣氏重申「不贊成修改憲法的主張」。報紙報導了蔣的致詞的內容，而胡適將這一則剪報收在日記之中：

> 我還要在此重申我去年在貴會所說的我不贊成修改憲法的主張，到了今天，我認為這個主張關係於我們反攻復國的大計，更為重要。因為當前革命復國形勢的擴展，使我個人認為

45　陶希聖，〈有關修憲及大選問題 須待明年二月 國民大會決定 陶希聖昨在南部談稱〉，《中央日報》，1959 年 7 月 4 日，第 1 版。〈圖通過「修改臨時條款」蔣介石一意要「連任」 陶希聖暗示左舜生等勿再多言〉，《大公報》，香港，1959 年 7 月 5 日，第 1 版。

46　社論，〈好一個舞文弄法的謬論！－所謂「修改臨時條款並不是修改憲法本身」〉，《自由中國》，第 21 卷第 2 期（臺北，1959），頁 37。

47　後來 1960 年 3 月 9 日國大通過「修正臨時條款 將送明日大會二讀 動員戡亂時期總統副總統得連選連任 不受憲法第四十七條連任一次之限制」，成為蔣氏連任的合法依據。

是我們政府、民意代表和全國軍民同胞都要全心全力，集中一切意志，一切力量，以及一切時間，用於反攻大陸，消滅奸匪，拯救大陸同胞的基本任務的前提。大家都知道，我們維護憲法的有力行動，實莫過於光復大陸，我們光復大陸的武器，亦莫過於尊重憲法。當然，憲法之應否修改，乃為國民大會全體代表的職權，非中正個人所應干預，但中正此一願望，懇切的盼望為大家所諒解和採納。[48]

胡適聽了蔣的致詞頗感失望，他覺得蔣應明白宣示不再連任，胡適說：「蔣總統作開幕典禮的演說。這個好機會，他又錯過了！」[49]

如果我們比較蔣於1958年12月23日與1959年12月23日兩次在光復大陸設計委員會的講話，表面上看起來有一致性，蔣都表示不贊成修改憲法，然而如果對照蔣的日記，在這一年之間他對連任的態度，已經從堅決不連任改變為可以其他變通的辦法，如延長第二任任期或修改臨時條款的方式而三連任。這一轉變涉及幾個原因，下文會再做詳細分析，然而1959年5月底開始國民黨內（從八屆二中全會開始）與海內外僑胞勸進的「連任運動」無疑地扮演一個關鍵角色。這一個運動在1959年下半年至1960年2月20日國民大會開會期間達到最高潮。蔣在日記中記載「朝課後，閱報，昨日一日間海外僑胞致電國民大

48　《胡適日記全集》，第 9 冊，頁 541-542。
49　《胡適日記全集》，第 9 冊，1959 年 12 月 23 日，頁 537。

會，要求連選連任之函電一千四百餘件，本日又有一千二百餘件之多，殊令人感動，何以慰之」（1960年2月25日）；「本週內每日海內外來電大會要求連選連任者，每日皆有千餘件之多。」（1960年3月5日）除了連任運動外，蔣氏態度的改變還牽涉到反對的聲音，尤其是胡適等人以「毀黨救國」、建立民主體制的理論來反對三連任而產生的強烈反感，以及他擔心陳誠與胡適等人結合想奪權的政治野心，而阻止蔣經國接班，並阻礙他一心想要完成的反攻復國大業。

三、胡適觀點：「毀黨救國」論及其對「三連任」的批評

1958年4月8日胡適返國，受蔣之邀請出任中央研究院的院長。此時胡蔣關係表面和諧而實際上蔣對胡適深感不滿，然在反共的前提上為求雙方合作，仍予以容忍（亦即蔣在日記中所說希望胡適能「為國效忠，合力反共」，1958年4月12日）。雙方除了在院長就職典禮中發生衝突之外，[50]蔣認為胡適並不感激他1948年底營救他自北平脫險，與後來對他的支持與賞識。再者，蔣注意到胡適與《自由中國》的密切關係，及他對《出版法》修正案有不同意見，這些都造成蔣胡之間

---

50 參見陳紅民、段智峰，〈差異何其大：臺灣時代蔣介石與胡適對彼此間交往的紀錄〉，《近代史研究》，第182期（北京，2011），頁18-33。《雷震日記》也記載了此次衝突，「今日院士會議，聞總統致辭稱讚胡先生的道德，並謂提倡固有文化和道德，以為反攻復國之用，而胡先生的致詞，說明中央研究院工作，是為學術而研究，與道德毫不相干，雙方意見是大有出入，一說是針鋒相對，惟胡先生措辭甚為得體耳」，《雷震日記》，1958年4月10日，收入《雷震全集》，第39冊，頁263。有關此一事件的詳細分析，參見拙著，〈意識形態與學術思想的糾結：1950年代港臺朝野的五四論述〉，收入本書。

的矛盾。[51]1958年5月10日蔣氏的日記中將胡適等同於第三勢力的左舜生、伍憲子（1881-1959，民社黨員）[52]等投機「政客」，其人格遠遠不如蔡元培：

> 對於政客以學者身分向政府投機要脅以官位與錢財為其目的。伍憲子等騙錢，左舜生要求錢，唱中立不送錢就反腔，而胡適今日之所為，亦幾乎等於此，殊所不料也。總之，政客既要做官又要討錢，而特別要以獨立學者身分標榜其廉潔不苟之態度，甚歎士風墜落人心卑污，此其共匪之所以幸勝而國與民皆遭受此空前之浩劫能不痛心，今日更感蔡先生之不可得矣。（1958年5月10日）[53]

---

51 「胡適到《自由中國》半月刊編輯會議之消息，并對修正出版法案表示異議」。《蔣中正日記》，「上星期反省錄」，1958年4月19日。胡適於4月19日晚上6時半至11時一刻至《自由中國》社開編輯會議，而蔣當晚的日記即記載此事，可見胡適返臺之後的行蹤為蔣所澈底掌握。這應該是因為《自由中國》社之內有蔣的特務。雷震記載：「顏良昌約我談……他又說，《自由中國》社他已放進一個特務，社中大小事情，他們都知道，這事我和聶小姐、夏道平談過，三人一致認為是程XX」。《雷震日記》，1958年4月12日，收入《雷震全集》，第39冊，頁264。按顏良昌（1917-2004），臺灣臺北人，為國大代表，也是臺北市印刷職業工會常務理事，他似乎與特務機構有關係，曾多次與雷震接觸，《雷震日記》，1957年3月6日，頁43。

52 伍憲子為第三勢力成員，在國民黨重金（傳聞為三萬美元）引誘下於1951年赴臺灣參加雙十慶，並透露出美國支持張發奎、顧孟餘的第三勢力的情形。臺灣因而向美國抗議。胡應漢，《伍憲子先生傳記》（香港：作者發行，1953），頁96。陳正茂編著，《五〇年代香港第三勢力運動史料蒐密》（臺北：秀威資訊，2011），頁60。拙著，《顧孟餘的清高：中國近代史的另一種可能》（香港：中文大學出版社，2020），頁265。

53 蔣氏在1958年4月12日日記中有類似的想法，「因胡適的言行更使我想念蔡孑民先生道

蔣的牢騷是因為左舜生、伍憲子等第三勢力一方面接受國民黨的金錢饋贈，另一方面卻又多方批評臺灣。同樣地，胡適在返國之前也多次接受蔣的饋贈，然在批評之時亦毫無保留。[54]這樣的舉止使蔣頗感痛心。

蔣既然對胡適深感不滿，那他又為何要邀請胡適返國擔任中研院院長呢？當時即有人認為蔣在利用胡適，「這次胡先生完全供總統利用，其目的把他捧到高高在上，然後打擊民主人士，且為三任鋪路」。[55]這一說法雖無法證實，然蔣一方面有意拉攏胡適，以增加統治的正當性而壯大自己之聲勢，另一方面又為抒解內心的憤恨，在日記中暗中批評胡適，則是不爭的事實。

1958年中，蔣對胡適又產生了進一步的惡感，這主要是因為胡適所提出的「毀黨救國」論。此事源自1958年5月26日晚間，陳誠邀約胡適、陳雪屏與蔣經國等人便餐並談話。該次會面主要討論科學發展與人才培育等問題，席間胡適也談到政治問題。胡適的史料中僅簡單地談到「晚，副總統陳誠宴會，大概是繼續商設「國家發展科學培植人才的五年計畫的綱領草案」。[56]陳誠的日記則詳細地記載這一次會面的經過：

德學問，特別是他安祥雅逸不與人爭的品性之可敬可慕也。」

54　黃克武，〈胡適、蔣介石與 1950 年代反共抗俄論的形成〉，收入本書。

55　《雷震日記》，1958 年 4 月 15 日，收入《雷震全集》，第 39 冊，頁 267。

56　《胡適之先生年譜長編初稿補編》，頁 71。

晚約胡適之、陳雪屏、蔣經國諸先生便餐並談話。適之先生提出國家發展科學培植人才的五年計畫的綱領草案，並說明我國科學落後及大量科學人才流出國外的危機。談話時，適之所提：一、去年五二四雷諾案，各方對經國之誤會。[57]二、經國所負之工作，各方認為總統有意培植經國，渠比經國為美國之愛倫杜拉斯，[58]大受各方批評與不滿。三、總統繼承問題。四、毀黨救國之說明。五、出版法問題，據傳是他（自由中國）。余與經國、雪屏分別予以說明，大約尚能接受，惟對於本黨，渠基本觀念完全不同，僅作事實上之分晰（析）。[59]

5月28日胡適也將此次會面的情況告訴夏濤聲（1899-1968），夏又轉告雷震，《雷震日記》的內容可以補充上述陳誠的記載：

---

57 五二四事件，又稱劉自然事件，是 1957 年一起發生在臺灣的美國駐華大使館的暴力抗議事件。有關該事件中蔣經國的角色，參見林桶法，〈從劉自然論述 1950 年代美軍顧問團的問題〉，黃克武主編，《同舟共濟：蔣中正與一九五〇年代的臺灣》，頁 207-262。蔣經國否認自己為「事件之幕後人」，並將之歸過於陳誠，他在 5 月 27 日的日記中記載：「父親面示：美國大使館曾向外交部與父親表示，此次搗亂美國大使館之暴行為救國團所指揮……明指余為此事件之幕後人……此種謠言根本與事實完全相反」；5 月 31 日又記「陳誠於廿三日夜間要各報寫社論反對美方對於雷諾之判決，這是廿四日事件之導火線。余本隱惡原則未對任何人道及此事，日久見人心，一切自會有澄清之一日，余何憂哉」。轉引自黃清龍，《蔣經國日記揭密》，頁 48-50。

58 艾倫杜勒斯（Allen Welsh Dulles, 1893-1969）是首位文人出身且任期最長的美國中央情報總監（美國中央情報局實質領導人）。

59 《陳誠日記》，1958 年 5 月 26 日，頁 880-881。

夏濤聲謂他昨日上午看到胡先生，胡先生對領導反對黨一事，沒有從前這樣堅決的反對。胡把二十六日晚和陳誠和蔣經國之談話講了一些，第一胡先生在美到處碰到人說蔣先生扶植兒子，他為之辯明。胡又提到出版法之不聰明。胡謂他們有許多辯解，胡又謂，蔣總統似決定不做三任，而以總裁來控制。胡謂他主張蔣先生要以國家來領導，故對反對黨未提出。[60]

6月2日，胡適又親自和雷震談到5月26日的會面情況：

胡先生來電話請我去⋯⋯他說二十六日晚他和陳誠、蔣經國談話，第一點他說美人總是說蔣總統扶植兒子，他認為不對，既扶植兒子，何以要兒子做特務頭子和政治部主任？他看到蔣總統是培植陳誠。講到這裡，經國未發一言。陳誠說他這幾年辛苦。又談到五、二四事件，和毀黨救國及出版法不必要等等，經國均講話了，對出版法則加以辯解。我說光復大陸會非扶植也。乃安插陳過去之成員而不得不如此，過去蔣先生請他管管政治，不要管軍事，囑他提行政院長，他提張厲生、俞大維和俞鴻鈞，胡先生又談到中央研究院的事情。[61]

---

60 雷震，《雷震日記》，1958 年 5 月 29 日，收入《雷震全集》，第 39 冊，頁 298。
61 雷震，《雷震日記》，1958 年 6 月 2 日，收入《雷震全集》，第 39 冊，頁 301。

由此可見胡適在陳、蔣面前毫無忌諱，一方面批評蔣經國的所作所為與國外對他的負面觀感，也提出總統繼承（這也涉及陳誠與蔣經國之爭及接班問題）、毀黨救國與出版法等尖銳的問題。值得注意的是胡適認為蔣已決定不做第三任總統，而有可能扶植陳誠來接班。[62]5月26日胡、陳、蔣三人的討論後來經由蔣經國傳到蔣中正的耳中，而引起蔣中正高度不滿的是其中「毀黨救國」的言論。

胡適毀黨救國論的提出有一發展過程。眾所周知，如何促成威權政治轉型為民主政治，一直是自由主義者胡適所長期思考的一個議題。1948年4月8日胡適就曾向蔣中正建議「國民黨最好分化做兩三個政黨」。[63]後來胡適因為觀察到1950年土耳其大選，由該國的國民黨分出的民主黨取得政權，完成和平的政權轉移，使他覺得中國可以仿效此一模式。[64]他在1951-1952年間因而向蔣建議由國民黨自由分化、建立多黨並立的民主政治。[65]至1956年他看到國民黨「故步自封」，所以

62　郭廷以曾聽到陳啟天談起此日的聚會，以及胡適對陳誠接班的分析，「晚應周謙沖先生宴，同席有陳啟天、張忠紱、程石泉諸先生。據陳云，胡適之先生在臺北時，一日與陳誠、蔣經國、陳雪屏談，謂外人詢以將來總統繼任人問題，曾答以蔣總統已屬意於陳誠，力為培植，第一使其主持光復大陸設計會，俾與國大代表聯繫，將來順利當選。第二使其負責革命實踐學院，與幹部接近。而對於蔣經國，則使其負責政治部及特務情報工作，此二者均為吃力不討好，易於開罪他人者工作。據云蔣經國當時未發言」。郭廷以，《郭量宇先生日記殘稿》（臺北：中央研究院近代史研究所，2012），1958年7月12日，頁84。

63　《胡適日記》，1948年4月8日，第8冊，頁356。

64　胡適，〈從爭取言論自由談到反對黨〉，《自由中國》第18卷第11期（臺北，1958），頁9-10。

65　《胡適之先生年譜長編初稿》，頁2706。1951年5月31日：胡適曾建議蔣中正「國民黨自由分化，分成幾個獨立的新政黨」。見〈胡適致蔣中正函〉，《南港檔》，臺北，中央

又放棄了「自由分化」的想法，提出「毀黨救國」。1956年12月13日他從美國加州柏克萊飛回紐約過生日，12月底又返回加州，他向記者透露「政府必須超越黨派界限，爭取全民支持進行復國」：

> 最近臺北《中央日報》社長胡健中曾在紐約透露胡適博士「毀黨救國」的主張，由華文《生活雜誌》登載。大意認為，國民黨雖經改造，但改造後的國民黨圈子更小，人數更少，不如把黨毀棄，由蔣總統純粹以全國人民領袖的地位，領導復國運動。本報記者特就此事，走訪胡適博士於旅邸。這位數十年來被國民黨人視為諍友的學者向記者說，他感覺政府在今天，如不放開手做，便不能爭取全國人民的擁護，僅僅五十萬國民黨黨員的支持是不夠的，全臺灣省人民的支持也是不夠的，政府必須以國家至上為最高的原則，超越黨派的限制，爭取全國最大多數人的最大支持。胡適博士表示，多年以來，他一貫主張國民黨應走上自然分化的道路，任其黨員分裂，形成數個政黨。他認為這是中國實現政黨政治最好的途徑。但近年來，當政黨在臺灣故步自封，不但不能充分爭取黨外人士的合作，甚且喪失了許多忠誠的國民黨員的支持，這是十分令人失望的。

研究院近代史研究所藏，檔號：HS-NK04-008-015。1952年9月14日，胡適再次提議：「民主政治必須建立在多個政黨並立的基礎之上，而行憲四五〔年〕來未能樹立這基礎，是由於國民黨未能拋棄『黨內無派，黨外無黨』的心理習慣。……國民黨可以自由分化，成為獨立的幾個黨。」《胡適日記全集》，第8冊，頁799。

胡博士認為，在今天提出「毀黨救國」的口號，決不是反對政黨政治，而是希望當政黨痛下決心，放棄門戶之見，將政治的重心放在復國運動上面。[66]

後來胡健中（1902-1993，1956-1961任《中央日報》社長）在《傳記文學》出版社舉辦的「每月人物專題座談會」中，提起華美協進社舉辦的這次歡迎會席上，有下面的一段話：「紐約華美協進社開會歡迎楊振寧、李政道、吳健雄、胡適之……主席是何浩若。……適之先生因主席言辭的撩撥，情緒很激動，批評國民黨、青年黨和民社黨都很尖銳。最後是我說話，我起先沒有理會適之先生的話，最後我才說，我認為適之先生的話不是事實，但他是善意的。這是一位善意的諍友的逆耳之言。我相信總統以及中央的負責人都有雅量來傾聽。我回臺後，總統問及此事，我據實報告，我說這是一位諍友善意的逆耳之言。總統氣度恢宏說，讓他說好了嘛！後來並且還進一步禮聘他做中央研究院院長。」[67]

　　1957年8月在胡適返臺就任中研院院長之前，曾寫信給雷震談反對黨的問題，又再度談到他在這方面的想法：

66　胡適將這一則1956年12月13日的剪報收在日記之中，見《胡適日記全集》，第9冊，頁247-248。此一剪報應出自美國舊金山的華文報紙。

67　胡健中，〈我和適之先生詩文上的交往〉，《傳記文學》，第28卷第5期（臺北，1976），頁29。

這一年來，香港臺北的朋友曾有信來，說起反對黨的需要。但我始終沒有回過一個字，沒有覆過一封信，因為我從來沒有夢想到自己出來組織任何政黨。我前幾年曾公開的表示一個希望：希望國民黨裡的幾個有力的派系能自由分化成幾個新政黨，逐漸形成兩個有力的政黨。這是我幾年前的一個希望。但去年我曾對幾位國民黨朋友說，我對於國民黨自由分化的希望，早已放棄了。我頗傾向於「毀黨救國」，或「毀黨建國」的一個見解，盼望大家把眼光放得大一點，用「國家」來號召海內外幾億的中國國民的情感心思，而不要枉費精力去辦「黨」。我還希望國民黨的領袖走「毀黨建國」的新路，我自己當然沒有組黨的心思。[68]

由此可見胡適與陳誠的談話中的「毀黨救國」論並非他新提出的觀點，只是重複1956年底開始的一貫想法。蔣中正在1957年1月就因為胡健中的報告對胡適的「毀黨救國」論有所知悉，他雖有可能曾對胡健中說「讓他說好了」，實際上他內心並不贊同，並在日記中大罵胡適「無恥」，「存心毀滅本黨，寧為共奴而不恤也」；「胡適竟提毀黨救國之荒唐口號，不能再事容忍」。[69]雖然如此，他還是在1957年11月

68　胡適，〈胡適致雷震〉（1957 年 8 月 29 日），萬麗鵑編註、潘光哲校閱，《萬山不許一溪奔：胡適雷震往來書信選集》（臺北：中央研究院近代史研究所，2011），頁 116-117。

69　《蔣中正日記》，1957 年 1 月 8、9、12 日上星期反省錄。《徐永昌日記》記載，1957 年初蔣氏曾派遣八名立委訪問各省知名人士，告知不應附和胡適的「毀黨救國」論。「下

1日的日記中表示：中研院院長「應提胡適之為最宜」，並於3天之後告訴李濟此一決定，後來胡適方於1958年4月8日返國。

1958年5月30日，蔣經國至角板山向蔣中正報告5月26日與胡適談話的經過；蔣對「毀黨救國」論的反感絲毫未減，認為其恨蔣情結要超過「共匪」對他的反感。日記記載「朝課後，進膳畢，經兒婉報胡適與其談話經過，乃知其不僅狂妄而且是愚劣成性，竟勸我要『毀黨救國』，此與共匪之目的如出一轍，不知其對我黨之仇恨，甚於共匪之對我也，可恥。」（1958年5月30日）隔日，蔣氏在又再次批評胡適的主張，並認為胡適「勾結美國」：

> 本（卅一）日朝課後膳畢，與經兒談反動派胡適組黨及其勾結美國之情形，此時美未必其供應什麼也，為胡有躍躍欲試之意，但為過去關係，余對胡應有一次最後規戒之義務，盡我人事而已。（1958年5月31日）

在本月反省錄中他又補充說明：「胡適狂妄竟提出其『毀黨救國』之主張，而彼且將自己組黨，仰何矛盾之極」；「立法院對出版法修正案

午接煜如去金山閣先生，又談總統派出之八立委訪問各省知名士之可以任恢復大陸後之要職者，並囑以勸渠等勿附和裁兵之說，裁則無反攻望矣。又囑以不能贊成毀黨救國之說。按此說為最近胡適之所倡，閣先生以為胡之擁憲是反對蔣先生改憲，亦即胡要競選總統之意。又現在陳辭修與蔣經國對峙，各爭黨與云云」。《徐永昌日記》，1957年2月1日，第12冊，頁135。

應受反動派與民營報人鼓惑勾結，本黨少數黨員竭力破壞與延誤，從中胡適又為其助長氣焰。遷臺以來，所謂民主人士囂張與搗亂至此，殊為萬不及料之事，人心卑劣士風掃地，如何能挽救危局，復興民族？思之悲痛無已」。（1958年5月31日）

蔣中正將胡適「毀黨救國」的想法與他反對出版法修正案、修憲與連任總統的言論結合，認為是一個「毀蔣運動」，對此他決定「不加理會」，而由張群、陳誠出面轉告：

> 胡適態度最近更為猖狂無法理喻，只有不加理會但亦不必與之作對，因為小人自有小人對頭也。對於其所言反對修憲與連任總統之謠諑，乃是一般投機政客有益污衊之毀蔣運動，不僅余本人即本黨亦從未有此意向，希其審慎勿受愚弄。至於毀黨救國之說不勝駭異，中華民國本由國民黨創造，今遷臺灣，全名實由國民黨負責保全，如果毀了國民黨，只有拯救共匪的中華人民共和偽國，如何還能拯救中華民國乎？何況國民黨人以黨為其第一生命，而且是黨為其國家民族以及祖宗歷史所寄託者，如要我毀黨，亦即要我毀滅我自己祖宗與民族國家無異，如他認其自己為人，而當我亦是一個人，那不應出此謬論，以降低其人格也。以上各言應由辭修或岳軍轉告，與其切誠。（1958年6月3日）

蔣氏所說胡適「猖狂無法理喻」的言論，應該是胡適在1958年6月1日

《自由中國》出版的〈從爭取言論自由談到反對黨〉一文（該演講紀要也在《民主潮》與《自立晚報》刊出，是5月27日胡適在《自由中國》歡迎會上的演講）。[70]文中一方面抗議《出版法》修正案壓制言論自由，另一方面則說目前等國民黨自行分化已經不可能，他希望「組織一個以知識分子為基礎的新政黨」，來爭取言論自由。這樣公開提倡組織反對黨的說法顯然觸怒了蔣氏，也讓蔣氏覺得他一方面要「毀黨救國」，另一方面自己卻要組黨，是自相矛盾。6月5日蔣氏即在桃園角板山召見了陳誠，談到《出版法》已照中央指示通過。次日晨蔣氏與陳誠又討論到胡適的問題：

> 胡適狂妄言行不予理睬。……朝課後，與辭修散步至望月察勘建築，其別墅地址及巡視小學衛生所等公共機關回，同進朝餐商談胡適問題，認其毀黨救國之說，是要其現在領袖自毀其黨基，無異強其自毀祖基，此其懲治比之共匪在大陸要其知識分子自罵其二（三？）代，為更慘乎，可痛。（1958年6月6日）

陳誠的日記也記載了他與總統談話的內容，其中有關胡適部分如下：

70　胡適，〈從爭取言論自由談到反對黨〉，《自由中國》，卷18期11（臺北，1958），頁9-10。《民主潮》是青年黨的機關報，由夏濤聲等辦。《自立晚報》的報導見：〈胡適談言論自由指出若干報刊正致力爭取認出版法本身無必要〉，《自立晚報》，1958年5月28日，第1版。

對胡適之所講憲法問題，總統表示囑余轉告適之，渠決不做不合法之事，決不學李承晚做法，[71]對胡「毀黨救國」之論調極不滿，匪要智識分子交心，而智識份（子）要本黨交命，豈有此理？又對適之所提培植人才五年計畫，囑由與岳軍商定處理。[72]

6月7日蔣也邀約陳誠出任行政院長（7月4日立法院通過，發佈特任）。6月14日，胡適走訪了陳誠，陳誠趁機將蔣氏交代的話告訴胡適。陳誠日記記載：「適之來訪，對五月廿六日談話表示歉意，又提憲法問題，余告以　總統對憲法之意見：一、不做不合法之事。二、不學李承晚辦法。」[73]6月15日早上9點，胡適去拜訪了張群。他和張群討論三件事：第一「爭取學術獨立的五年計畫盼能實施」；第二「毀黨救國之意義至在盼蔣先生以國家領袖地位領導全民」；第三「憲法之修正不應以蔣先生來負責，損失太大」。[74]胡適將他與張群見面之事告訴了雷震，雷震記載「他說他今晨見到張岳軍，對出版法修正案，認為絕對不能通過，蔣先生不應該出來，絕對不可出來，政府與國民黨均不

71　李承晚（1875-1965），為大韓民國第一至三屆總統（1948-1960 年）。1956 年大韓民國總統選舉中李承晚以 70% 絕對多數連任，其後脅迫國會通過廢除總統最多連任兩次的限制而出任第三任總統。見維基百科：「李承晚」，https://zh.wikipedia.org/wiki/%E6%9D%8E%E6%89%BF%E6%99%9A（2016 年 9 月 28 日檢閱）。

72　《陳誠日記》，1958 年 6 月 6 日，頁 837。

73　《陳誠日記》，1958 年 6 月 14 日，頁 891。

74　《張群日記》，1958 年 6 月 15 日，中國國民黨黨史館藏，館藏號：群 7/11。

可擔負這個責任，萬一通過，在國際上影響甚大，勸政府趕快撤回。
又說毀黨救國之事。」[75]當天晚上陳誠又與胡適見面，「晚訪胡適
之」，[76]可能對於組閣的人選問題，如張其昀的教育部長位子由何人接
任等問題與胡適交換意見。[77]次日胡適赴美，張群、陳誠夫婦等前往
送行。

在胡適赴美期間，國內較重大的事情是，6月21日立法院三讀通
過了「《出版法》修正案」。6月12日胡適在出國之前，就曾在與立委
與臺北市議員餐敘的場合之中談到他對出版法的看法，他說：「出版
法修正案如通過，對國家不利，對政府不利，對國民黨亦不利，因為
民主國家無出版法，各國不知中國有出版法，這一鬧大家知道了，而
且知道中國政府對限制言論自由還以為未足，又要修改出版法草案，
大家對中國印象一定很壞」。[78]

蔣的黨國思維與胡適自由主義的想法完全不同，他對《出版法》
修正案的通過深感欣慰，認為是可以粉碎「民主自由人……分裂勢力
的陰謀」（1958年6月20日）；同時他也開始著手整頓反動分子：「出版
法修正案通過後，政治上注意各點：甲、黨內反黨分子之叛變離心運
動。乙、黨外反動分子煽動分化與組織反對黨之企圖。丙、匪諜滲透

75　雷震，《雷震日記》，1958 年 6 月 15 日，收入《雷震全集》，第 39 冊，頁 310。

76　《陳誠日記》，1958 年 6 月 15 日，頁 892。

77　胡適在出國之前可能曾與張其昀見過面，並和他討論政局變動之後可能的情況。不過在胡
　　適史料之中並未找到任何的紀錄。

78　雷震，《雷震日記》，1958 年 6 月 12 日，收入《雷震全集》，第 39 冊，頁 307。

挑撥從中顛覆的陰謀。丁、胡適、雷震與民營報紙《自由中國》半月刊之處理方針。戊、對教育界聯繫組織之強化。」（1958年6月22日）

《出版法》修正案三讀通過之後，雷震、成舍我、陶百川（1903-2002）等人當晚即開會商量對策，成舍我（1898-1991）認為應提議廢止《出版法》，爭取言論自由。其次，「大家均主張胡先生不要回來」，以示抗議；胡秋原（1910-2004）說「反對黨必須搞下去」。再者，陶百川則說「蔣先生要作第三任總統。他說蔣先生如作第三任，可能就是出版法通過，也不會嚴厲執行」。三天之後陶百川又告訴雷震，出版法是為了對付《自由中國》，[79]而非黃色書刊。

11月5日胡適自美返國，6日即前往見陳誠「談一般國際情形及科學發展計畫與經費之撥放」。[80]11月14日陳誠宴請「胡適之等二十人」。[81]幾天之後他就請張群安排與蔣中正見面。胡適可能是想和蔣談反對黨與總統連任等問題。不過胡適日記中沒有留下任何的線索，《胡適之先生年譜長編初稿補編》只簡單地說11月19日「下午四時半，晉謁蔣總統」。[82]在《雷震日記》記載「胡先生本週三看過蔣先生」。[83]但究竟為何見面，見面時談了什麼事，外界不得其詳。《雷震日記》之

79　雷震，《雷震日記》，1958 年 6 月 20 日，收入《雷震全集》，第 39 冊，頁 314；1958 年 6 月 23 日，收入《雷震全集》，第 39 冊，頁 317。

80　《陳誠日記》，頁 965。

81　《陳誠日記》，頁 968。

82　《胡適之先生年譜長編初稿補編》，頁 79。

83　雷震，《雷震日記》，1958 年 11 月 19 日，收入《雷震全集》，第 39 冊，頁 406。

中則顯示至少有三個可能的線索，使胡適急於自美返國後面見蔣氏。第一，有關雷震及《自由中國》的問題：最近一兩年《自由中國》發表「反攻無望論」、「美國干涉內政論」等言論，又在11月刊出〈呼籲從速召開反共救國會議：並請蔣總統釋疑〉一文。許孝炎（1900-1980，《香港時報》社長）告訴雷震，這些文章「對國民黨及蔣先生不利，尤其第三文傷害了蔣先生，使蔣先生不能混，全盤揭穿……。」雷震又告訴許孝炎10月底胡適在美國舊金山請亞洲基金會（Asia Foundation）會長Blum補助《自由中國》，曾告訴該協會雷震與《自由中國》受到政府的多方打壓。[84]胡適可能希望就此能與蔣溝通。

第二，三連任的問題：11月17日雷震走訪胡適，當日「胡先生告訴我蔣先生上次說他不修改憲法作第三任，胡先生說雪艇懷疑，蔣先生可能到最後，經各方勸駕，認為『黃袍加身』。胡先生說這比修憲連三任更壞」。[85]

第三，反對黨問題：胡適也想就反對黨問題和蔣氏討論。11月18日胡秋原和胡適談了兩小時，主要是勸胡適組黨。「秋原今日認為只

---

84 雷震，《雷震日記》，1958年11月15日，收入《雷震全集》，第39冊，頁398-399。Robert Blum（1954-1962任亞洲基金會會長）。雷震從1951年開始即透過王紀五協助，請該會協助《自由中國》，1953年時該會決定「每期購買五百美金之《自由中國》分送海外華僑」。見雷震，〈雷震致王紀五函〉（1953年3月19日），中央研究院近代史研究所藏，典藏號：052-02-11-020-009。蔣對《自由中國》接受美國亞洲基金會之津貼很不滿意，曾想加以禁止。1958年4月3日的日記記載：「反動刊物《自由中國》，美國自由亞洲協會予以扶用金錢之津貼，應加禁止」。《蔣中正日記》，1958年4月3日。

85 雷震，《雷震日記》，1958年11月17日，收入《雷震全集》，第39冊，頁401。

有組成反對黨，在政治上不失為一條出路。他對胡先生激勵了幾句，認為胡先生今天可謂功成名就，若組反對黨，可能失敗，則累及清譽，故胡先生不肯出來，似有道理。胡先生說他不是愛惜羽毛的，在此時愛惜羽毛是下流，惟他對政治太外行，故需考慮，對此事他還要和蔣先生談一談。」[86]傅正後來看到此則日記時對此頗感納悶，認為「胡適對於大家希望他出面領導組黨的事，居然表示『還要和蔣先生談一談』，實無異與虎謀皮」。[87]

　　上述的三個議題應該和胡蔣的會面有關。在蔣氏方面，出於長期對胡的惡感，他顯然對與胡適見面不感興趣。11月17日的日記，「以胡適向岳軍二次請見乃約其定期進見」（1958年11月17日）；11月19日，「午課後，召見胡適。此誠一政客也，余仍予以普通禮遇不使難堪，以彼二次請見也」（1958年11月19日）。11月22日的上星期反省錄則說「會見最不願見的無賴政客（按指胡適）及悔改之黨員程滄波，能強勉而行，是乃品性修養上進步之效也。」（1958年11月22日）。蔣的日記中完全沒有談到兩人談話的實質內容，胡適關懷的幾件事可能沒有機會與蔣討論，或者他雖然他說了，而蔣卻完全聽不進去。

　　此時蔣一方面每期仔細閱讀《自由中國》（「蔣先生每期必閱」），[88]而且王世杰告訴胡適，「陳雪屏和他講《自由中國》的文章，使總統

86　雷震，《雷震日記》，1958 年 11 月 21 日，收入《雷震全集》，第 39 冊，頁 406。
87　雷震，《雷震日記》，1958 年 11 月 21 日，收入《雷震全集》，第 39 冊，頁 406。
88　雷震，《雷震日記》，1958 年 11 月 29 日，收入《雷震全集》，第 39 冊，頁 414。

發怒」[89]；另一方面蔣氏則透過張群來與反對者溝通，11月26日齊世英告訴雷震：「張岳軍說蔣先生不要修憲法，亦不做三任，救國會議要開，黨內先商量」。[90]這可能算某種程度對《自由中國》所提出救國會議的回應，不過此事後來了無下聞。11月27日，張群在家宴請了胡適、財政部長徐柏園（1902-1980）、朱為堂等人。[91]

1959年之後，以胡適、雷震為中心的自由主義者仍持續關注蔣氏三連任的議題。1月1日《自由中國》刊出的社論〈欣幸中的疑慮——關於蔣總統反對修憲的聲明〉，表示即使蔣表明不修憲，國大之中仍有代表主張修憲連任；甚至有人擔心蔣可能不經修憲而仍違憲連任。[92]1959年1月4日雷震與日本友人談話時表示「蔣總統之不修憲法……並不表示不再三任」。[93]

1959年3月發生陳懷琪「讀者投書」案，雷震曾出庭應訊。3月5日胡適寫信給《自由中國》社的同仁檢討此事。3月16日約旦國王回宴蔣總統，胡適是陪客。[94]3月20日胡適發現背上長的「粉瘤」情況惡

89　雷震，《雷震日記》，1959 年 2 月 8 日，收入《雷震全集》，第 40 冊，頁 23。

90　雷震，《雷震日記》，1958 年 11 月 26 日，收入《雷震全集》，第 39 冊，頁 410。「救國會議」指「反共救國會議」，後並未召開，參見薛化元，〈從反共救國會議到陽明山會談（1949-1961）：朝野互動的一個考察〉，《法政學報》，第 7 期（臺北，1997），頁 49-82。

91　《張群日記》，1958 年 11 月 27 日，中國國民黨黨史館藏，館藏號：群 7/11。

92　社論，〈欣幸中的疑慮——關於蔣總統反對修憲的聲明〉，《自由中國》，卷 20 期 1（臺北，1959），頁 7。

93　雷震，《雷震日記》，1959 年 1 月 4 日，收入《雷震全集》，第 40 冊，頁 5。

94　《胡適之先生年譜長編初稿》，第 8 冊，頁 2862。

化，次日即去臺大醫院割除。[95]4月9日再度住院醫治，當天陳誠即前往探視。[96]4月13日蔣經國代表總統前來慰問，[97]至5月2日胡適方出院。他為了感謝高天成（1904-1964）院長為他開刀，特地贈詩一首，並與他合影留念（1958年6月4日）。這一首詩的內容是「割去了一個十年的粉瘤，我認識了一位難得的朋友。我佩服他學而不厭的精神，更敬重他待人的仁厚」。[98]

1959年5月27日，總統府副秘書長黃伯度（1891-1970）通知胡適，表示總統於明天10點在總統府接見胡適。次日，胡適在張群的陪同之下晉見總統，[99]胡頌平記載：

> 上午，晉謁總統。總統對於先生這次住院割治粉瘤，表示關切。先生因將出國，向總統請假三個月。請假期內，由李濟代理。接著說七月一日舉行院士會議，可能有十四位院士出席。這天上午舉行開幕典禮，請總統能在開幕典禮中訓詞。總統說：「那時除非我不在臺北，我一定來的。」[100]

95　《胡適之先生年譜長編初稿》，第 8 冊，頁 2867。
96　《陳誠日記》，頁 1036。
97　《胡適之先生年譜長編初稿》，第 8 冊，頁 2870。
98　《胡適之先生年譜長編初稿》，第 8 冊，頁 2925。
99　「十時陪胡適之見總統 (1) 發展科學計畫實施辦法 (2) 自七月起請假三月赴美」。《張群日記》，1959 年 5 月 28 日，中國國民黨黨史館藏，館藏號：群 7/12。
100　《胡適之先生年譜長編初稿補編》，1959 年 5 月 28 日，頁 143。

接著胡適又談到因政府財政上的困難，他推展長期科學發展的計畫受到經費的限制而無法實現，胡適很難過地表示「去年替國家做一個長期發展科學的夢……七折八扣之後，這個夢已做不通了我的計畫失敗了」。[101]次日，蔣在光復廳宴請中央重要機關的首長，胡適又應邀參加。[102]

此次會面乃蔣中正主動邀約，為了表示表達對胡適住院開刀之事的慰問之意。在蔣的日記中也留下了兩人見面的紀錄，蔣仍維持他對胡適的不屑之感，看到胡適對他「特表親善」而覺得奇怪：「上午入府召見胡適，約我七月一日中央研究院士會致訓，其容辭特表親善為怪，凡政客愛好面子而不重品性者皆如此耳。」（1959年5月27日）幾天之後的上星期反省錄，蔣又覺得「胡適無聊，面約我七月一日到其研究院院士會致訓，可笑」（1959年5月30日）。後來院士會議開會時蔣並未前往致詞，總統府給中研院的理由是7月1日「國防大學的畢業典禮和參謀總長彭孟緝、陸軍總司令羅列的就職典禮」，[103]故總統僅邀請院士晚宴。蔣無疑地前嫌在心（4月10日受辱之事），不願前往致詞，視之為對胡適的消極抵抗，「中央研究院院士會議未應邀參加而仍約宴其院士，此乃對胡適作不接不離之態度又一表示也，因對此無聊政客惟有消極作不抵抗之方針，乃是最佳辦法耳」。（1959年7月4

---

101 《胡適之先生年譜長編初稿補編》，頁143。
102 《胡適之先生年譜長編初稿補編》，頁144。
103 《胡適之先生年譜長編初稿補編》，頁160。

日，「上星期反省錄」）另一方面，因為總統未能親臨致詞，胡適邀約副總統陳誠前來。陳誠「九時半與雲五先生同車赴中央研究院，十時該院第四次院士會議開幕禮致詞（另錄），勉以發展科學培養人才」。[104]

　　這一段期間正是蔣在國民黨八屆二中全會公開表示可以不辭總統，以安定黨國前途與軍民心理。這時雷震等人仍持續關心蔣三連任之事。雷震在日記中寫到，他們這一些人（胡適、雷震與《民主潮》、《自由中國》、《祖國》、《聯合評論》、《自由陣線》等刊物）被香港親共報章歸為「親美分子」，其立場是「對總統問題，不要連任，讓陳誠來做，最後托管交與美人，另外要求裁兵」。[105]5月15日胡適出院之後，邀約雷震至南港討論《自由中國》的出版印刷狀況，以及三連任的問題。雷震寫道：「胡先生又說較《自由中國》社尤有嚴重之事，他對經國關係逼蔣公三任有一點相信。……旋齊世英來談蔣公三任之事，胡先生說聽說他們反對陳任總統而贊成三任，齊謂反對陳做，亦反對修憲。」[106]齊世英為CC系的要角，在國民黨內黃埔系與CC系均

---

104 《陳誠日記》，頁1061。

105 這些論斷當然不完全中肯。在這方面應注意胡適與雷震的態度並不一致，胡適較支持陳誠，而雷震等《自由中國》社的同仁對陳誠則批評較多。《雷震日記》，1959年3月1日，收入《雷震全集》，第40冊，頁39。

106 齊世英（1899-1987）為國民黨籍立法委員，被認為是CC系的大將。1954年在立法院反對臺電漲價，遭國民黨以反對黨中央政策的理由開除黨籍。後長期支持和參與黨外運動。齊世英曾多次向雷震表示不支持陳誠（1958年4月18日），「認為陳太不夠格」。蔣勻田也曾告訴雷震「CC人士領導擁護三任，而反對陳誠作總統」（1959年5月14日，頁87）。

對陳誠有意見，由此可見國民黨內亦意見紛歧，暗潮洶湧。[107]至於蔣經國是否有逼迫蔣中正連任一事，則因史料缺乏難以確定。[108]傅正認為「父子一條心，說不上小蔣逼老蔣」，而是小蔣對老蔣連任之事表現得太過火。這應是較合理的推論。傅正指出1959年1月，蔣經國曾在多家官報上發表〈我們為勝利而生的！〉一文，借用海明威《老人與海》的故事說明老人「永不灰心，永不放手」的精神。此文應暗指蔣氏對連任的態度。傅正立刻用方望思的筆名寫了一篇〈請看香港發

《雷震日記》，1959 年 5 月 15 日，收入《雷震全集》，第 40 冊，頁 87-88。

107 CC 系對陳誠的不滿由來已久，1950 年陳誠首次出任行政院長時 CC 系即公開反對，陳就任之後又「遇事作梗」。《徐永昌日記》記載：「上午訪陳辭修，渠述蔣先生要其任行政院長已達八次，最後直用命令式相迫，渠實不願任此艱鉅，而陳立夫與其派不願總裁指示，努力反對，殊屬可惡。其實制彼祇要兩警察耳，反復言之，對立夫大有不可終日之勢。當勸以順其自然，即通不過亦焉知非福。昨日非常委員會談話會，谷正綱、谷正鼎以辭修現役軍人出任行政院長是為惡例，李宗黃、蕭錚、邵華以辭修氣量狹小，一意孤行而反對之，五人者皆所謂 CC 派」。「顧墨三日前云，總統近日情緒至不佳，一則因陳辭修惡立法院 CC 派之遇事作梗，數日前於行政會議廳遽然離去，遂即向總統提辭」。《徐永昌日記》，1950 年 3 月 5 日，頁 30；1950 年 6 月 15 日，頁 65。有關 1950 年初期陳誠與 CC 系之間的關係，參見王良卿，《改造的誕生》（臺北：政治大學歷史系，2000），頁 413-429。1958 年陳誠再度任行政院長後，他與 CC 系仍有衝突。王世杰記載「最近行政院與立法院發生衝突，其爭點在表面上為增加公務員待遇問題，實則辭脩與立法院中之舊 C.C. 派與若干其他派系積嫌甚深，而辭脩動輒責　立法院，益使其敵對者（大率為國民黨黨員）憤怨，為衝突之主因。」王世杰著、林美莉編輯校訂，《王世杰日記》，1960 年 6 月 18 日，頁 944-945。

108 當時海外也有此一傳說，認為蔣經國發動勸進、捏造情報使蔣中正改變不連任之初衷。例如以下的意見，「據我們所知，前年蔣介石聲明反對修憲時，原有遵守憲法不再連任之；但蔣經國則在海內外發動勸進，並捏造種種情報，以刺激乃父，使其改變初衷。他所以千方百計務求陷乃父於不義並渝政府於非法，顯然是有所圖謀的」。參見本社同人，〈除去臺灣的禍根——蔣經國〉，《聯合評論》，第 91 號（1960 年 5 月 20 日），第 1 版。

出的臺灣政治颱風警報〉，提到小蔣這一篇文章，並料定「蔣家父子會推動三任運動」。[109]

　　雷震等人對國民黨的八屆二中全會也十分注意。在蔣氏宣告可能不辭總統之後，雷震對近日《聯合報》上主張連任的「勸罵（駕）文章，殊可恥」。[110]為了重申反對意見，6月1日出刊的《自由中國》發表〈修憲與連任〉一文，也刊登了香港方望思（傅正）的〈海外對總統三任問題的反應〉（第20卷第11期）。傅正引用《聯合評論》左舜生等人的文章表示海外反對的聲勢壓倒了擁護者。6月10日雷震陪成舍我去南港邀約胡適為《自由中國》撰稿，並討論連任問題。雷震將下一期的社論稿子帶給胡適看，胡適沒有特別的意見，雷震說「彼疲乏，要我們多多注意就是了」。胡適也表示看到《民主中國》中有關修憲與連任一文，認為「頭一段，寫得彎彎曲曲的，寫得不好，後面很好」。[111]胡頌平則記載了胡適婉拒撰文批評連任，「先生對他們說：

---

109 該文刊於《自由中國》，第 20 卷第 4 期（臺北，1959），頁 127。《雷震日記》，1959 年 5 月 20 日，收入《雷震全集》，第 40 冊，頁 92。

110 如「本會同人，自當順應民意代表全民，達成憲法及臨時條款所賦予之使命，一致期望蔣總統繼續連選連任，以維護國家命脈，拯救大陸同胞」，〈國代聯宜會提出意見 望蔣總統連選連任 完成反共抗俄大業 並認修憲應由國大直接為之〉，《聯合報》，1959 年 5 月 10 日，第 1 版。「蔣總統在去年十二月國大聯誼年會上致詞時曾表示不主張修憲，這是蔣總統的謙沖英明，但是，現在，海內外的反應莫不表示擁護蔣總統連任，國大代表聯誼會尤有正式的聲明。以當前的國內外形勢言，若說人對歷史的作用，事實上也有蔣總統繼續領導的必要。」社論，〈對國民黨二中全會的期望〉，《聯合報》，1959 年 5 月 14 日，第 2 版。

111 1950-60 年代臺灣除了《自由中國》之外，與之齊名的雜誌有《民主中國》與《民主潮》，兩刊分別由在野的中國民主社會黨及中國青年黨發行。根據中央研究院圖書館的館藏，《民

『總統上次主張不修憲，只有我一個人算是附議他的意見。我的話說過了，我的責任也盡了，我不預備再說話了』」。[112]

　　雷震雖然沒有邀約到胡適的文章，6月16日《自由中國》還是出版〈蔣總統不會作錯了決定吧？〉（第20卷第12期）的社論，反對連任，又引用左舜生的文章駁斥蔣氏在二中全會所說的話。雷震說：

> 我們下一期有二篇社論，一為反對連任和擁護蔣先生反對
> 修憲之主張，措辭婉轉而比較坦白，並引用了左舜生在《聯合
> 評論》的文章而經《自由人》轉載者，即駁斥蔣先生在二中全
> 會紀念週上所說的，即他不連任，要在不使共匪稱心、大陸人
> 民失望和海內外軍民惶惑。左先生說連任才是共匪最稱心，大
> 陸人民連任與否漠不關心。……至於臺灣人的事要去問臺灣
> 人……不要聽那些阿諛取寵之言。[113]

　　6月16日晚間胡適到陳雪屏家中吃飯，王世杰也參加了。3人又討論到二中全會的事。陳雪屏說「蔣先生現在尚未決定，不做的成分多」。王世杰說「他已責備陳誠不該在草山講勸進之言。因為他是負責任的人。他勸辭修要說明自己不做候選人來阻止此事。這事太嚴

　　　主中國》從 1950 年出刊至 1953 年停刊，1958 年復刊，又出版至 1963 年。

112 《胡適之先生年譜長編初稿補編》，1959 年 6 月 10 日，頁 152。

113 《雷震日記》，1959 年 6 月 11 日，收入《雷震全集》，第 40 冊，頁 107-108。

重，自己辭去候選人，然後可以不避嫌疑」。胡適則表示如果陳誠不當候選人，可以推張群、蔣夢麟與吳忠信等人。[114]

這時支持與反對三連任的聲音頻傳。在支持者方面，為解決蔣氏所擔心修憲問題而有許多不同意見。大致上有兩類解套方式，一類是大法官史尚寬（1898-1970）所主張的「由立法院修憲交國大複決」，另一類則如立委張知本（1881-1976）主張由國大直接決議，而兩者的共同點都是「均主張增訂臨時條款，俾使蔣總統明年得以連選三任，不受憲法第四十七條之限制……力避修憲」。[115]此外據聞「中央黨部有一小組，專搞三任，臨時條款經由立法院，倪文亞謂用起立表決，誰敢不贊成？」[116]

至於反對方除了經由報章言論表達抗議之外，他們也希望胡適能更堅決地對此表態，如辭去國大代表或中研院院長。當時胡適已計畫出國（7月3日-10月14日），故其中一個辦法是以不回國來表達抗議。1959年6月底，胡適出國之前，端木愷即多次提出這樣的建議。6月20日，端木愷告訴雷震「胡先生既不贊成三任，如果三任他怎樣任中央研究院院長，所以胡先生出去後，要看好再回來」。[117]6月27日，雷震與端木愷至南港拜訪胡適：「端木勸胡先生看看情勢再回來，在外面

---

114 《雷震日記》，1959 年 6 月 18 日，收入《雷震全集》，第 40 冊，頁 112。
115 金鳴，〈謹論流徽：張知本先生「改憲法問題」讀後感〉，《自由中國》，第 21 卷第 1 期（臺北，1959），頁 30。
116 《雷震日記》，1959 年 6 月 18 日，收入《雷震全集》，第 40 冊，頁 111-112。
117 《雷震日記》，1959 年 6 月 20 日，收入《雷震全集》，第 40 冊，頁 114。

說話，較為有力」。雷震也告訴胡適「胡鈍俞勸他不要返國」。胡適表示：「必要時他將辭去國大代表，並擬於行前寫一信給蔣先生。與其事後講話，不如事前講話，他並說即令蔣先生三任，他對中央研究院不放棄，滿六十九歲一定辭職。他說他沒有錢可以在外國住上半年」。[118]胡適不考慮滯留國外可能也與護照問題有關，胡適的護照已被換為公務護照，如滯留海外會有非法居留的問題。[119]此時胡適已預先表明因為金錢（與護照）的問題他不會滯留國外，而也不會辭中研院院長，但會考慮辭去國大代表一職。

胡適出國之後曾在紐約見到王世杰，他也對王世杰表示他決定返國，不過如有必要擬以辭國大的方式表達對蔣連任總統與雷震與《自由中國》事件處理方式的不滿。王世杰在日記中寫道：

> 晚間胡適之先生來談。渠對于蔣先生充任第三任總統問題，甚為憂慮。彼謂仍決定于下月返臺北，但擬（一）于其十二月十七日六十八歲生辰，發表擬于一年內退休之意；（二）並擬于適當時間辭國民大會代表。（彼對雷震事件甚不愜政府之措施。）余對于第（二）點未表示贊否。[120]

---

118 《雷震日記》，1959 年 6 月 27 日，收入《雷震全集》，第 40 冊，頁 118。
119 《雷震日記》，1959 年 6 月 20 日，收入《雷震全集》，第 40 冊，頁 114。
120 王世杰著、林美莉編輯校訂，《王世杰日記》，1959 年 9 月 18 日，頁 903。

胡適的回答顯示他並沒有依照端木愷等人的建議以滯留國外表達抗議，而且他也沒有在出國之前寫信給蔣先生。後來江蘇省的立委周傑人從王世杰處得知胡適沒有寫信給蔣氏，而且決定返國，對此他「頗失望」。[121]胡適既想抗議威權統治，又常顧慮現實而臨陣退縮的性格在此表露無遺。

　　10月14日胡適返國，雷震、陳雪屏、黃少谷等人前往接機，「有人說他瘦了一些，他精神甚好」。[122]在記者會上有記者問他「美國華僑對於總統連任問題」的看法時，根據《公論報》的報導，胡適說：

> 　　我聽說紐約僑領不贊成參加第三任勸進運動，當各地華僑紛紛致電臺灣，勸請總統連任，紐約並沒有發出此種電報。紐約目前是美國最大的華僑中心，現有華僑三萬五千人。這位舉世欽佩的學人，一再向記者們說：在美時間很短，沒有與朋友談起政治問題。[123]

胡適日記中不但收錄了上一則《公論報》的簡報，也收錄了一則《中央日報》的剪報。《中央日報》當天沒有報導胡適返國的消息，卻針對胡適所說海外僑胞不支持三連任一事，發佈消息來「更正」胡適

---

121 《雷震日記》，1959 年 10 月 6 日，收入《雷震全集》，第 40 冊，頁 171。
122 《雷震日記》，1959 年 10 月 14 日，收入《雷震全集》，第 40 冊，頁 176。
123 《胡適日記全集》，第 9 冊，1959 年 10 月 15 日，頁 417。

「昨天的謬論」。該文標題為「旅居全美各地僑胞 擁護總統繼續領導」，內容「旅美僑團僑領自六月十二日舊金山中華總會館及華僑反共總會致電國民大會、立法院籲請總統連任後，全美各地僑團熱烈響應，紛紛向總統致敬，表示忠誠，計有紐約中華公所……。」[124]

胡適將兩則剪報在日記中並列。次日雷震來訪時，他告訴雷震：「前日在機場談，只有《公論報》登得最忠實，而《中央日報》說紐約中華公所有勸進電報係對胡先生而發的」。[125]為了證實此事，雷震返回之後找到10月15日的《公論報》，並將紐約華僑領袖不贊成三連任的一段報導抄在日記之中。[126]胡適大概猜得到官方媒體（私立的《公論報》除外）已受到政府指示刪去了相關報導。10月15日《陳誠先生日記》記載，一早陳雪屏向陳誠報告胡適在機場「答齊世英之子對於華僑並不贊成總統連任不得體，各報已刪去」。[127]

此事並未就此了結。10月20日，《公論報》又登出〈胡適之先生的話〉：

> 胡適之先生本月十四日自美國公畢返臺。在機場答覆新聞記者詢問……臺北各報所載大致相同外，關於旅美華僑對總統連任問題，胡先生的答覆雖然非常含蓄，但只有民營報紙登

---

124 《胡適日記全集》，第 9 冊，1959 年 10 月 15 日，頁 415。
125 《雷震日記》，1959 年 10 月 16 日，收入《雷震全集》，第 40 冊，頁 177。
126 《雷震日記》，1959 年 10 月 17 日，收入《雷震全集》，第 40 冊。
127 《陳誠日記》，頁 1108。

蔣中正、陳誠與胡適—以「三連任」問題為中心（1956-1960）　345

載。胡先生說：聽說紐約僑領不贊成參加第三任勸進運動。當各地華僑紛紛致電臺灣，敦請總統連任，紐約並沒有發出此種電報；紐約目前是美國最大的華僑中心，現有華僑三萬五千人。……就在胡先生說這些話的同一天，僑務委員會透過華僑通訊社發表消息：旅美僑團僑領自六月十二日舊金山中華總會館及華僑反共總會致電國民大會、立法院，敦請總統連任後，全美各地僑團熱烈響應，紛紛向總統致敬，表示忠誠，計有紐約中華公所、紐約中華婦女反共抗俄分會、紐約美東留學生團體、芝加哥中華會館、舊金山中華婦女反共抗俄分會、金山二埠中華會館，以及市作頓埠、洛杉磯、檀香山等地僑團僑領等。僑務委員會發表這個消息，字裡行間，似乎在證明胡適之先生在機場所說的紐約僑領不贊成勸請總統連任第三任的話是不確實的。[128]

為了求證胡適會不會說謊，該報又摘錄了國民黨員老黨員潘公展與監察委員陶百川有關華僑對三連任的看法，「證明前述胡先生的話不是沒有根據的」。最後該文則表示希望黨政宣傳報刊「不要『指鹿為馬』，掩人耳目，國家幸甚」。[129]

10月26日香港的《祖國周刊》的社論又再度幫胡適說話，並攻擊

---

128 《胡適日記全集》，第 9 冊，1959 年 10 月 20 日，頁 425。
129 《胡適日記全集》，第 9 冊，1959 年 10 月 20 日，頁 424-427。

臺北當局「一方面製造虛偽民意，一方面壓制異己的言論」：

> 據臺北當局自己宣傳，一年來他們已收到海內外六百多件
> 表示擁護連任的函電代表著兩千多個團體單位，真相如
> 何？……最近胡適之先生返臺，在機場答覆記者的詢問中，已
> 直截了當的說紐約華僑（在美國華僑人數最多之地）無人擁護
> 修憲連任。因此所謂六百多件函電云云，也就可想而知
> 了。……《自由人》之被迫停刊，本刊之被連續檢扣半年之後
> 註銷了內銷證，總之是不讓臺灣的國人看到任何反對連任反對
> 勸進的消息，在這種作風之下「擁護連任的海外六百多封函
> 電」的來龍去脈，豈不亦夠清楚了嗎？

上文之中也直接表明該刊與《自由人》，均受到打壓，由此可見臺灣
政府對言論的管制。[130]1959年10月26日《公論報》呼應此一觀點，刊
出〈聞香港《祖國周刊》禁止內銷有感〉，認為這對言論界來說是一
件憾事。

　　從上述國內媒體的尖銳對峙可以想見支持與反對三連任的衝突越
來越強。1959年10月底，胡適日記之中先後黏貼了多則與三連任相關

---

130 《自由人》三日刊從 1951 年 3 月 7 日發行，到 1959 年 9 月 13 日停刊，維持約八年餘。參
　　見陳正茂，〈動盪時代的印記——「自由人」三日刊始末〉，《傳記文學》，第 87 卷第 4
　　期（臺北，2005），頁 18-35。

的剪報，一是《大華晚報》上引「合眾社臺北訊」的〈總統連任問題將覓解決辦法 國大可能採取三種辦法〉；[131]另一是〈總統任期問題再提起〉。[132]兩文都談到三種可能的解決總統任期的方案。由此可見胡適對此議題之關心，而決心採取行動。

胡適採取的第一個行動是找陳誠討論。1959年10月22日，胡適應陳誠之邀去訪，兩人從晚8點多談到10點。胡適也順便去見了陳雪屏。[133]陳誠記載了當日談話的內容：「本晚見適之談話二小時，渠對於華僑來電請總統連任認為完全偽造，渠並說美國朋友均反對連任，如總統訪美，最好於明年支持他人任總統後，美國朋友當以世界上最大偉人歡迎，渠意總統能以和平合法方法轉移政權為上策，並愈早愈好，余告以當以國家需要為定。」[134]10月29日，陳誠將胡適的觀點告訴蔣經國，「一時見蔣經國，告以與適之談話經過（二十二日），主要意見不贊成總統連任。」[135]

胡適採取的第二個行動是約見外交部長黃少谷。[136]1959年10月25

---

131 《胡適日記全集》，第 9 冊，1959 年 10 月 26 日，頁 435-436。

132 《胡適日記全集》，第 9 冊，1959 年 10 月 29 日，頁 439-441。

133 《胡適日記全集》，第 9 冊，1959 年 10 月 22 日，頁 427。

134 《陳誠日記》，1959 年 10 月 22 日，頁 1111-1112。

135 《陳誠日記》，1959 年 10 月 29 日，頁 1115。

136 黃少谷亦擔任「國民黨宣傳指導小組召集人」，他與雷震及胡適的關係都不錯。1959 年 4 月至 6 月，承擔《自由中國》印刷業務的精華印刷廠因特務干涉，「時刻擔心，精神困擾」不敢承印。雷震與胡適均曾致函黃少谷請其協助，不過黃卻無能為力。雷震寫到「先生前致少谷兄函已遞去，並託舍我幫忙，但迄今仍未解決，黨部不僅不管，反叫少谷不要管」。萬麗鵑編註、潘光哲校閱，《萬山不許一溪奔：胡適雷震來往書信選》，頁 175、188。

日他訪問黃少谷，談到希望蔣總統不再連任之事，內容與幾天之後和他張群所說的話是一樣的。[137]胡適採取的第三個行動是向張群表示希望能晉見總統。11月4日在教廷公使的酒會上見到張群，胡適表示希望張群代為留意，「如總統有功夫，我想去看他」[138]。張群對此感到棘手，故請王雲五幫忙。11月14日，胡適約王雲五來家中吃飯，兩人從晚上6時談到9點半。王雲五表示張群知道他要向總統說什麼，擔心直接見面或許不妥，因而頗感不安。「如果話聽的進，當然很好。萬一聽不進，胡適之也許不感覺為難，但總統也許覺得很窘。」[139]所以張群要王雲五示意，要胡適去和他談，讓張群來代為轉達。11月15日胡適與張群見面。胡適對於當晚的談話有詳細的紀錄：

> 今晚在梅月涵宴請日本前文部省大臣灘尾弘吉的席上見著張岳軍，飯後他邀我到他家小談。我請他轉告蔣總統幾點：（1）明年二三月裏，國民大會期中，是中華民國憲法受考驗的時期，不可輕易錯過。（2）為國家的長久打算，我盼望蔣總統給國家樹立一個「合法的、和平的」轉移政權的風範。不違反憲法，一切依據憲法，是「合法的」。人民視為當然，雞犬不

---

137 「我在十月廿五日下午，去看黃少谷先生，把上面的話全說給他聽了。今天是第二次重說一遍。我只是憑我自己的責任感，盡我一點公民責任而已」。《胡適日記全集》，第 9 冊，1959 年 11 月 15 日，頁 458。

138 《胡適日記全集》，第 9 冊，1959 年 11 月 14 日，頁 457。

139 《胡適日記全集》，第 9 冊，1959 年 11 月 14 日，頁 457。

驚，是「和平的」。（3）為蔣先生的千秋萬世盛名打算，我盼望蔣先生能在這一兩個月裏，作一個公開的表示。明白宣布他不要作第三任總統，並且宣布他鄭重考慮後盼望某人可以繼任。如果國民大會能選出他所期望的人作他的繼任者，他本人一定用他的全力支持他，幫助他。如果他作此表示，我相信全國人與全世界人都會對他表示崇敬與佩服。（4）如果國民黨另有別的主張，他們應該用正大光明的手段明白宣布出來，決不可用現在報紙上登的「勸進電報」方式。這種方式，對蔣先生是一種侮辱；對國民黨是一種侮辱；對我們老百姓是一種侮辱。岳軍說：他可以鄭重的把我的意思轉達。但他說，蔣先生自己的考慮，完全是為了（1）革命事業沒有完成，（2）他對反共復國有責任，（3）他對全國軍隊有責任。我說：在蔣先生沒有做國民政府主席也沒有做總統的時期，——例如在西安事變的時期——全國人誰不知道他是中國的領袖？如果蔣先生能明白表示他尊重憲法不做第三任總統，那時他的聲望必然更高，他的領袖地位必然高了。[140]

---

140 1959 年 12 月 3 日，雷震與王世憲、蔣勻田去南港見胡適，胡適提起他透過張群轉告蔣的四件事，其中他明說第四點勸進運動的推動者是鄭彥棻。《雷震日記》的內容如下：「胡先生說他返國後約有二十日左右，遇到張岳軍，他說他有意見想和蔣先生談談，張群聽到此話後，在十日內精神不安，最後請王雲五轉告胡先生，請胡先生告訴他，他會忠實地轉達。胡先生即訪張，告以四事，請其轉達。一、這部憲法能否實行，明年二、三月間是考驗的時候；二、實行憲法要有好的傳統，希望由蔣先生起造一好傳統；三、蔣先生應該找一機會，聲明自己不做並舉出繼任人選，謂以全力助其主持政務，則蔣先生聲望立可增高；四、

張群的日記則簡單地記載：11月15日「七時半在自由之家再設宴款待，飯後偕胡適之來我家」，胡適表示贊成總統在去年在光復大陸設計委員會宣布反對修憲的主張，並認為總統不再連任，而以合法和平之辦法轉移政權，可以為國家奠定憲政的基礎。[141]

胡適透過陳誠、黃少谷與張群想要表達的訊息先後傳到蔣氏的耳中。11月7日上午10時40分陳誠晉見總統，報告10月22日他與胡適的談話。陳誠記載：「總統以為胡根本不懂，如無中華民國，那有彼等之自由中國，不是美國。」[142]蔣的日記則更清楚地提到他的反應：「上午入府召見調職人員六員後，與辭修談話，彼以胡適要我即作不連任聲明，余謂其以何資格言此，若無我黨與政府在臺行使職權，則不知彼將在何處流亡矣。」（1959年11月7日）

蔣又表示：「對政客無賴文人之態度，應以置之不理不睬為宜」（1959年11月19日）。11月20日張群向蔣報告11月15日胡適與他的談話。蔣的日記寫到：

> 胡適反對總統連任事，各處運用其關係，間接施用其威脅

國民黨如另有打算，不妨明明白白的做，不要假手於鄭彥棻，這是侮辱蔣先生，侮辱了國民黨，也侮辱了全中國人民，那個都曉得這是鄭彥棻幹的」。《胡適日記全集》，第 9 冊，1959 年 11 月 15 日，頁 457-458；《雷震日記》，1959 年 12 月 3 日，收入《雷震全集》，第 40 冊，頁 205。

141 《張群日記》，1959 年 11 月 15 日，中國國民黨黨史館藏，館藏號：群 7/12。

142 《陳誠日記》，1959 年 11 月 7 日，頁 1120。

技倆，余皆置若罔聞。昨其來與岳軍相談，其意要求與余個人
關門密談，并托岳軍轉達其告辭修等相同之意。余乃對岳軍
曰，余此時之腦筋，惟有如何消滅共匪，收復大陸以解救同胞
之外，再無其他問題留存於心，至於國代大會與選舉總統等問
題皆在我心中，亦無暇與人討論，否則我即不能計畫反攻復國
要務矣。如胡再來問訊時，即以此意答之可也。此種無恥政
客，自抬身價，莫名其妙，誠不知他人對之如何厭惡也，可憐
實甚。（1959年11月20日）

蔣又覺得胡適的動機是要操縱「革命政治」，並不是真正想支持陳誠，
他在11月28日的本星期反省錄再次批評胡適：

　　胡適無恥要求與我二人密談選舉總統問題，殊為可笑，此
人最不自知，故亦最不自量，必欲以其不知政治而又反對革命
之學者身分，滿心想來操縱革命政治，危險極矣。彼之所以必
欲我不再任總統之用意完全在此，更非真有愛於辭修也，因之
余乃不能不下決心，而更不忍固辭也，以若輩用心不正，國事
如果操縱在其手，則必斷送國脈矣。（1959年11月28日）

由此可見蔣對於胡適反對連任之舉深感厭惡而惱羞成怒，他決心不辭
總統，以免「斷送國脈」，也表示因專心「計畫反攻復國要務」不願
與胡適「關門密談」。其實在11月中旬，蔣聽到陳誠傳來胡適的訊息

之後，他已決定不理會胡適的反對而連任，並告訴了蔣經國。1959年11月16日蔣經國約見郭廷以，在談話之中表示：「經國約晤，知明年總統連任已成定局，對胡適之頗有不諒之處」。[143]這樣看來，胡適反對三連任的動作與言論激起了蔣的反感是促成蔣氏三連任的一個重要的因素。

蔣氏讓張群轉達他的意思給胡適，張群則請王雲五協助居中斡旋。11月23日下午王雲五請胡適在臺北沅陵街新陶芳餐廳吃粵菜。王雲五說昨天他見到張群。張群託王雲五告訴胡適說他已將四點意見轉達總統。總統的回應是：「蔣先生鄭重考慮了一會，只說了兩句話；『我要說的話，都已經說過了。即使我要提出一個人來，我應該向黨提出，不能公開的說。』」胡適對這樣的回答很不滿意，他擔心這又是推託之詞：「我怕這又是卅七年和四十三（年）的老法子了？他向黨說話，黨的中委一致反對，一致勸進，於是他的責任已盡了。」[144]當然這一反應與上述王世杰的預測十分符合。11月24日，王雲五向張群報告了與胡適談話的經過，提到胡適建議「本黨應對總統出處問題早作決定，公開表示比較有利」；張群則於11月27日面見總統「報告雲五與適之談話」。[145]

當胡適對蔣不滿之時，蔣也在日記之中痛罵胡適：「胡適無恥言

143 郭廷以，《郭量宇先生日記殘稿》，1959 年 11 月 16 日，頁 149。

144 《胡適日記全集》，第 9 冊，1959 年 11 月 23 日，頁 486-487。

145 《張群日記》，1959 年 11 月 24、27 日，中國國民黨黨史館藏，館藏號：群 7/12。

行暗中反對連任，與張君勱亡國論，皆狂妄悖謬已極，惟有置之不理而已。」（1959年11月30日，本月反省錄）另一方面陳誠也著手處理胡適的問題。11月7日他得知蔣對胡的反應；11月17日張群又告訴陳誠他在11月15日與胡適的談話紀錄，[146]陳誠可能因此而感到事態嚴重。11月19日他與蔣夢麟見面，蔣夢麟曾擔任教育部長、北大校長、浙大校長、行政院秘書長等職，是胡適的老長官。陳誠日記記載「八時，訪蔣夢麟先生，談在日見聞：1、日本文化，2、大使館情形，繼談明年選舉，希其與適之一談，以免誤會（1、總統連任之必要，2、不要害我）」。[147]蔣夢麟隨即安排與胡適見面，兩人見面的情況在胡適的史料之中只有簡單的記載「上午，蔣夢麟……來談」[148]，而沒有說到談話的內容。在陳誠日記則有詳細的紀錄。11月28日蔣夢麟向陳誠報告他所交待的事情已辦妥：

> 四時蔣夢麟來訪，告已與適之談過，彼已接受不再反對
> 總統連任，夢麟先生說服適之之理由為臺灣安定才能言其他，
> 現僧多粥少，事實上非 總統不可，提辭修無異害辭修。

當天晚上陳誠將胡適態度轉變之事告訴黃少谷：「十一時與少谷同車

---

146 《陳誠日記》，1959 年 11 月 15 日，頁 1124。
147 《陳誠日記》，1959 年 11 月 19 日，頁 1125。
148 胡頌平編，《胡適之先生年譜長編初稿》，1959 年 11 月 27 日，第 8 冊，頁 3076。

回寓，並告以夢麟先生說服適之經過。」[149]

胡適態度轉變之事不久即傳到蔣中正耳中。12月19日，蔣的日記記載：

> 近聞胡適受夢麟之勸，其對國大代會選舉與連任問題不再反對，并願擔任此次團代聯誼會年會主席，此乃其觀望美國政府之態度而轉變者，可恥之至。余昔認其為比張君勱等人格略高，其實彼此皆為政客，其只有個人而絕無國家與民族觀念，其對革命自必始終立於敵對與破壞之地位，無足奇感。（1959年12月19日）

蔣氏對於胡適的態度轉變不但不表讚揚，反而更加瞧不起他，認為他的轉變是因為受到美國態度的影響；[150]同時以前他認為胡適的品格比張君勱要略高，而現在他覺得兩人都是一丘之貉，只為個人而絕無國家、民族觀念。

胡適對於蔣的三連任經歷了一個從反抗到妥協的過程，而11月23

---

149 《陳誠日記》，1959 年 11 月 28 日，頁 1129。

150 美國官方此時似乎支持蔣連任，當時美國駐中華民國大使莊萊德（Everett Francis Drumright，1906-1993）在國大開會之前曾向傅秉常說：「Drumright 與我談及國大不久開會事，並及總統連任。彼亦以為總統宜連任，對於副總統甚贊其能幹，但言美國人對之仍不認識。對於蔣經國，亦以為無大野心之人，亦不十分聰明。總統著其負責之事過多，未免不公道。對胡適之，亦以為過份理想而不切實際」。傅秉常著、傅錡華、張力校註，《傅秉常日記：民國四十七—五十年》，1960 年 2 月 7 日，頁 266。

日王雲五轉來蔣氏對他建言的反應，以及11月27日蔣夢麟代表陳誠出馬的說服工作，強調為了「臺灣安定」與陳誠所謂「不要害我」等因素，促成了胡適態度的轉變。不過有趣的是胡適在日記或其他類型的史料中之中完全沒有記載，這在某種程度上也反映出胡適的心態，或許他不願意坦誠面對自己的妥協，或者他礙於情面必須要答應蔣夢麟，卻心懷抵拒（事實上1960年初，胡適仍向新聞界表示反對修憲與三連任，這樣看來他並未信守他對蔣夢麟的承諾，下詳）。12月13日他與雷震見面時，只談他透過張群向蔣氏建言，沒有談到蔣夢麟來遊說他的事情。[151]12月23日，如上所述，蔣在光復大陸設計委員會發言，並未表示不要連任，胡適在日記中只嘆息地說「這個好機會，他又錯過了」。[152]次日，胡適在會上致詞，《中央日報》報導時用的標題是「胡適在光復大陸設計會致詞 熱烈擁護總統指示」。[153]

雷震也參加了12月23日光復大陸設計委員會的會議，他的感想卻是蔣氏要透過修改臨時條款而連任，「今日上午十時參加光復大陸委員會，首先由蔣總統講話提出三點，其中第二點謂反共要尊重人權，三民主義與其他思想並不悖，第三點謂他反對修改憲法。但未說到連任之事。講話約十五分鐘。看樣子，他是要修改臨時條款而連任的」。[154]兩天以後，胡適和雷震又共同參加了國大聯誼會的開幕式紀

---

151 《雷震日記》，1959 年 12 月 13 日，收入《雷震全集》，第 40 冊，頁 205。
152 《胡適日記全集》，第 9 冊，1959 年 12 月 23 日，頁 537。
153 《胡適日記全集》，第 9 冊，1959 年 12 月 24 日，頁 542。
154 《雷震日記》，1959 年 12 月 23 日，收入《雷震全集》，第 40 冊，頁 211。

念憲法完成之日。12月26日胡適告訴雷震「看樣子，蔣先生是準備做定了」。[155]

在1959年底之前胡適有關蔣氏三連任的言論只有12月29日他與行政院政務委員、臺籍政治人物蔡培火（1889-1983）見面時講的幾句話，根據胡頌平的紀錄，胡適談到政治家的風度在培養得力的幹部作為繼承人：

> 下午，蔡培火來訪。先生和他談起大政治家的風度。當領袖的人應該培養一二個能幹而又忠心國家的人可以繼承他，到了適當時候，推舉這個人出來，還應全力支持他。一個領袖不能培養幾個人，這個領袖是失敗的。美國憲法並沒有規定總統可以擔任幾任的任期，華盛頓以身作則，一百五十年來沒有人違背華盛頓的成例，羅斯福沒有培養繼任的人才，只有他個人一再當下去，這是羅斯福的錯誤。後來談到「如果修改『臨時條款』，不如修改『憲法』，比較合理些」。[156]

胡適這一番談話無疑地針對蔣中正而發，他似乎在感嘆蔣未能培養繼任的人才，由自己「一再的當下去」是一個「錯誤」；換言之，陳誠已經不再是一個「繼任的人」。他也覺得如果蔣要做下一任總統應該

---

155 《雷震日記》，1959 年 12 月 26 日，收入《雷震全集》，第 40 冊，頁 213。
156 胡頌平，《胡適之先生晚年談話錄》（臺北：聯經出版公司，1984），頁 37。

光明正大地「修改憲法」，不應走修改臨時條款的路。由此可見胡適此時的態度已經從反對連任調整為如果蔣想要連任，希望他能透過修憲而連任。至1960年初，胡適仍為自己未能成功地勸蔣氏放棄連任而感到難過。1960年1月2日胡適在東亞學術研究計畫委員會開會，到心園聚餐，據郭廷以記載：「胡先生酒後對國民黨及蔣總統大事抨擊，似涵養不足，政治偏見太深。據聞月餘前胡先生擬向蔣總統建議四事，勸和平讓出政權，確定繼承人，明白表示支持，蔣總統未接見」。[157]

　　胡適態度的轉變應該是在1959年11月27日他與蔣夢麟談話之後出現的，這涉及他與陳誠的交往。陳誠所說的「不要害我」應該是一個很關鍵的因素。胡陳交往與陳誠從接班人到被除名，在蔣中正與陳誠相關的史料中也可以找到很清楚的痕跡。

四、商山四皓：蔣、陳、胡的三角關係及其對三連任之影響

　　蔣、胡兩人態度的轉變都涉及陳誠的角色。有關遷臺初期蔣陳關係已有不少的研究。劉維開指出1950至60年代在臺灣政壇上陳誠是蔣氏之外最具實權的一位政治人物，是「蔣氏之下第一人」；1954年時，「蔣氏在諸多可能人選中，幾經思考，選擇陳誠為副總統，此不僅說

---

157 郭廷以，《郭量宇先生日記殘稿》，1960 年 1 月 2 日，頁 159。

明蔣、陳關係的密切，蔣氏認為陳誠是他可以接受的副手，亦可顯示在此一時期，蔣氏實有選擇陳誠作為未來接班人的想法」。[158]陳誠也十分感激蔣對他的提拔。[159]

然而不容諱言，陳誠如要接班的話有一個最大的競爭者是蔣經國，國內外的媒體多次討論到陳誠與蔣經國在繼承問題上的競爭。在1954年時，徐永昌日記中記載魏道明說蔣中正表面上要扶持陳誠，實際上對他「佈置勢力」有所不滿，要削弱他的實權，而陳誠與蔣經國的摩擦早已是明眼人都看得出來的事實：

> 伯聰分析，陳辭修之進行選舉副總統是故意做成勢子使蔣先生吃力，因為他第一想做副總統兼行政院，蔣先生如必令其離開行政院即須予以副總統，或不予副總統亦須仍令留行政院，不過就渠個人看法，蔣先生必令其擔任副總統無疑。因為辭修年來很佈置勢力，此為蔣先生所不喜，但去之亦殊無，因

---

158 劉維開，〈遷臺初期的蔣、陳關係（1950-1954）〉，黃克武主編，《重起爐灶：蔣中正與1950年代的臺灣》（臺北：國立中正紀念堂管理處，2013年），頁45。

159 《雷震日記》曾記一個有趣的事，陳誠曾自比為蔣氏的兒子。1958年7月陳誠擔任行政院長，將革命實踐院的職務交給張其昀。根據陶百川，陳在演講時說：「人家說我做主人何以罵客人，陳謂客人中如有罵他的兄弟，他可以忍耐，罵他的兒子，他可以不管，如罵他的老子，他當然不能忍受」。雷震的評論是：「陳之不學無術，於此可見。有人說陳把君當父，五倫中少了一倫」。傅正的評論更為尖酸：「陳誠硬將老蔣當自己的老子看，才能顯出十足的奴才相。可惜老蔣還是只將小蔣當兒子看，而不將陳誠當兒子看，而只當奴才看」。《雷震日記》，1958年7月31日，收入《雷震全集》，第39冊，頁344-345。

今正其時，且蔣先生每流露在六、七年間，身體尚可應付一切，副總統僅一虛名，予誰都無所謂，行政院則不然，必是其人無野心、易控制，而能助蔣經國者。今辭修與經國已磨擦甚，其事可以想像得之。[160]

魏道明的分析頗為精準，不過蔣應該曾經一度認定要以陳誠為接班人（如上所述，他還親口告訴過胡適）。後來陳誠順利出任副總統，又接任副總裁，然而他與蔣經國的磨擦不斷。[161]兩人的磨擦到1957年時仍然存在，蔣中正也注意到兩人的衝突，並為此感到憂慮：

近觀經兒去年日記，其對辭修言行不一多所不滿，且以辭修為一般小宵所包圍，好聽細言之關係，往往出口傷人，因之積累甚久，引起余最大之憂戚。昔日總理之左右幹部，即胡、汪皆自私是圖，不能和衷共濟，又因在其生前未得指定後繼之人，以致逝世後演成本黨內訌，幾乎遭受崩潰覆亡之禍。此時

---

160 《徐永昌日記》，1954 年 2 月 12 日，第 11 冊，頁 251。

161 徐永昌記載：「據冠生云，某日小組討論會，辭修公開言他身體遠不如蔣先生，必先去世，萬一做了總統，他可用經國做行政院長，但蔣先生用之則不妥。聞辭修與經國素不洽……」，《徐永昌日記》，1955 年 11 月 18 日，第 11 冊，頁 458。徐永昌記載閻錫山告訴他「又現在陳辭修與蔣經國對峙，各爭黨與云云。」《徐永昌日記》，1957 年 2 月 1 日，第 12 冊，頁 135。又劉自然案時，也盛傳陳誠手下批評蔣經國鼓動學生參與，「昨光裕談及辭修、經國暗爭，如辭修左右極言此次事件為經國主動，即其一證。」《徐永昌日記》，1957 年 6 月 3 日，第 12 冊，頁 176。

經國與辭修，如一有疑忌與矛盾不睦之情緒，則余一生為黨國之革命苦心經營之事業，必將因之一筆勾銷，故應嚴戒經國，對辭修必須尊敬將順，以輔助辭修，使能盡心繼吾黨領導重任，以完成余志則幸矣。一面亦應設法使辭修了解此意，以修正其短處，尤其是好聽細言與信口傷人之舊習也。（1957年1月31日）

由此可見雖蔣經國與陳誠不睦，陳誠也有許多個性上的缺點，然蔣氏此時仍將陳誠視為是自己的接班人，並希望蔣經國能輔助陳誠。他也曾考慮過如果想軍事反攻而美國不同意，他將辭去總統，由陳誠代理，而他以在野革命領袖之名義率兵反攻：

朝課靜坐默禱時忽得靈感，即對美交涉同意我反攻之策略，如明年杜勒斯面商後，愛克仍不同意，則只有我先行辭去總統職位，作為脫離政府，對中美協防協定與其附文無關，不負責任，一面由辭修代理職位，對美仍屢行其協定，使美對臺仍負協防任務，而我以在野革命領袖名義實行提兵反攻，使美無法阻礙。（1957年8月25日）

蔣一直密切地觀察陳誠。9月21日，蔣因為陳誠不知「注重學術」感到擔憂：「周六指導反攻中心督導組計畫之方針，自信其甚為正確，甚以辭修仍不知注重學術引以為憂，應如何加強其學識，使之不誤國

事也。」（1957年9月21日）這種擔憂也表現出他對陳誠的期許。蔣在扶植陳誠之時，也考慮到陳誠繼任之後可以再由蔣經國接班（陳誠比蔣經國年長12歲），此一構想可能曾與蔣經國討論過。1957年9月27日設置副總裁的案子即反映出蔣希望同時提拔兩人的政治考量。蔣氏記載「副總裁之設置，為將來與現在的政治黨務的安危與成敗關係皆有必要，無論對辭修與經國計，更有必要也。」（1957年9月27日）

為了推行接班計畫，1957年10月18日，在國民黨八全大會中蔣氏提議設置副總裁，以「有計畫的培植人才」。案子提出之後，蔣經國立即發言支持，並反駁質疑者。徐永昌記載：「休息後蔣先生主席提出在黨章中增加設副總裁一人，輔助總裁云云，旋付表決。有青年代表任祖貽表示反對，以為不應設副總裁，以免分散人心，而戴愧生、蔣經國、張其昀等五人則贊成總裁意見，當即通過。經國講話極得要領而有力，（從前未聽過其多話。）多人咸言蔣先生必提陳辭修」。[162] 當天蔣氏在日記中也對蔣經國「發言甚得體明理」感到高興（1957年10月18日）。10月23日國民黨第八次全國代表大會順利通過陳誠為副總裁。蔣氏以副總裁來栽培陳誠接班的意向表現得十分明顯，當天他也為第八屆中央委員選舉之中蔣經國票數超過陳誠30票，「心又不安矣」。（1957年10月23日）無論如何，蔣氏對副總裁案之確立深感欣慰，覺得這是他對國民黨的一個重大貢獻：

---

162 《徐永昌日記》，1957年10月18日，第12冊，頁226。戴愧生（1892-1979）福建南安人，1948至1950年任僑務委員會委員長。

提出副總裁制交議案，已得大多數起立鄭重通過，實為鞏固黨基與今後本黨革命建國成功之保證，不僅為植反攻復國勝利之根基而已，自覺此為余對本黨重大貢獻之一也，乃可安慰總理與先烈在天之靈矣。（1957年10月19日）

蔣氏扶植陳誠的接班進一步地表現在任命他為光復大陸設計委員會主任委員一職（任期1954年7月16日—1965年3月5日）與負責革命實踐研究院（1955年7月15日兼任，後於1958年辭職，改由張其昀接任）。此外1958年開始，因為行政院俞鴻鈞（1898-1960）遭到彈劾，[163]蔣有意由陳誠以副總統兼行政院長。1958年2月13日，蔣首次向陳誠提起此一可能，陳誠婉拒，又提了幾個可能的人選：

總裁六時三十分到院，余即往謁，問余警戒委員會對俞院長申誡經過已知道否？余告以張秘書長已告余，但未閱及文件。繼說俞院長要辭職，並俞實無法再繼續做下去，問余有無考慮？余告以曾與岳軍先生談過，以余身體及社會上對俞之觀感，實難再做下去。在各國內閣改組本極平常，惟我國此次因監院少數人員意氣用事，而提出彈劾，即行改組，此風實不可長，應稍冷靜來處理為妥，最好先健全黨的組織，再及其他。

總裁極以為是，並說：待三、兩月之後必須改組，惟繼任人

---

163 俞鴻鈞於1954年至1958年擔任行政院長，1958年，他因拒絕監察院約詢案遭到彈劾。

選甚難。余告以人才是培植而來，現可任行政院者，如俞大維、張厲生、黃少谷、周至柔均可勝任。　總裁說以目前情形，彼等均不相宜，除非汝（指我）出來，方有辦法。余告以余不能再任行政院長，請總裁慎重考慮培植新人。[164]

後來蔣氏又於6月5、6、26、30日多次再提行政院改組一事，6月30日的國民黨中常會，蔣氏提名陳誠為行政院長。陳誠仍表懇辭。他在日記中說：「今日常會，　總裁提余兼行政院長。余於　總裁提名後，起立說明黨員對黨、對總裁自應絕對服從，但余之不宜再任行政院長，已再三面陳　總裁，茲不再贅，請常會諸同志慎重考慮，另選賢能。」[165]當天中常會通過此案。7月4日立法院審議，投票通過了此一任命案。陳誠記載：

> 今日上午立法院審議，　總統提名余兼行政院長院長，並投同意票。下午二時半岳軍先生來訪。立法院審議時，發言立委七人，書面意見二人，均係表示支持余兼行政院長，參加投票立委四六○人，同意票三六四張、反對票七九張、白票一四張、廢票三張。下午二時半岳軍先生來訪，轉達　總統意，現立院已同意余為行政院院長，希即開始改組，余請示如何做？

---

164 《陳誠日記》，1958 年 2 月 13 日，頁 830。
165 《陳誠日記》，1958 年 6 月 30 日，頁 898-899。

一般希望於余者為反攻大陸與改善軍公教人員生活，反攻不能不考慮國際關係，余認為反共是整個國際問題，對於生活問題，以現在財政經濟條件與實際負擔，亦難作無米之炊，復談改組原則。一、必須改組，方能一新耳目。二、一般不滿之首長必調換，但有見仁見智之難。三、顧及各方，擴大範圍來做，不宜拘於派系。[166]

由此可見此案雖通過，立法委員之中對陳誠擔任閣揆有所保留的人數也多達八十餘人。

在蔣的日記中對於邀約陳誠組閣之事也一直有記載，他認為6月7日，陳誠已經答應出任「膳後臨別時辭修已接受其改組行政院，出任行政院長」（1958年6月7日）；不過到了6月26日，陳誠又表示不願意出任，經過勸說之後才改變初衷，「與辭修談行政院改組事，彼發誓不就而且誓句之俗重，很不應該也，最後彼仍接受所命」（1958年6月26日）。7月4日立法院投票之後，蔣又對陳誠得到八十多張反對票感到憂慮，「法院對陳行政院長同意以三百六十四對七十九票通過，可知反陳之黨員尚有八十人之多，無任憂慮」（1958年7月4日）。

無論如何7月初，陳誠開始組閣，而在組閣過程之中因內閣人選問題，蔣陳又爆發另一波衝突，再加上胡適、陳雪屏等人的因素，而最後讓蔣決定放棄讓陳誠接班。這或許是兩人始料未及的結果。7月5

166 《陳誠日記》，1958 年 7 月 4 日，頁 902。

日張群告訴陳誠,「岳軍先生來告　總統完全接受余之原則,囑即提名,以便早日決定。」[167]

　　7月6日陳誠開始擬定新任內閣名單。其間他多次直接請示總統,或總統透過張群傳達意旨。陳誠感覺到蔣其實有許多定見,並非完全尊重他的決定,如他希望王雲五任行政院副院長、黃少谷任外交部長。這一態度讓陳誠感到十分為難,「十時　晉見總統,堅持王雲五任行政院副院長,黃少谷任外交部長,口頭上以為僅供余參考,其言詞中之意義,實余生平所未聞——難難難。」[168]此外他與蔣的衝突還有關於張其昀的安排。張原為國民黨秘書長、教育部長,1957年中研院選舉時時曾有意參選,並多方拉票,後胡適決定返國就任,張才沒當成院長。[169]7月6日蔣氏的日記記載:「一、王雲五調行政院副院長,公超使美。二、朱騮先或張其昀調考院副院長」(1959年7月6日)。次日他就指示陳誠,「總統指示擬改為王雲五為副院長,黃少谷為外交部長,葉公超出使美國,教育以梅貽琦為妥,如梅不願就,可否以曉峯兼,余告以不宜再兼,以免曉峯以後無法交代」。[170]蔣氏希望重用張其昀,然而陳誠主張由梅貽琦出任教育部長,他想將張調為革命實

167 《陳誠日記》,1958 年 7 月 5 日,頁 902。
168 《陳誠日記》,1958 年 7 月 13 日,頁 907。傅秉常後來指出「王雲五絕非辭修之人」,以及陳誠本想任命黃少谷為行政院副院長,而「總統不允」。傅秉常著、傅錡華、張力校註,《傅秉常日記:民國四十七—五十年》,1960 年 9 月 10 日,頁 359。
169 《胡適之先生年譜長編初稿補編》,1957 年 12 月 15 日,頁 63。
170 《陳誠日記》,1958 年 7 月 7 日,頁 903。

踐研究院院長。[171]這裡面牽涉很複雜的南高、北大之爭（以及肯定傳統與反傳統之爭），蔣認為陳誠偏袒北大派、打擊張其昀。

7月9日蔣氏約見了張其昀，「朝課後，約曉峯來談其調職問題，余雖知其受北大派攻擊，而遭辭修之無情打擊，亦明知此為胡適等反黨分子對黨的重大勝利，孰知行政院改組未露消息以前，此事早為胡適所悉并以此預對曉峯示威，望其早自預備下臺，此實為余所萬料不及者，可知辭修不僅不分敵我已失黨性而其不守機密至此，殊為浩歎。」（1958年7月9日）更讓蔣氏不滿的是陳誠還告訴張其昀調職之事出自總統，「聞曉峯言辭修以其調職出自我意，可笑。」（1958年7月11日）總之，在處理張其昀與教育部長人選的事情之中，蔣對陳誠偏袒胡適、梅貽琦、陳雪屏等北大派、而打擊張其昀，因而對此有所不滿（雖然他也覺得張在性格上有缺點）。他在日記中對於人的心理有一番觀察：

> 辭修政治上的缺點就是他不察邪正、好聽小人細言，對人又不注重基本政策與品行學術而在其行政業務上以定取捨，此

---

171 傅正在評點《雷震日記》時說：「陳誠這次組閣，就因為堅持換掉張其昀，而老蔣反對，組閣名單一再延擱，直到陳誠終於請出了梅貽琦，這位民國以來的名教育家出山，老蔣才勉強同意，而張其昀也從此打入冷宮」。《雷震日記》，1958年8月3日，收入《雷震全集》，第39冊，頁347。有關「梅上張下」的原因可以參見阮大仁，〈教育部長梅上張下之經過—兼述蔣中正與陳誠為此事攤牌之秘會〉，《蔣中正日記中的當代人物》（臺北：學生書局，2015），頁223-234。然作者所謂的「秘會」並無史料根據，而文中談到的許多過程似為猜測或傳聞。

其所以不大也。（1958年7月7日）

　　近日行政院改組中所發現心理上之影響：甲、辭修說話不實而取巧，令人懷疑對其有不誠之感，此為一最大之損失，殊為辭修前途憂也，如何使之能大公無私擔負大任。乙、黃少谷只想做官把持政務而不顧大體。丙、張曉峯之書生態度恩怨得失之心太重，亦令人對學者難處之感，但此實辭修不誠有以致之。（1958年7月10日）

　　蔣尤其在意的是陳誠早已將要調任張其昀的事情告訴胡適，而胡適則向張「示威」，要他早做好下臺準備。蔣認為陳誠「不分敵我已失黨性而其不守機密」。這一件事情值得再做一些推敲。首先胡適1958年6月16日出國，至11月5日才回國，陳誠如果要將調任張其昀的事當面告訴胡適，只有在他出國之前，而胡適才有機會向張其昀「示威」，而6月26日陳誠還在掙扎要不要組閣。張其昀所言是否可靠，十分值得懷疑。

　　其次，陳誠雖想換掉張其昀，而梅貽琦同意接任也是7月7日至7月8日的事情。根據梅的日記記載：「王雪艇電話，謂陳辭公有事欲就商，訂於明日午前訪問」[172]；「午前十一點 往草山訪陳，果不出所料，余提李潤章、羅志希、及曾約農皆為更適當之人選，而未允考慮……雪屏被邀任秘書長，否則亦應可長教部，看來似難推辭。余更

---

172 楊儒賓、陳華主編，《梅貽琦日記》，1958 年 7 月 7 日，頁 56。

有顧慮者，清華事實不能不管，或請（陳）可忠代所長」。[173]陳誠當日的日記則記載：

> 十一時約見梅貽琦，希任教育部長。……梅先生表示年老體弱，事繁不能勝任，以及法令規定教育部長不能（兼）校長，現清華研究正開始發展，亦無法兼顧。十一時半約王雪艇先生與梅先生共同商，雪艇先生贊成其任教育部長，經再三說明勸導，勉強答應。又王先生亦勉強答應任政務委員。[174]
>
> 下午四時陳雪屏請任秘書長，因公私關係，勉強答應，並談及渠原考選部部長缺，須同時考慮繼任人選，又談及梅貽琦先生任教育部長，希望以浦薛鳳為次長。[175]

可見7月8日之時以梅代張之事方成定案。這也是為何7月9日張在面見蔣氏時要向蔣告狀。[176]這樣看來胡適應該沒有機會向張其昀示

173 楊儒賓、陳華主編，《梅貽琦日記》，1958 年 7 月 8 日，頁 57。

174 《陳誠日記》，1958 年 7 月 8 日，頁 904。

175 《陳誠日記》，1958 年 7 月 9 日，頁 905。

176 一直到 7 月 18 日張其昀還希望蔣能將梅貽琦換下來。陳雪屏透露「張其昀於交接前一日至張岳軍處，說梅貽琦找不到次長，教育界與他不合作，請他告訴總統重加考慮。張去後，岳軍即以電話告訴陳誠，陳誠即詢雪屏有無其事，雪屏謂絕無其事，可見張為人之無恥也。又聞陳徵求梅後，梅不就，曾推薦雪屏，陳謂他不能去。又薦羅家倫，陳謂人緣不好，各方不能合作。又薦曾約農，陳謂他學問道德都好，不能辦事。又薦李書華，陳謂他不能回來」，《雷震日記》，1958 年 8 月 3 日，收入《雷震全集》，第 39 冊，頁 346-347。又教育部長的交接是在 7 月 19 日，梅貽琦記載張其昀在禮成之後匆匆離去，連照相都沒照。楊

威。不過張其昀講的話可能也有一定的根據，胡適長期以來就對張其昀有意見（1957年中研院院長選舉之事也是一個例子），也可能在出國前曾與張其昀討論過政局變動後的人事異動問題，而讓張產生誤解。從郭廷以的日記可以略微瞭解胡適對張其昀的評價，且胡適對此並不避諱。7月6日正當陳誠忙於組閣之事的時候，郭廷以從美國華盛頓到紐約，次日約了唐德剛（1920-2009）去拜訪胡適。中午胡適請他們兩人吃飯，席間胡適談起陳誠組閣之事：

> 胡先生一再談及陳辭修組閣事，並推測部長人選，何人可望聯蟬，何人或將更動，據其觀察，司法、教育、交通三部可能最大，足證胡先生對於現實政治，頗感興趣。[177]

7月9日郭廷以又去見蔣廷黻與胡適，吃飯時胡適又談到：

> 胡先生謂張曉峰為一神經病、瘋子，處處想以南高、東大、中大為主，打擊北大及胡適之，專與臺灣大學為難，以錢思亮不肯受其支配。張故意抬高政大、交大，壓制臺大。清華梅月涵亦飽受其欺凌。此次陳辭修組閣，必須使張離教育部。胡先生又云，目前應以全力發展臺大、清華、中央研究院，但

儒賓、陳華主編，《梅貽琦日記》，1958 年 7 月 19 日，頁 60。
177 郭廷以，《郭量宇先生日記殘稿》，1958 年 7 月 7 日，頁 80。

難望作到。[178]

這樣的談話內容讓郭廷以覺得「胡先生則不免有過分之處」。[179]這無疑地與郭廷以屬於南高系統，又與張其昀、蔣經國關係不錯所致。我們很難確定胡適是否曾當面向張其昀示威，當面要他「早自預備下臺」，然而胡適對張其昀的不滿則頗為確定，而張其昀也可能從其他管道得知胡適對他的負面批評。

張其昀事件讓蔣覺得陳誠受到胡適的不良影響，而警覺到陳誠與胡適、梅貽琦、陳雪屏等人結合起來要逼他下臺。他在日記中多次批評陳誠「詐偽不誠」、「好聽小人細言」，因而深感痛心，接班計畫的改變可能萌芽於此：

> 十時辭修來見，談行政院新人事，彼對王雲五任副院長事並未有所行動，反來徵求我意見，其意在黃少谷，但要我決定，而陳雪屏仍任秘書長，余方認為其對余不應如此詐偽不誠也。殊出我意外，三十年來苦心培植，不惜他人怨恨與犧牲一切情感而扶植至今，其結果如此傷心極矣，此為余平生對人事幹部所最失痛心之一次也。（1958年7月13日）

---

178 郭廷以，《郭量宇先生日記殘稿》，1958年7月9日，頁82。
179 郭廷以，《郭量宇先生日記殘稿》，1958年7月9日，頁83。

蔣對陳誠的失望又因為「商山四皓」事件而進一步加深了。商山四皓一事的起源是1959年1月15至20日陳誠為避壽，約了「蔣夢麟、胡適之、王雪艇、梅月涵」等四人到中南部參訪。陳誠日記有關這幾天旅行的記載如下：

　　一月十五日星期四……下午二時，同行蔣夢麟、胡適之、王雪艇、梅月涵，動身離臺北，經桃園埔心，視察臺北牧場，每一牛日產牛奶十五公斤至二十公斤，每年淨收計臺幣壹萬元，一般人民均願養牛，惟：1.養牛智識缺乏。2.資金無著。3.希望有保險。晚宿八卦山，周主席招待，飯後談憲法與政治應有組織的研究。

　　一月十六日星期五　提要：晚宿八卦山。上午，參觀故宮博物院（臺中縣霧峯鄉）；視察省政府（霧峯），聽取省府報告省政；視察菸業試驗所（臺中縣草湖）。下午，視察小型耕耘機操作（臺中市農林改良場），東海大學，公館機場（亞洲最大機場）。

　　一月十七日星期六　提要：晚，宿高雄大貝湖。上午視察彰化埤頭鄉中和村張焜釗鷄農場。視察雲林地下水開發工作，據告地方有阻礙：1.私井者；2.以糧食管制為理由。視察斗六灌溉工程，據告農民偷水，水會控之於法，一審勝訴，二審敗訴，將來影響輪流灌溉政策極大。二審判決理以水為天然物，應由人民自由取用，此種法官殊無常識也。中午在嘉土地分

[行]午餐。下午訪薛伯陵，雪艇先生偕往。視察新營臺糖酵母廠、新化畜牧試驗所品種改良（人工授精）。晚，宿大貝湖。

　　一月十八日星期日　提要：晚，宿大貝湖。晚飯後談話，胡適之提出：1.廢黨救國，2.特務，3.研究院等問題，余與夢麟、雪艇等分別予以說明。上午視察屏東老埤鳳梨農場及屏東市垃圾加工廠（廢物利用），指示農復會即在臺北市設廠。下午，視察高雄港擴建工程，回憶三十八年將塘沽挖泥船調至臺灣之經過，總算有意義之舉，不然高雄、基隆兩港淤塞，根本談不上擴建矣，而影響工業之發展與進出口極大（現高雄市大小工業計八百四十餘間之多）。視察大貝湖給水工程，大貝湖風境極佳，　總統建有別墅，原擬為余亦建一別墅，余決然告以斷斷不可。晚飯後談話，適之復提廢黨救國，余等予以解釋實際情形後，想胡或能了解，而不再提此一問題也。

　　一月十九日星期一　提要：今晚宿八卦山，周主席設宴，為余與夢麟先生暖壽，實不敢當也。早，自大貝湖動身赴阿公店視察水土保持工作，此地有要塞，而部隊將土地放租，有礙於水土保持，應令國防部收回，以免礙阿公店之水利也。中午至臺南市視察糖業試驗所，並在該所午餐。

　　下午視察臺南市農林改良場，品種改良極有成績。視察嘉義輪流灌溉，此一辦法可以節水三分一，即增加灌溉面積三分一也。晚宿八卦山，周主席設宴，為余與夢麟先生暖壽，並放電影《衣錦榮歸》片，奮鬥成功之意。

一月二十日星期二　提要：今日由彰化至石門。今日余六十二歲生日（余照舊曆）、夢麟七十三歲生日（夢麟照新曆），巧合也。早八時，由彰化動身，經山路至石門，十二時卅分抵石門，由夢麟先生招待午餐，不由石門水庫會招待，此種精神實可效法。午餐後，余偕曼意經橫溪、板橋回臺北，五時抵寓……。[180]

　　以上是陳誠對旅行經過的記載。梅貽琦在日記中也對這幾天的行程有簡要的紀錄，內容與陳誠的記載相符。[181]此外報紙也有一些報導。[182]胡適這幾天沒有記日記，在《年譜長編》中胡頌平簡要記載了此次出門旅行的經過，「一月十五日（星期四）先生將出門旅行……整理旅行必須携帶的什物及藥品等件，裝在一隻手提皮箱內。……再到陳副總統家去，與蔣夢麟、王世杰、梅貽琦集會，先到桃園埔心，晚住八卦山招待所，度過安靜的一夜。先生行前說，這次同陳副總統幾人出門旅行可以到許多地方去看許多東西，而且不要說話，是一件愉快的事」。[183]此外在胡適照片資料庫中留下不少此行中的照片。

---

180 《陳誠日記》，1959 年 1 月 15-20 日，頁 1003-1005。
181 楊儒賓、陳華主編，《梅貽琦日記》，頁 116-118。
182 如〈副總統巡視中興村 胡適梅貽琦等偕行 曾聽取省政建設報告〉，《自立晚報》，1959 年 1 月 16 日，第 1 版。〈副總統赴林內 視察水利工程〉，《自立晚報》，1959 年 1 月 17 日，第 1 版。
183 胡頌平編，《胡適之先生年譜長編初稿》，第 8 冊，頁 2806。

在陳誠的敘述中，此次旅行除了各地的考察行程、慶生活動之外，1月18日，胡適又再度提出1958年5月26日所曾談到的「廢黨救國」、「特務」、「研究院」（革命實踐研究院）等議題，這是旅行中最具政治意味的討論。不過陳誠顯然不同意胡適從自由主義角度所提出之國家構想，他在日記中說「余等予以解釋實際情形後，想胡或能了解，而不再提此一問題也」。1月22日他告訴黃少谷，「此次出巡，胡適之對黨及特務工作與研究院之誤會，予以說明，頗收效。」[184]，陳誠與胡適不能合作，而陳誠最後投向蔣氏的黨國體系，雖有現實政治權力的考量，兩人思想上的分歧也是一個很根本的原因。[185]

不過陳誠可能沒有意料到此次以避壽之名邀約眾人的出行卻引發了許多討論。首先是蔣氏的反應。從1959年1月21日開始，蔣日記之中有多則對陳誠的批評。這些批評沒有直接提到陳誠等人至中南部考察之事，然顯然因此而起，且與以往頗為一致地批評他言行「不誠」、「好聽細言」、「不能成大事」：

> 昨日為辭修不誠之言行頗為黨國憂慮，好用小智而不識大體，更不能察人善惡與好聽細言，此皆不能成大事之原因，望

---

184 《陳誠日記》，1959 年 1 月 22 日，頁 1006。

185 1958 年 6 月 8 日，陳誠在與柳克述談出版法時，也批評胡適對出版法的看法，他說「最可惜者是胡適之不問事實真相，專為反動者說話，實有失學者之身份」，《陳誠日記》，頁 889。可見兩人觀念之差距。柳克述（1904-1987），湖南長沙人，1949 年後任中國國民黨中央評議委員、政治大學教授。

其能自反自改也。（1959年1月22日）

1月29與30日兩則日記則直接斥責陳誠與胡適勾結，密商政策：

上午記事，以辭修不知大體，好弄手段，又為政客策士們所包圍利用，而彼自以為是政治家風度，且以反對本黨侮辱首領的無恥之徒反動敵人胡適密商政策，自願受其控制之言行放肆無所顧忌，不勝鬱悶無法自遣。惟此人豈誠非可托國事，而只能用其短中之長□□，如此更為黨國前途憂矣。但因此一重大經歷，或於大局反有益耳。（1959年1月29日）

辭修自作聰明、予智自雄之言行動態應加糾正之，但應以教導與感化之方法出之，而不應取斥責嚴教之方式，以冀其能反省自覺成全其始終，只要了解其人之狹小無識，而不可過於期望其有遠大之成就，此乃本性使然，不能強勉耳。（1959年1月30日）

1月31日的本月反省錄，蔣氏則進一步從陳誠事件而反省到自身修養，決定以忍、慎二字為箴言：

月來因政客無恥言行與辭修不識大體、自作聰明為苦，時多惱怒刺激，但常能自反、自制，而以「忍」與「慎」二字為箴，自來悔悟未有如最近之切者，此亦修養有得之證歟！甚覺

政治與革命之成敗乃在其能忍與不能忍之別也。故以逆來順受
自勵，並以「忍順慎仁」四字為座右銘矣。（1959年1月31日）

上述蔣氏的反應可見陳誠出巡事件增加了他對胡適的惡感與對陳誠的
不信任，配合其他的因素導致他不願扶植陳誠為接班人，並決心連任
總統一職。

第二種對陳誠出巡的反應來自蔣經國所主導的青年救國團。他們
的看法是陳誠有心與北大系統結合，以藉此擴大勢力；再者，陳誠對
知識分子的拉攏要比蔣經國成功。這也顯示蔣經國與陳誠之角力，不
僅為個人間的競爭，也是一種集團的競爭。1959年1月27日，傅正告
訴雷震：

青年救國團有人和他說，陳誠和北大系統聯在一起，這次
陳之出巡應可明白。此人來試探我們的態度。他說去年一說，
我們罵了救國團有七次之多，而批評陳誠只有一次。又說殷海
光態度傲慢，他勸他們多多讀書。似乎蔣經國很消沈，大多拉
攏教授之事不如意，而無陳誠來得成功。[186]

上述蔣氏父子認為陳誠在拉攏北大知識分子而結黨結派、準備接班的

---

186 《雷震日記》，1959 年 1 月 27 日，收入《雷震全集》，第 40 冊，頁 16-17。

印象因「商山四皓」的說法而迅速傳播。[187]此一典故意指胡適、梅貽琦、蔣夢麟、王世杰四人擬扶持陳誠接班。根據雷震日記的記載，1959年1月21日，當陳誠等人南巡剛結束，他即聽到此一說法，「胡先生這一次和陳誠出遊，有人說是嵩山四皓，因有王世杰、蔣夢麟和梅貽琦，而報紙上稱他們隨行人員」。[188]上述日記之中用了「嵩山」而非「商山」，可能出於典故之誤用。[189]以「商山四皓」來指稱陳誠與胡適等人的這一次旅行可能是源自國民黨的立委張九如（1895-1979），在多年之後他曾向王世杰表示，此一典故是他「編」出來的，其動機似乎是要警惕陳誠，致力於推動蔣氏之三連任。[190]

無論如何，上述從臺灣傳出來的說法在一月底之後傳到香港，1959年2月7日香港出刊的《新聞天地》在目錄頁，編者有一則很小的

---

187 據《史記‧留侯世家》與《漢書‧張良傳》，「商山四皓」指秦末漢初商山（今陝西省商洛市境內）的四個隱士，分別是東園公、綺里季、夏黃公和角里先生。因四人出山時鬚眉皆白，故稱「四皓」，高祖召，不應。後高祖欲廢太子，呂后用留侯計，迎四皓，使輔太子。一日四皓侍太子見高祖，高祖曰：「羽翼已成，難動矣。」遂輟廢太子之議。（漢）班固撰、（唐）顏師古注，《漢書》（臺北：鼎文書局，1979），頁538-539。

188 《雷震日記》，1959年1月21日，收入《雷震全集》，第40冊，頁14。

189 袁世凱稱帝時封其舊友為「嵩山四友」。這四人分別為：徐世昌、趙爾巽、李經羲、張謇。雷震可能將「嵩山四友」與「商山四皓」相混淆。

190 1965年9月8日，王世杰記載「張九如（立法委員在中央黨部為具有老資格的工作人員）來談，並謂民四十八年陳辭脩約請夢麟、月涵、適之及余南遊臺灣各地，報章曾有『商山四皓』之浮議。張自謂此說係彼所『編』，而藉以激勵辭脩，負責推動蔣先生出任第三任總統之工作者。余對此說，當時毫未留意，但似首先出現于香港報紙，並非如張所言，出自彼之『編』造。」王世杰著、林美莉編輯校訂，《王世杰日記》，下冊，頁1090。王世杰的看法應該不正確，因在《新聞天地》刊出文章之前雷震已經聽到此一傳聞。

報導，標題為「商山四皓」，內容如下：

> 《漢書‧張良傳》中，曾出現「商山四皓」的名稱。四皓
> 指的是：東園公、綺里季、夏黃公、角里先生。均漢初之隱
> 士。據說，臺灣現在也有所謂「四皓」了。傳說中的四皓，並
> 非隱士他們都有官職，雖然頭髮至少都在花白中。[191]

隔天即為舊曆新年，雷震到胡適家中去拜年，談到這一件事情，可見
此說法在臺灣傳播之迅速：

> 元旦晨起接年後至附近拜年，又至胡先生處拜年，談到
> 《新聞天地》嵩山四皓之事。他說他已聽到他人說過。他說這
> 是很刻毒的說法。他說這次出巡完全是蔣夢麟之布置，蔣要他
> 去看農復會之工作，而凌鴻勛曾要求他去看煉油廠，他在出門
> 前並要求不帶警衛，事實上去東海時看到沿途有警察，而到後
> 校長等迎接如儀。[192]

這一比喻造成了臺灣的「政治激動」。至一年多之後，1960年3月15

---

191 〈商山四皓〉，《新聞天地》，第 15 年第 6 號（香港，1959），頁 3。
192 《雷震日記》，1959 年 2 月 8 日，收入《雷震全集》，第 40 冊，頁 23。雷震仍將「商山」
　　寫成「嵩山」。

日，當國民大會選舉鬧得沸沸揚揚之時，胡適又想到這一件事。胡頌平記載：

> 先生……又談起去年一月十五日到二十日，因為陳副總統和蔣夢麟要出去避壽，夢麟再約雪艇和我同去，到各地遊覽了六天，後來有人說是「商山四皓」，這是讀書人的「錯客」（上海話）造出來的。最近幾個月來的政治激動，都是這句「商山四皓」的話而來的。[193]

胡適所說這幾個月來的政治激動正是指因連任、修憲等議題所造成朝野的爭議。

　　陳誠也免不了受到「商山四皓」一事之衝擊。《新聞天地》的文章刊出之後，張九如曾和他談到這一件事：

> 六時見張九如立委，據告：（一）有人批評余上月偕胡適、蔣夢麟、梅貽琦、王雪艇四博士至臺中、臺南等於「四皓」。（二）有人問渠為何對余不提質詢？渠答對陳院長有信心，不必質詢。[194]

---

193 《胡適之先生年譜長編初稿補編》，1960 年 3 月 15 日，頁 227。
194 《陳誠日記》，1959 年 2 月 13 日，頁 1016-1017。

1959年3月7日張群又和他談到這一件事：「十時五十分財經會談，總統對於標售飭金之指示，頗多誤會。財經會談後，與張岳軍先生談話，告予所謂四皓之由來。」[195]

1959年7月《新聞天地》負責人卜少夫（1909-2000）來臺訪時，陳誠還特別問起他這一件事：「十一時見卜少夫，談日本經濟出路，卜承認前登所謂「四皓」（《新聞天地》）之不當，說明當時渠不在港。」[196] 卜少夫在陳誠過世之時曾撰文憑弔，也談到這一次會面，陳誠當面表示「商山四皓」的比喻讓他「很憤慨」：

> 他特別提到《新聞天地》刊載「商山四皓」這件事，他很憤慨，他說，這完全在造謠，根本莫須有，假使《新聞天地》如此輕率聽信謠言，今後恐怕不僅不再看《新聞天地》，連朋友關係也要斷絕。……臺灣當時傳播著「四皓」的謠言，是指胡適、梅貽琦、蔣夢麟和王世杰四人。這當然是想入非非，比擬不倫。……祗有表示歉反了。[197]

陳誠與胡適都認為「商山四皓」是不當的比擬，不過1960年2月5日，當陳誠邀約眾人來吃飯並討論國大開會的事情時，胡適仍開玩笑

---

195 《陳誠日記》，1959 年 3 月 7 日，頁 1028。
196 《陳誠日記》，1959 年 7 月 31 日，頁 1076。
197 卜少夫，〈敬悼一位樸實的政治家〉，《新聞天地》，第 893 號（香港，1965），頁 8。

地說「一般人說的『商山四皓』今晚都到了」。胡適同時也抱怨「現在離國大開會只有兩星期了，究竟總統副總統是什麼人，連我們也不知道」。陳誠則表示「關於候選人的事情，下個星期一可以決定了。」[198]2月7日《自立晚報》刊出〈國民大會幕前幕後〉的「星期專欄」提及胡適11月給蔣的四點意見，「反對修憲或其臨時條款，並謂蔣先生應樹立合法和平移轉政權之範，不應為第三任總統」；又說「他可能以不出席會議來做消極的抗議」。王世杰對此頗感意外，因為胡適曾答應他「不與政府公開決裂」，後來才知道，胡適本來不願公開發表，不過發表之後他則不願否認。[199]

　　陳誠此時內心仍有一點徬徨，1960年2月9日他在日記中說，「宣傳總裁對國民大會之方針……表示遵從中央一切決議，但內心同情胡適之主張」。[200]同一天，王雲五「奉命」去胡適家中再次說服他。[201]雷震等人則去信要胡適堅決反對三連任，「國事至此，先生不可緘默也……大家覺得，先生太消極！」。[202]2月13日王世杰一早與胡適見

---

198 《胡適之先生年譜長編初稿補編》，頁204。

199 王世杰著、林美莉編輯校訂，《王世杰日記》，下冊，1960年2月11日，頁935。胡適告訴胡頌平，他也擔心那一位記者可能因此受到處分，於是「先生把那些超出談話範圍以外的話，也都擔當起來了」。《胡適之先生晚年談話錄》，頁46。

200 《陳誠日記》，1960年2月9日，頁1160。

201 《陳誠日記》，1960年2月9日，頁1160。

202 雷震，〈雷震致胡適〉（1960年2月10日），收入萬麗鵑編註、潘光哲校閱，《萬山不許一溪奔：胡適雷震來往書信選》，頁220-222。

面，「勸以勿再發表談話」。[203]2月14日陳誠訪問胡適，再次說服他支持三連任，陳誠日記寫到，訪胡適「渠之意見仍如前日《自立晚報》所載，原對總額問題發表意見，現決定不再發表任何意見……其忠於國家，愛護總統，值得同情」。[204]

1960年3月4日國大開會順利否決了修憲的提議（588票中555張反對、33張贊成），11日通過臨時條款之修正案，王世杰在日記中表示「二讀三讀余均未投票」，[205]王世杰未支持此一議案受到關注，雷震記載當天「通過臨時條款之三讀會，王雪艇雖到場，但未站起來，顏（按顏艮昌）謂他何以敢這樣做」，[206]隨後雷震寫信給王紀五表示修改臨時條款二讀王世杰未起立表贊成甚受重視。[207]王世杰未投贊成票或許也可以視為陳誠身邊知識分子對此事的微弱的抗議。[208]3月17日陳誠邀約教育界人士聚餐，在陳雪屏的說服下胡適應允前往參加，[209]陳誠日記記載「晚宴胡適之、蔣夢麟、梅貽琦等十人，均教育界人士。與王雪艇先生深談至深夜。」[210]傳說中的「商山四皓」又再次聚會，不

---

203 王世杰著、林美莉編輯校訂，《王世杰日記》，1960 年 2 月 13 日，頁 935。

204 《陳誠日記》，1960 年 2 月 14 日，頁 1163。

205 王世杰著、林美莉編輯校訂，《王世杰日記》，1960 年 3 月 11 日，頁 938。

206 《雷震日記》，1960 年 3 月 11 日，頁 268。

207 雷震，〈雷震致王紀五〉（1960 年 3 月 16 日），中央研究院近代史研究所藏，典藏號：052-01-11-021-004。

208 王世杰於 1953 年 11 月因「兩航案」被蔣免去總統府秘書長一職；1958 年 7 月陳誠任命他為行政院政務委員才再度出任公職。

209 《胡適之先生年譜長編初稿補編》，1960 年 3 月 17 日，頁 229。

210 《陳誠日記》，1960 年 3 月 17 日，頁 1178。

過不是為了陳誠接班，而是因為幾天之後要選蔣中正為第三任總統、陳誠為副總統。3月21日，蔣以1481票當選第三任總統。

「商山四皓」事件對蔣、陳關係產生了重大的影響，一方面促使蔣決心連任，另一方面也使他直接干預內閣改組。蔣順利連任之後即插手行政院改組，此舉使陳誠意志消沈，萌生辭意。這時蔣覺得受到陳誠的「脅制」（他覺得類似西安事變的張學良，1960年7月21日）。蔣向陳誠表示「商山四皓」之事讓他覺得此種複雜的局面陳誠無法處理，只有他能應付，故他才決定要連任，不過未來仍要以「國家重任見託」；陳誠聽到之後反而心生惶恐，感到蔣對他一方面期望甚切，另一方面疑慮很深：

> 總統以今後國家重任見託，余告以對於政治原無興趣奉命，由從軍改為從政，徒增 總統負累及憂慮，內心歉疚實無以自解，常感如能死在 總統以前是幸福，此次談話深感 總統對於余之期望似甚切，但對余之疑慮實太深，如提及前年與胡適之、王雪艇、蔣夢麟、梅貽琦等出遊，渠所以決心連任第三任總統，因此等政（治）衹有渠可以對付，並說我有組織等等，又對黃少谷極不諒解。[211]

---

211 《陳誠日記》，1960 年 7 月 21，頁 1247。蔣對黃少谷一直不滿，1958 年 1 月 17 日日記說黃「自私政客作風」。7 月 10 日又說「黃少谷只想做官把持政務而不顧大體」。另一個原因是可能是因為黃少谷曾接受王世杰的委託，替陳誠出面勸蔣經國，「辭修對你父親百依百順，又是與你父親共事最久的黨國重臣，你應該尊重他，不要與他爭高低。你的治國才能，

陳誠的紀錄出分反映出「商山四皓」與「三連任」的因果關係。

　　蔣對陳誠的疑慮不但出於「商山四皓」，也因為陳誠被其他「小宵政客」所包圍，最後將導入「擁陳反蔣」的陷阱而不自知：

　　　　彼對人不分賢否，亦不問其人是否識大體、顧大局，而以對其接近實則包圍者，即認為是最大之助手，實則此種小宵政客，不惟幫助辭修，而更幫助敵黨與反動者，聲以投機自私，藉敵自重，最後必將引入擁陳反蔣之陷阱，而彼尚在鼓中也，其不明人事如此，危哉！（1960年5月24日）

蔣上文所謂包圍陳誠的「小宵政客」之一是陳雪屏。蔣對陳雪屏最不滿的地方即是他勾結胡適，「陳雪屏為反動分子包蔽，並借胡適來脅制本黨，此人積惡已深，其卑劣言行再不可恕諒」、「昨晡以陳雪屏卑劣行動直等於漢奸不能忍受，再三自制幸未暴怒氣也」（1959年3月4-5日）。1959年5月19日，國民黨八屆二全會選舉中常委，蔣決定要藉此懲戒陳雪屏，把他中央常務委員的頭銜拿掉。陳雪屏在得知中常委落選之後曾到友人吳錫澤的辦公室「垂涕以告」，為此頗感難過。吳即感覺到「可於此處覘知其仕途的升沉得失。雪屏先生此次的落選，不

朝野欽佩，將來擔大任，舉國皆服。他幹一屆後，自然會把位子讓給你，由你來幹，你現在不必急」。黃清龍，《蔣經國日記揭密》，頁148。

啻予以一警告，亦等於間接給予辭公又一次警告」。[212]

蔣對陳雪屏的負面觀感一直存在，當連任已大致成定局之時，他指示陳誠調整內閣人事改組，尤其針對陳雪屏與黃少谷：

> 今對辭修指示其改組行政院要旨及人事問題，彼對人專在小技上著想，而不注重其遠大的見識與風格為選才標準，由其囿於小圈，好聽細言為然，惟此其性格生成，不可強求，只要大體不差而已。少谷乃為典型之政客，不可與言革命大事也。……與辭修談改組行政院問題，對陳雪屏一意掩護，不知其奸惡，可歎。（1960年3月18日）

5月23日蔣指示陳誠調整人事佈局，此時陳誠只有唯命是從：

> 五時，晉見總統，商行政院各部會人事，大體已決定。總統對黃少谷有誤會，堅決調沈昌煥為外交部長；對陳雪屏亦不諒解，希余自行決定，余告以總統不能信任之人，余決不用，擬以唐乃建調行政院秘書長。[213]

---

212 吳錫澤，〈我追隨陳辭公的回憶（六）〉，《傳記文學》，卷 75 期 2（臺北，1999），頁 60-61。
213 《陳誠日記》，1960 年 5 月 23 日，頁 1215。

蔣對此頗感欣慰，「與辭修談行政院各部會人事之調正，大體皆定，其對人事之意見多能體認余意旨，乃比前年改組時所表示之精誠特增矣」。（1960年5月23日）

總之，1960年5月蔣在完成三連任之後，又進一步控制了政府高層的人事任命，而陳誠則不再具有自主意識，只能體認蔣之意旨來辦事，「商山四皓」的接班構想，無論是真是假，已澈底地被蔣氏所瓦解。

五、結論

本文以1950年代末期與1960年代初期中華民國總統的三連任議題為中心，探討蔣中正、陳誠與胡適等知識分子的互動、描寫蔣陳胡三方的立場，並分析促成三連任成功的各種可能的因素。1949年之後，港臺的自由主義知識分子因反共而挺蔣，又因堅持自由民主憲政的理想而與蔣發生衝突。從蔣的角度來看，經過在臺灣大約十年的生聚教訓，他一方面成功地抵抗了中共軍事侵略，另一方面則希望能把握時機反攻復國；此外，他也思考接班問題，陳誠與蔣經國是他考慮的主要人選。三連任的議題是在上述歷史處境之所產生的。

筆者主要的觀點如下：

第一、蔣中正對三連任的看法有一個轉變的過程，從日記及其他相關史料可以反映其變遷。大致來說，他從1958年2月開始思考此一問題，而起初他曾多次表示不會違憲連任，而在下臺之後可以其他的

名義領導反攻大業，他並於1958年12月公開表達其立場。然而1959年5月國民黨八屆二中全會之後，他轉而主張連任，並運用各種政治手腕來消解反對意見。

第二、造成轉變的一個重要原因是黨內（包括蔣經國以及陳誠）與國內外勸進的推動力，此一想法亦與蔣氏本人理念抱負相符合。同時這些勸進者經多方討論，提出了修改臨時條款而不修改憲法的解決方法，此一方案得到蔣氏的同意。

第三、蔣氏態度的轉變也涉及對海內外知識分子反對「毀憲連任」之言論的反彈。其中以尤其胡適的「毀黨救國」論，造成蔣的極端不滿。蔣透過王雲五、蔣夢麟、王世杰乃至陳誠等人多次勸說，胡適才打消了反對的念頭。此外，在香港以左舜生、張發奎為首的第三勢力，於1960年2月19日在《聯合評論》刊登〈我們對毀憲策動者的警告〉，有70餘人簽名，呼籲「自由與民主是反共運動的基本指導原則」，違憲連任將喪失法統，並造成反共陣營之分裂。3月1日《自由中國》轉載了這一篇文章。這些激烈的批判反而促使蔣氏走向繼續連任的路子。

第四，蔣氏的連任也涉及他對陳誠的失望，擔心陳誠與北大知識分子的結合會影響到蔣經國接班。1957年10月，蔣氏在國民黨設置副總裁，決心讓陳誠作接班人，並希望蔣經國能支持陳誠。然而其後因陳誠與胡適、陳雪屏等人親近，讓蔣氏覺得陳誠「不誠」，且好聽細言、難成大事，因而認為陳誠不宜接班。1959年1月，「商山四皓」事

件更讓加深了蔣對陳誠的疑慮。[214]

　　蔣氏在三連任成功之後，立即處理雷震與所謂「反動報刊」《自由中國》，「言論偏激，違反國策」（1959年1月19日）之事。1960年9月雷震被補，後被判刑十年、《自由中國》停刊、1962年胡適過世、1964年又有彭明敏與謝聰敏、魏廷朝的「臺灣人民自救宣言」案、1965年《文星》雜誌被查禁，至此蔣與知識分子（尤其是自由主義者、西化派）的關係幾乎陷入谷底。此一階段代表了知識分子爭取民主與法治的一大挫敗。

　　然而從另一個角度來觀察，三連任的完成也代表了蔣中正在威權統治上的成功。蔣在1960年初在黨內部分人士反對、港臺自由主義知識分子抗議、美國默許的情況下，順利修改臨時條款，出任第三任總統，以「實現三民主義與光復大陸國土，解救同胞」為執政要領，此後他的政治地位趨於穩固。1966、1972年他又順利當選第四、五任總統。1975年蔣過世，前後擔任了約26年的總統（1948-1975）。1978年其子蔣經國當選總統、完成接班。蔣氏的政治手腕不可不謂高明。三連任是中華民國憲政史上的關鍵的事件，有關三連任的歷史經驗一方

---

214 蔣氏對陳誠的接班問題也有一些搖擺，在三連任成功之後，在 1960 年 7 月 21 日至 8 月 3 日之間，蔣氏一方面對陳誠的表現深懷憂慮不安，另一方面又直接告訴陳誠將來要委以重任。蔣在日記中寫到，他以勉勵方式來促其自悟：「明示辭修以為元首候補者，國家前途、人民禍福，將來全屬望於彼身上，如果其心情言行一如最近數月來之表現，幾使中外友好人士皆為失望，人心無所寄託，此豈止是我個人之憂惶無措而已，能不憬悟自修乎！」《蔣中正日記》，1960 年 8 月 3 日。

面反映了1960年代臺灣戒嚴體制、威權統治與憲政運作之矛盾,另一方面則顯示出胡適、雷震等自由主義知識分子在追求民主理想時所面臨的艱辛處境,從而呈現臺灣從威權體制到民主憲政轉型的曲折過程。

「五四話語」之反省的再反省

當代大陸思潮與顧昕的
《中國啟蒙的歷史圖景》*

1993年11月筆者第一次赴大陸參加一個有關戊戌後康有為、梁啟超與維新派的學術研討會，根據會中大陸學者的論文與發言，筆者發現80年代以來，鄧小平的改革開放政策伴隨著市場經濟的發展，以及思想控制的寬鬆，對大陸學術界已經產生了相當深遠的影響。其中一個較明顯的現象是歷史研究的「多元化」，從前官方馬克思主義歷史學與「革命中心史觀」的現象已不再獨霸主流，[1]取而代之的是多種聲音的爭鳴。例如在這一次會議中從前被人們大力貶抑的保皇派，已順應改革形勢的高漲而稱為較具正面意義的「維新派」；改革派的梁啟超也在「愛國主義者」的旗幟下被塑造為新的偶像。這些現象不能說是與當局改革開放的背景完全無關。當然，由於政治控制雖已鬆動卻仍有相當的主控權，而在中共長期宣傳與教育之下成長的學者，也已養成思想上自我規範的習慣，所謂的「多元」仍是在一定範圍內的。

　　在上述會議中，當筆者的言論開始「越軌」之時，有學者為捍衛「正統典範」而提出說明，有學者以為筆者是年少無知、信口雌黃而

---

*　　顧昕，《中國啟蒙的歷史圖景》，香港：牛津大學出版社，1992年出版，書價：港幣七十五元，頁數：227頁。本書承蒙墨子刻教授（Thomas A. Metzger）推介，在撰寫過程中又受到多次指正，謹此致謝。本文原刊：《近代中國史研究通訊》，第17期（臺北，1994），頁44-55。

1　　無論是國民黨或共產黨的主流史學，均強調革命的正統性與對中國近現代的改變，鮮少論述受革命影響下帶來的破壞性與負面影響，在革命是正統為中心的思路下，一切受革命影響而產生的犧牲與代價都被合理化，反對革命就是反對「真理」。關於革命中心史觀的討論可以參看，李澤厚、劉再復兩位知名學者的對談錄《告別革命：回望二十世紀中國》出版，引發學界重新評估中國近代史上的「革命」為中心思考的歷史解釋或命題。李澤厚、劉再復著，《告別革命：回望二十世紀中國》（香港：天地圖書，1995）。

392　胡適的頓挫

破口大罵，有學者以「不要破壞兩岸學術交流」為由而予以規勸，也有學者從部分肯定的角度提出一些背景性的解釋或辯難。這些現象無疑地反映目前大陸史學界正處於一個轉變的關頭，由於內外情勢的變遷，有不少的人，尤其是一些年輕的學生，一方面不信服馬克思史學的階段論或史學為政治服務的教條，另一方面也不安於實事求事，而希望在兩者之外走出一條新的路子。

這樣的嘗試在大陸的學術環境中是相當困難的，這不但是由於政治控制、學術與政治的緊密關連和港、臺與外文圖書資料的缺乏等因素所造成，也是由於大陸學術界普遍缺乏分析反省能力，看不見自身思想的預設，又不重視二手資料的學術習慣所致。在一個不注意他人研究與「學術累積」，又不屑於接受外界嚴厲批判的環境中，要使學術有所進步是談何容易！

在這樣的背景之下，顧昕這本書的出現是十分可喜的事，上述對大陸學術界的批判在這本書中得到了有力的印證。顧氏主要以中國大陸1980年代以來在報章、期刊上對五四運動的討論，尤其是1989年「五四運動七十週年學術討論會」的論文為核心，檢討「五四話語」（the May Fourth Discourses）被當代人們「意識形態化」的過程。他所注意的不僅是歷史，也不僅是當前的學術界與知識分子，而是歷史學與現實的糾結，以及在此糾結之中不同主張者所共有的思想預設。該書無論是在方法論與對大陸學術界的描述與分析之上都有相當深刻的見解，筆者認為對大陸未來學術發展有很正面的貢獻。但此書在香港出版，又對中共極權統治的「罪行」，尤其是1989年6月3日至4日「中

共軍隊血腥鎮壓北京的民眾民主示威」（頁49）持反對意見，這樣的「意識形態」的色彩或許會影響該書在大陸的流通，因此不揣簡陋加以介紹，希望能引起更多人的注意。

顧昕所討論的主要題目依照其章節的安排包括：一、李澤厚以「救亡壓倒啟蒙」來說明五四運動的失敗之論點及其所受到的批判。二、「五四精神是什麼？」的討論。三、林毓生在《中國意識的危機》中所提出之五四「全盤性反傳統主義」、其傳統根源與五四反傳統思想與文革的關係等論點的討論。四、五四全盤西化論與其反對者之論爭。五、對五四啟蒙運動之闕失面的討論。六、相對於李澤厚從外在面所提出的救亡壓倒啟蒙的說法，有些學者則從五四運動的內部尋找失敗的種子。這些人有何觀點？

參加上述討論的代表人物約略可以形成一個光譜，其中至少包括以下數類：一、正統或「原教旨式」的馬克思主義者；二、人道主義的與非官方的馬克思主義者，如李澤厚及其支持者；三、當代激進的反傳統主義者（這些人也反對官方意識形態）如包遵信、劉曉波等；四、海外反對中共的異議分子；五、當代新儒家以及像杜維明等宣傳新儒理念的學者；六、西方研究五四運動的學者如史華慈（Benjamin Schwartz, 1916-1999）、林毓生、舒衡哲（Vera Schwarcz）、傅樂詩（Charlotte Furth）、郭穎頤等，這些人的作品因為被翻譯為中文而參與大陸學術界的討論。此外也有一些不易歸類的知識分子。

以下我們首先描述顧氏在此書中的理論架構以及依靠此理論架構他對中國大陸學術界所作的描寫、分析與評估。其次再談我對該書的

一些批評意見。

　　對於五四運動已有不少學者提出一些批判性的觀點，除了早期的新儒家以外，張灝指出五四思想有烏托邦式的絕對化心態，「結果『德先生』與『賽先生』變成了『德菩薩』與『賽菩薩』」。金耀基也指出五四對民主與科學的理解是浪漫化與意理化的。[2]顧昕有相當類似的觀點，但是他用一個比較系統的架構來做分析，企圖得到一個更全面與更深入的了解。顧氏分析的起點是學術與意識形態之間的分際，他反對後現代主義者將所有的學術思想都視為意識形態的論點（頁9），以為「學術」與「意識形態」兩者「顯然是不同的」（頁8）。學術旨在說明實然，其中包含兩個層次的活動，一是描述客觀現象的特徵，一是解釋現象與現象之間的聯繫。是故真正的學術只從事於描寫、了解因果關係與預測等工作，但是卻要避免規範性的評估與指導。所以他認為在上述定義下的自然科學與社會科學是學術性的，而歷史學如果尊敬這些條件，尤其是其中的「邏輯的結構」，也可以是屬於學術的（頁13）。從顧氏全書對學術一詞的使用來看，他以為所謂「純粹性的學術」似乎只存在於西方，在中國不易找到。他大力讚揚波普（Karl R. Popper, 1902-1994）、韋伯（Max Weber, 1864-1920）、柏林（Isaiah Berlin, 1909-1997）、海耶克（F. A. Hayek, 1899-1992）、史華慈、魏復

2　張灝，〈五四運動的批判與肯定〉，收入氏著，《幽暗意識與民主傳統》（臺北：聯經出版公司，1989），頁145；金耀基，〈五四新傳統的批判與繼承：對民主與科學的再思〉，收入氏著，《中國社會與文化》（香港：牛津大學出版社，1992），頁196。

古（Karl A. Wittfogel, 1896-1988）等西方學者，而對中國學者不自覺地將學術與意識形態混為一談的現象嚴加貶抑。

從顧氏對大陸當代學術界之批判來看，我們發現他是從一種特殊的「學術」立場出發的，用他的話來說，他所肯定的學術立場是海耶克、波普以及柏林等從「蘇格蘭啟蒙運動的思想傳統」而來，以「經驗主義文明觀」為基礎的自由主義，以為「文明是經由一個累積成長的過程演化而成，人類理性是文明的產物，它只有在文明的框架內才能成長並成功運作起來」；「文明的開展被視為一個試錯的過程（trial and error），即不斷地嘗試，發現錯誤不斷加以修正」（頁123）。因此他對追求「一個最終解決之道」的信念抱持著疑拒的態度，也不相信「有某種根本的現代化之路的存在」（頁226）。[3]

顧氏對「意識形態」一詞的界定主要是來自社會學家席爾斯（Edward Shils），他以為意識形態所研究的主題與學術並沒有太大的差異，也是人、社會、宇宙及其相互關係，但其主旨則是規範性的，用他的話來說是一種「信仰體係」或「生活指南」。意識形態通常是將事實或規範性的陳述結合起來形成一個明確而易於了解的體系，並以

3　顧昕在他的《中國反傳統主義的貧困》一書中對「蘇格蘭啟蒙運動傳統」有一較清楚的說明，他說「休姆的道德哲學，和亞當斯密的經濟學和倫理學、亞當弗格森的歷史學和倫理學一起，匯成了不同於法國啟蒙運動的蘇格蘭啟蒙運動傳統。與法國啟蒙運動的唯理主義相區別，蘇格蘭啟蒙運動持一種社會演化論，即強調道德、法律和政治制度為歷史的、社會的漸進演化而形成。這一啟蒙傳統，為英國傳統下的自由主義，無論是政治的、經濟的、還是道德的，奠定了思想基礎」，見顧昕，《中國反傳統主義的貧困》（臺北：風雲時代出版公司，1993），頁32。

一些口號來顯示其意旨。此一體系又是權威性與強制性的，可以為人類的行為或政策提供合法性的依據。

顧氏認為學術與意識形態之差別就像「實然」與「應然」的差別一樣是不容混淆的，例如他說愛因斯坦相對論和馬克思主義有顯而易見的不同，周策縱的《五四運動史》與中共教科書所描繪的五四之間也是有所差異的，前者為學術，後者為意識形態。但另一方面他也深深地了解到兩者之間有「剪不斷的糾纏關係」（頁159），人們常常在自覺或不自覺的情況之下將兩者混為一談，以學術來「包裝」意識形態。這種情況他稱為學術的「意識形態化」或「神話化」，在此書中他特別注意到歷史學的「意識形態化」的問題。

意識形態化的概念也涉及顧氏所謂布狄厄（Pierre Bourdieu, 1930-2002）「符號資本」與「符號鬥爭」的說法。根據布狄厄各種符號形式如語言、體態、衣著、慣例等是表達社會現實（亦即描述與解釋世界）的一個認知力量，掌握了這種符號的權力就有如掌握了一種經濟或政治資本，可以對弱勢群體加以控制，此種資本即「符號資本」。社會不同群體為爭奪此資本而有「符號鬥爭」。顧氏以為在中國「五四」是一種符號，不同人們爭奪對五四的解釋權即為一種符號鬥爭。從以上的描述我們可以了解：將「符號」視為資本並為自身之利益服務即為意識形態化，而符號鬥爭則是意識形態之鬥爭的一種表現。

顧氏以為意識形態的話語主要包括：一、官方的宣傳與官方對歷史問題與當代意見的「裁決」。二、學者以學術討論來作價值判斷（例如支持官方意見或某種道德要求）、未來借鑑，甚至當成攻擊對手的

武器。三、一般人以歷史表達來滿足認同或情感上的需求。對他來說意識形態自身不必然是負面的東西，但是混淆學術與意識形態之間的界線則絕對是應予避免的。

為什麼？作者一方面認為這種混淆妨礙了學術的發展，另一方面他也暗示意識形態化的結果使「應然」的討論含糊不清，讓人們找不到適合的方向。他特別強調因為學術與意識形態的混淆使中國當代的意識形態有以下的特色：一、泛道德主義，以道德標準作為評判事物的基礎。二、目的論的歷史觀，以為歷史發展有一必然的規律與發展的路向，此一規律與路向是不依個人意志而轉移的。這種歷史觀也帶有樂觀主義的成分，因為只要跟著歷史所昭示的原則去做，自然可以達成目標。三、上述對歷史規律的看法又與他們對科學的看法結合在一起，以為歷史發展配合科學的普遍規律。四、烏托邦式的理想主義，認為上述歷史的路向所達到的結局是一個純淨完美的目標，而不考慮到這種絕對的理想在歷史中的可行性。五、整體主義與一元論式的進路，認為世界上美好的東西是結合在一起的，社會的各部分也是相關的，所以可以尋找一個最終的解決之道，達成上述純淨的理想。

在此一思維模式的影響下，中國大陸五四話語之中的「民主」、「科學」、「自由」、「平等」、「法治」、「商品經濟」、「學術」或「現代化」等詞，或是其中之一，或是結合數項，被認為是達到此一最終理想的「根本方法」，中國當代不少的知識分子樂觀地相信只要在這一個或二個方面有所成功，其它的困難會迎刃而解。這一想法顯示在許多方面，如五四以來「科學主義的信念（亦即把科學當成一種價值

或信仰來崇拜）、烏托邦式的民主觀（頁65、179）、魏明康的平等觀（頁161）與劉曉波對「現代性」的看法（頁162），以及嚴家其對「商先生」（商品經濟）、「洛先生」（法治）的期盼（頁159）和中共所宣稱的「四項基本原則」都不脫此一思想模式的色彩。甚至連林毓生所提出的「傳統的創造性轉化」[4]之口號，顧氏也以為表現出「一元論式的進路」而與「自由創造精神的展開不相容」（頁123）。

　　為什麼中國意識形態的討論會有以上的特色？顧氏以為首先是因為中國傳統之中就有高度意識形態化的傾向，因而產生這些影響深遠的思想模式。他基本上同意林毓生對一元論思想模式的分析，以為此一思想模式「不僅在中國傳統儒家思想中存在，也不僅在五四知識分子上存在，而且還在當代中國的知識分子身上繼續存在」（頁107）。與一元論有關而也是從傳統來的是泛道德論的褒貶史觀（道德理想主義），以及由此而來的目的論的歷史觀及烏托邦思想。這些傳統觀念的影響下，五四時期的思想家形成了上述對歷史必然性的信念、整體主義與科學主義等，這些觀念又影響到當代。

　　顧氏認為當代意識形態化的產生也因為中國知識分子缺乏自覺與反省的精神，所以無法釐清上述從傳統來的思想預設，或探討布狄厄所謂「未經討論的空間」（頁210、223），他以為此一未經反省的傳統是「五四話語意識形態化的內在原因」（頁223）。顧氏進一步分析此

4　關於林毓生的創造性轉化理論，可參見氏著，《政治秩序與多元社會：社會思想論叢》（臺北：聯經出版公司，1989）。

一現象，他指出有些學者「渾然不覺，根本意識不到自己的思想方法值得反省」，對別人的反省又視而不見；另一些人則是瞭解別人的反省卻「不加理性批判地予以拒絕」。例如波普對歷史決定論已有深刻的反省，中國知識分子對西方此一很有價值的看法卻視而不見，顧氏很敏銳地指出「事實上，80年代的中國知識分子，依然同他們的五四先輩那樣，儘管對西方的思潮熱情，但對那些同中國傳統不相投合的內容，存有根深蒂固的隔膜感」（頁223）。即使是像李澤厚那樣大陸第一流的歷史學者，雖然也熟悉波普的觀點，卻表示他治中國思想史的旨趣是「百花齊放，殊途同歸，同歸於歷史唯物主義，同歸於像馬克思那樣科學地解釋歷史，找出它固有的客觀規律，以有助於今日之現實，即『有助於人們去主動地創造歷史』」（頁224）。在這種氣氛下，將學術尤其是歷史與意識形態混淆在一起無寧是很自然的事。

大陸學者缺乏反省能力的另一表現是分析能力的不足。在顧昕所討論的文章之中，他指出有不少人邏輯混亂，所以常常分析與評估不分，在分析時或者不重視層次的區別，例如將「思想模式」與「思想主潮」混為一談（頁100），或者是不加論證而草率地下論斷。此外也有人在批評某一現象的同時自己又犯了他所批評的錯誤（頁189）。由於分析能力不足也導致不少學者對他人著作，尤其西方的著作，有所誤解。韋伯、伯林、波普與林毓生的作品都曾受到此一待遇。與誤解他人學說相關的另一個缺點是西方所謂稻草人式的批評方式（straw man），亦即將他人的論點簡單化或加以扭曲之後再予以痛擊。在此書中顧昕很敏銳地指出好幾個這樣的例子。（頁112、135）

缺乏反省與分析能力也表現在封閉式的研究方法之上。顧氏指出大陸學術界有不重視二手研究與學術累積的積習。他說「中國大陸學者在著述時，對過去有人做過的相關研究及其成果一向沒有徵引的習慣。這學風長期積習難改」（頁182）。他又批評汪暉「儘管他顯然瞭解諸位美國學者的研究成果，但他也沒有引文，從而使他的討論沒有基於學術累積，從而在編史學上有某種型式上的缺陷」（頁202）。這種積習自然使他們看不到西方學術界一些有價值的反省工作。

　　顧昕認為中國學術界意識形態化也與西方的影響有關，有這方面他著墨不多，大致而言他主要依賴蘇格蘭與法國兩種啟蒙運動的傳統來作分析。對他來說中國的問題是太受到法國啟蒙運動傳統的影響，以為「人類可以經由理性的設計在傳統的廢墟上完全重建一個新的文明」。他指出五四以來的反傳統精神滋養了一種整體主義的樂觀精神，這種精神「正合中國新文化知識分子所心儀的法國啟蒙運動的真偽」（頁143）。作者似乎暗示中國知識分子那麼肯定法國啟蒙運動主要是因為此一思路配合一些來自傳統的觀念。當然另一方面蘇格蘭啟蒙運動傳統所具有的「經驗主義的文明觀」以及自由主義的看法在中國因為與傳統扞格不入，因而未受到應有的尊重，似乎也成為中國思想意識形態化的一個重要的因素（頁108）。

　　最後顧昕以為意識形態化的產生又受到中國共產黨文化的影響。他指出馬克思主義本身即是高度意識形態化的體系，其中具有歷史決定論、烏托邦色彩、對科學規律的比附等，此外共黨文化中鬥爭的技巧如「抹黑戰術」等也影響到學術的討論（頁113）。顧氏沒有討論馬

克思主義與上述「法國啟蒙運動傳統」的關係，但他似乎同意馬克思主義在中國的盛行也是因為它的主張配合了上述的中國思想傳統與五四以來的一些思想傾向。

顧氏在此書中不但對比較傾向五四運動的思想提出批判，對於反對五四的「當代新儒家」思想同樣表示不滿。他雖然也提到「新儒家對五四時期盛行的『科學一層論』、『理智一元論』和『泛民主泛自由』之風氣的批評，在相當程度上，代表著新儒家學派對五四時期的激進主義的學理性的意見」（頁143），但他一方面不願肯定這些早期戰友在反省五四運動之上的開拓之功，認為他們的批判「並不構成對新文化運動中各種思潮的學術性反省，而含有濃烈的情感和意識形態的色彩」（頁141）；另一方面他不加論證地說「整體來說，牟宗三的論證非常膚淺」（頁141）。

顧氏全書的論旨可以用他在結論的一段話來說明，「本書的研究表明，五四話語的意旨遠非整理和重述過去。通過使自己信奉的價值或目的在中國現代史的起點上佔據核心地位，每一位歷史學家以過去歷史的正確解釋者的身分，為未來中國的方向確定了思想的指南。這種指南據說是符合歷史必然性的」（頁208）。他以為無論是政治核心或核心以外的知識分子與異議分子都具有他所說的意識形態化的現象，而且沒有意識到在正統、異端爭論的同時雙方所共同具有的思想預設。

以上是顧氏書中對大陸學術界以「五四話語」為中心所做之描述、分析與評估。我認為該書最主要的貢獻是在描述與分析方面，他

使讀者對大陸史學界的研究取向有很深入的了解，又對這些現象之後的構成因素有很具說服力的分析。當然顧昕並不是第一個指出傳統或清末以來一些思想模式對現代話語之影響的學者，除了作者在書中仔細討論的林毓生曾談到所謂的一元性、整體性的思考模式以外，在墨子刻教授（Thomas A. Metzger）與我個人有關清末民初的政治思想或當代臺灣的政治評論的著作中也反省到「烏托邦式的民主、科學觀念」「潮流史觀」等課題，又更進一步討論為顧氏所忽略的樂觀主義的認識論與人性論，以及這些觀念在中西雙方的淵源。[5]但顧氏所處理的大陸當代學術界是一個十分新鮮並又不太為人重視的領域，而也達到類似的結論。這充分顯示清末以來中國思想界在變化多端的表象下仍具有很強的連續性，而把這些思想預設挖掘出來並探討其與中國近代歷史變局的關係以及對中國未來的影響，正是思想史研究無容旁貸的責任。顧昕在這一本書中所展現的反省能力在此意義下是值得喝采的。

再者顧昕並沒有像杜維明與方勵之等人以為當代知識分子可以區分為兩類型，一類是開明的異議分子，他們完全了解自由、民主與科學的本質；另一類則是政治化的知識分子，他們支持現實政權。顧氏多半避免了這種對知識分子角色的理想化，按照他的分析在促成意識形態化的各種因素之中，馬克思主義與中共的宣傳所扮演的角色不算

5　墨子刻，〈從約翰彌爾民主論看臺灣政治言論〉，《當代》，24期（臺北，1988），頁78-95。黃克武，〈清末民初的民主思想：意義與淵源〉，收於中央研究院近代史研究所編，《中國現代化論文集》（臺北：中央研究院近代史研究所，1991），頁363-398；《一個被放棄的選擇：梁啟超調適思想之研究》（臺北：中央研究院近代史研究所，1994）。

最關鍵，更重要的是整個思想界所共同具有的一些趨勢。他的觀點與目前學術界的主張很不相同，我認為頗具說服力。其實顧氏所指出意識形態化的現象如烏托邦思想與一元化心態等不僅是存在於大陸的學術界，也存在於臺灣以及海外華人的思想界。

我認為顧氏一書的主要問題在於他對五四話語的評估之上。當然我們必須區別比較成功、合理的學術工作以及較差勁的學術工作，但是在從事這種評估工作時必須要更清楚地意識到評估標準的問題。顧氏以為學術是純粹的實然層面的描寫與解釋，並不帶價值判斷的色彩，事實上我們很難找到那麼純粹的「學術」。例如為顧氏評定為「學術著作」的魏復古的《東方專制主義》（頁24）在西方學術界早已成為過時之論，愛伯哈德（Wolfram Eberhard）在40多年前即對該書史料的選擇、解釋等作過深入的檢討，[6]目前幾乎已經沒有人同意中國古代是基於水力工程控制的專制主義；而根據薩伊德（Edward Said）的說法，西方的漢學研究都帶有以西方為中心的價值判斷。

再者就是顧氏自己也免不了他所說的「意識形態化」的現象，不自覺地說出帶有意識形態色彩的話語。例如上述他對六四的評價顯示他肯定海耶克與伯林等西方自由主義者所強調的民主與人權，他並把此一主張和「蘇格蘭啟蒙運動的思想傳統」結合在一起。這種主張他以為是學術，但很多人會認為這何嘗不是一種意識形態。

6　Wolfram Eberhard, *Conquerors and Rulers: Social Forces in Medieval China* (Leiden: E. J. Brill, 1952).

顧氏不但相信有清楚的標準可以界定純粹的學術，而且以為這種純粹的學術只有在西方可以找到。這一種對中西文化的看法即是墨子刻先生所謂的近代中國知識分子所具有的「中國文化的殘廢感」，以為西方文化可以達到人類的理想，中國文化則是歷史的怪胎。[7]這一觀點正是顧氏在書中所批判的「整體主義」的思考方式。顧昕的這種整體主義的中西文化觀很自然地和他對歷史的其它想法聯繫在一起，所以在實然層面他較信服費正清（John Fairbank）等人以「衝擊與反應」模式來解釋近代中國與西方的接觸，以為「中國的傳統社會，正是那種不具有自我矯正機制的社會」、「它未能孕育出一個現代文明，而必須有待於西方文明的衝擊，這已是一個不爭的事實」（頁125）；在應然層面則較肯定以西化的方法直接引進外來的東西（尤其是海耶克、波普以及伯林的思想），來改正這個不具動力的社會。這些歷史性的陳述不但具有價值判斷的色彩，而且帶有顧昕自己所反對的思想預設。

由此可見好像沒有人能完全避免價值判斷，不但如此，目前不少的西方學者更認為價值判斷是學術中應該有的一部分，例如貝拉（Robert Bellah）的*Habits of the Heart: Individualism and Commitment in American Llife*與Amitai Etzioni的*The Spirit of Community: Rights, Responsibilities, and the Communitarian Agenda*等書都是很好的例子。

---

7 墨子刻，〈二十世紀中國知識分子的自覺問題〉，收入余英時等著，《中國歷史轉型時期的知識分子》（臺北：聯經出版公司，1992），頁 86、125。

因此問題不是如何避免價值判斷，而是討論何種判斷合理，何種不合理。根據伯恩斯坦（Richard J. Bernstein）的說法對此問題有三種可能的答案：一是相對主義，一是客觀主義，一是詮釋論（hermeneutic approach）。我同意主張「公有公的理，婆有婆的理」的相對主義很有問題，但是其它的兩種呢？顧昕對學術與意識形態兩者的區別顯示他和波普一樣不是一個相對主義者（Relativist或懷疑主義者Skeptic），而是一個客觀主義者（Objectivist），此觀點以為當人們遇到關於「理性之定義」的辯論之時，一定會找到一個既客觀又普遍的標準來評定是非。誠如伯恩斯坦所說的，客觀主義有許多的問題，而上述對顧昕之觀點的討論也證實了他的論點。

伯恩斯坦所謂第三個認識論的角度是詮釋論的認識論，此一觀點不像客觀主張有絕對的真理，又不像相對主義以為沒有人可以說服別人，而是像一個討論會，每個人提出支持自身論點的理由，並互相溝通辯難，挖掘思想的預設與思考的盲點，由此而討論如何建立一個合理的標準來判定是非。[8]這一認識論與顧昕的立場不同，雖然伯恩斯坦的看法也不一定可以完全解決認識論的難題，但不失為一個很值得參考的意見。最重要的是我們不應該樂觀地覺得自己可以完全避免學術工作中的價值判斷，並以為自己對道德、理性之標準的了解不需要作很深入的反省。我很同意顧氏在後記之中所說「學術和意識形態各自

8　Richard J. Bernstein, *Beyond Objectivism and Relativism: Science, Hermeneutics, and Praxis* (Philadelphia: University of Pennsylvania Press, 1991).

有其價值，兩者不應混淆」（頁227），但在書中他對學術基本上是抱持了過度樂觀的態度，對於不同於他的意識形態（尤其是那些披了學術外衣的意識形態）又不太願意承認別人「自有」的價值。

我們可以以他對「當代新儒家」的看法為例來作說明。上面已經約略提及，他以為牟宗三的意見是膚淺之論，這樣的論斷反而令人覺得作者本身的膚淺。我認為顧氏對波普的推崇與對新儒家的貶抑顯示他將五四視為學術與思想的進步，是「啟蒙」，當然他批評其中膚淺的反傳統的主張與烏托邦式的民主、科學觀等，與其他五四歌頌者不同；但他顯然也不肯定反對五四運動的新儒家，他對新儒家「在哲學上為儒家式的道德實踐找到本體論的基礎，同時以宗教家的情懷呼喚儒家價值體系的復歸，通過發掘人類『內在的道德良知』，激發人的『道德覺悟』」（頁140）的觀點並不表同情。這樣的觀點我認為仍是片面性的，事實上已經有學者指出近代中國學術的進步是有賴於「五四」與「反五四」兩方面之間的辯難與修正，而在這樣的過程中新儒家對傳統人文精神的重建與企圖將精神價值與工具性理性結合在一起的努力是應予肯定的。[9]再者今日新儒家所抱持的對中國傳統的想法已經受到中外許多學者的正面評價，如狄百瑞（T. de Bary）墨子刻、杜維明、余英時、金耀基等，大陸學者李澤厚也將他的馬克思主義的觀點與肯定傳統的看法結合在一起，而臺灣現代化過程中對儒家傳統的肯

9　持此一觀點的學者如韋政通，詳參韋政通，〈兩種心態，一個目標〉，《中國論壇》，卷15 期 10（臺北，1983）。

定也證明了新儒家的基本立場，這些例子多少顯示當代新儒家在中國現代思想演變上所扮演的重要角色。

此外我認為該書還有一些其它的缺失。顧氏對西方思想傳統的分析主要依靠「蘇格蘭啟蒙運動傳統」與「法國啟蒙運動傳統」之區別，此一區別不是那麼恰當與有意義。我同意赫爾德（David Held）、鄧恩（John Dunn）、林布隆（Charles Lindblom）等政治思想史研究者將西方民主傳統分為較強的民主傳統與較弱的民主傳統，亦即是拙著所稱的「盧騷、黑格爾與馬克思的民主傳統」與「約翰彌爾所代表的自由民主傳統」的區別。同時我也運用墨子刻先生的說法而統稱之為「轉化類型」與「調適類型」，我們認為前者主張全面性的激烈變革，以達到一完美的理想；後者則接受現實的一些不合理現象，主張局部性的緩慢改良，此外兩者在認識論、歷史觀與人性論等方面也有不同。[10]從這樣的區別來看，中國許多所謂「意識形態化」的現象與其接受西方轉化傳統的民主觀念——無論是盧騷還是馬克思——有密切關係。換言之，上述目的論歷史觀、烏托邦主義、整體主義等等雖然和中國一些傳統觀念有很深的關係，但也受到西方轉化思想中的一些

---

10 有關這兩個西方民主傳統的分法在西方研究政治思想的學者之間似乎並無爭議性，如 David Held, *Models of Democracy* (Cambridge: Polity Press, 1987); John Dunn, *Western Political Thought in the Face of the Future* (Cambridge: Cambridge University Press, 1993), pp. 22-23; Charles E. Lindblom, *Politics and Markets: The World's Political-Economic System* (New Haven: Yale University Press, 1977). 都有十分類似的說法。至於轉化轉型與調適類型的詳細討論見墨子刻的著作以及黃克武，《一個被放棄的選擇：梁啟超調適思想之研究》，第一章。

預設的影響（例如盧騷「總意」的觀念與它西方轉化傳統中的烏托邦成分），因此中國學術界「意識形態化」之現象有中西雙方的根源，並非完全出於單方面的主觀扭曲。我認為顧昕對五四話語中受西方影響與中西交雜的部分，因為他對西方了解的局限，因而所作的分析是不夠的。

從轉化與調適的區別也可以看出顧昕所描繪與批評的五四運動和當代大陸的思想趨向是近於轉化類型，而顧氏本人所持的「蘇格蘭啟蒙運動傳統」強調「試錯」的立場則較傾向調適類型，因此本書可以說是從調適的角度對轉化思想之批判，兩者形成一個話語（discourse），而在這個話語之中，兩方面的看法都有應然與實然、意識形態與學術的成分。在描寫他們的看法之後，我們可以辯論何者較為合理，但是我們不應簡單地說一為學術性的，一為意識形態化的。

顧氏另一個缺點是在行文的邏輯性方面，有時有重複與不夠清晰之處。最好的例子是他引用席爾斯對意識形態之定義的一部分。他沒有好好地消化席爾斯所談的意識形態的九個特色，而只是用生硬的中文翻譯這些特點，結果讀者所得到的印象是重複而模糊的。這樣的現象在中國人介紹西方思想時最易犯的毛病，在這方面作者似乎是毫不例外。

最後該書有少數的錯字與註解格式的缺失希望再版時能更正。例如書中對中文的專書與期刊不加分別，均用《》的符號；此外也沒有徵引書目與引得，這對一本討論編史學的著作來說是一件頗為遺憾的

事。[11]不過整體來說該書的紙張、排版與印刷的品質都很好，書中新義疊出，是任何對中國近、現代思想史有興趣的讀者所不應忽略的一本佳作。

11　筆者所見書中的一些缺失或錯誤如下：1：頁 30 註 9，舒衡哲的書缺出版年代。2：頁 85 註
　　3，Wards 一字應為 Words。3：頁 115 註 27，所引劉廣京與郭廷以的兩篇文章應為該書第九、
　　十章，並非第八、九章。4：頁 156 註 25，史華慈的論文不應用代表專書的斜體字。5：頁
　　224 註 4，Enermies 一字應為 Enemies。

索引

五劃

六劃

七劃

十劃

十二劃

傅正（1927-1991）　211, 213-214, 234, 236, 258, 291, 296, 334, 339, 340, 359, 367, 377

傅斯年（1896-1950）　123, 187-188, 255, 284

傅樂詩（Charlotte Furth）　394

斯賓塞（Herbert Spencer, 1820-1903）　62, 70-71, 87

曾琦（1892-1951）　182

湯化龍（1874-1918）　117, 131

湯爾和（1878-1940）　114-115, 153, 156, 161, 163, 165

無神主義者（Atheist）　90；無神論（atheism）　87, 92, 95, 100, 103-105, 108

程滄波（1903-1990）　25-26, 251, 334

程頤（1033-1107）　74

舒衡哲（Vera Schwarcz）　394, 410

費正清（John Fairbank, 1907-1991）　405；費正清集團　215

賀麟（1902-1992）　14, 285

超出自然法則的神秘知識（Gnosticism）　86

超黨派　7

《雅爾達密約》（*The Yalta Conference*）　182, 187

《順天時報》　123

馮契（1915-1995）　95, 98-100, 108

馮國璋（1859-1919）　122

黃少谷（1901-1996）　178, 293, 344, 348-349, 351, 354, 364, 366, 368, 371, 375, 384, 386

十六劃

十九劃

二十劃

二十一劃

歷史‧中國史

胡適的頓挫：
自由與威權衝撞下的政治抉擇

作　　　者—黃克武
發　行　人—王春申
審書　顧問—林桶法、陳建守
總　編　輯—張曉蕊
責任　編輯—陳怡潔
封 面 設 計—兒日設計
內 文 排 版—菩薩蠻電腦科技有限公司
行 銷 組 長—張家舜
營 業 組 長—何思頓
出 版 發 行—臺灣商務印書館股份有限公司
　　　　　　231023 新北市新店區民權路 108-3 號 5 樓（同門市地址）
　　　　　　電話：(02)8667-3712　傳真：(02)8667-3709
讀者服務專線：0800056193
郵撥：0000165-1
E-mail：ecptw@cptw.com.tw
網路書店網址：www.cptw.com.tw
Facebook：facebook.com.tw/ecptw

局版北市業字第 993 號
初 版 一 刷：2021 年 08 月
初版一點八刷：2021 年 09 月
印　　刷　廠：鴻霖印刷傳媒股份有限公司
定　　　價：新台幣 480 元
法 律 顧 問—何一芃律師事務

國家圖書館出版品預行編目 (CIP) 資料

胡適的頓挫：自由與威權衝撞下的政治抉擇 / 黃克武著. -- 初版. --
新北市 : 臺灣商務印書館股份有限公司, 2021.08
　　面；　公分. -- (歷史)
ISBN 978-957-05-3335-4(平裝)
1.胡適 2.學術思想 3.政治思想 4.自由主義

570.1   110009073